はじめての憲法学

第4版

[編著]
中村睦男
佐々木雅寿
寺島壽一

[執筆者]
岩本一郎
大島佳代子
木下和朗
齊藤正彰

三省堂

第４版はしがき

本書の第３版は、初版と第２版同様、幸いにも多くの読者から支持を得ることができました。しかし、2015 年４月の第３版刊行からすでに６年余りが経過し、新しい判例、法律の制定・改正、憲法に関する議論状況の変化などをふまえた改訂をする必要が高まり、このたび第４版を刊行することとしました。

第４版の最大の変更点は、第７講「家族と憲法」と第８講「思想・良心の自由」を新たに加えたことです。それ以外にも、新しい判例をふまえて解説を変更・追加したもの（第５講❸、第 15 講のトピックス 3、第 19 講❷）、新しい法律の説明を加えたもの（第 14 講❸）、新しい法律と判例をふまえて説明を修正したもの（第 16 講❸と同講のトピックス 4）、法令の制定・改正にともなって設問や解説等を変更したもの（第 22 講と同講のトピックス 6）、議論状況の変化を追加したもの（第 23 講のトピックス 7）などがあります。

本書の初版以来の編著者で、他の執筆者全員の指導教授でもある中村睦男先生は 2020 年４月 17 日に逝去されました。このことに伴い、第４版から、佐々木雅寿と寺島壽一が編著者に加わることになりましたが、第４版の基本的な執筆方針も、「初版はしがき」に記された方針と同様です。なお、旧版の中村先生ご執筆の講については、佐々木・寺島の両名で必要な補訂を行いました。

この第４版も、多くの方に読んでいただけることを願っています。

これまでと同様、第４版の刊行に際しても格別のお世話になった三省堂六法・法律書編集室の黒田也靖氏に感謝の意を表したいと思います。

2021 年７月

佐々木　雅寿・寺島　壽一

第3版はしがき

本書は、2010年10月の第2版刊行以来、初版同様、幸いにも多くの読者に支えられ、版を重ねることができました。しかし、第2版刊行からすでに4年半が経過し、新しい判例、法律の制定・改正、憲法をとりまく最近の議論状況などをふまえた改訂をする必要が高まり、このたび第3版を刊行することとしました。

第3版の大きな変更点は、「憲法改正」に関する第21講とその後のトピックス「自由民主党『日本国憲法改正草案』」を新たに加えたことです。それにともなって、第0講では、「憲法という法の特徴」(❶)、「解釈改憲」、「内閣の憲法解釈とその変更」に関する説明を新たに書き加えました(❷)。それ以外にも、新しい判例をふまえて解説内容を修正したもの(第6講❸)、改正された法令やわが国が新たに批准した条約をふまえて解説内容を変更したもの(第12講❸)、新しい判例を取り入れて、設問や解説を改め、さらに、トピックスの説明内容も変えたもの(第14講とトピックス)、さらには、トピックスの説明に新しい判例を加えたり(第17講のトピックス)、トピックスを新設したもの(第20講のトピックス「集団的自衛権」)などがあります。

この第3版も、多くの方に読んでいただけることを願っています。

これまでと同様に、第3版の刊行に際しても格別のお世話になった三省堂六法・法律書編集室の黒田也靖氏に感謝の意を表したいと思います。

2015年2月

中村　睦男

第2版はしがき

本書は、2004年1月の初版刊行以来、憲法入門書として幸いにも広く利用されてきましたが、初版刊行からすでに6年半が経過しました。そこで、初版刊行後の新しい判例、法律の制定・改正などを取り入れつつ、説明を追加・修正するため、このたび第2版を刊行することとしました。

本書の基本的な執筆方針は初版と同様です（この点については「初版はしがき」を参照してください）。他方で、第2版で変更した点として以下の点があります。第1に、国民主権について説明する「終講」を第20講の後に新たに加えました。終講は、本書全体のまとめ・しめくくりとしての意味をもつ講でもあります。第2に、それぞれの講での説明を補うものとして、憲法判例の動きや最近の注目すべき憲法問題を取り上げる「トピックス」を随所に盛り込みました。第3に、いくつかの講については、新しい判例などをふまえて冒頭の「設問」の内容を変更し（第8講・第12講）、説明を補充するため節を追加し（第15講**4**・第16講**4**）、講の表題をよりふさわしいものに改める（第8講・第13講・第15講）、といった変更を加えました。第4に、初版にはなかった「判例索引」を巻末に加えています。

この第2版も、初版と同様に多くの読者に親しまれることを願っています。

第2版の刊行に際しても、初版刊行時と同様に、三省堂法律書出版部の黒田也靖氏には格別のお世話になりました。記して感謝の意を表したいと思います。

2010年7月

中村　睦男

初版はしがき

本書は、法学部の学生はもとより法学を専門としない学生も含めて、大学生としてはじめて憲法を学ぶ人や、憲法に関心をもっている一般の市民の皆さんを対象として書かれています。

そのためこの本では、法律や憲法の基礎的な知識がたとえなくても、憲法の基本的な内容や憲法上の問題を理解することができるように、工夫がなされています。憲法に関する問題を理解するうえでは、刑法や民法などのほかの法律についての知識も必要になってくることがあります。そこで、はじめて憲法を学ぶ皆さんが、なるべく法律学辞典や法律用語辞典を参照しなくても、本書で書かれている説明を理解できるようにするために、法律用語にはできるだけ説明を加えるようにしています。

また、本書の構成にも、初学者の理解を助けるために次のような工夫がなされています。第1に、本書の第0講「イントロダクション」では、本書を使って憲法を学ぶうえで必要な、法学や憲法の基礎的な知識を説明しています。その際、憲法の初学者が間違いやすいいくつかの点について、あらかじめ注意しています。本書はどの講から読み始めてもいいようにつくられていますが、この第0講は、はじめに読むことをおすすめします。

第2に、本書は、初学者にとって不可欠と思われる憲法の基本的な20のテーマを選び出し、第1講以下の講で解説しています。この本を通読すると、憲法の全体像と基本的な問題を一応理解できるようになっています。

第3に、第1講以下のそれぞれの講は、「設問」「何が問題となるか」「解説」「設問への答え」に分かれ、最後に参考文献の紹介があります。20講で取り上げる憲法上の問題を、なるべく具体的にイメージできるように、はじめに、具体的な事例や裁判例を用いた設問を挙げ、次に、そこでは何が問題となるのかを簡単に説明しています。「解説」では、設問について考えるときに前提となる基本的事項についての説明、設問への答えを導くためのより踏み込んだ説明を加え、さらに、必要に応じて、設問とは必ずしも直結していなくてもその講のテーマに関係する重要な事項について、説明を補足しています。また、「解説」では、最高裁判所の立場と憲法学説の主要な考え方を中心に説明していますが、いくつかの異なる考え方も紹介しています。最後の「設問への答え」では、最高裁判所の立場や主要な学説の立場から、答えを示していますが、それ以外の答えの可能性を示唆する部分もあります。そこにはより深く考えるヒントが示されていますので、参考文献も参照しながら自分自身で考えてみてください。

このような工夫を加えたことにより、本書は、設問で取り上げた具体的問題に関する演習書として利用できるものであると同時に、一般的な説明を加えている憲法の教科書としての性格ももっています。

本書の完成に至るまで、日頃学問的にも人間的にも交流の深い執筆者は数回にわたり検討会を開いたほか、電子メールや電話等で活発な意見交換を何度も行いました。結果として、それぞれの執筆者が個性を発揮しながら、全体としてのまとまりがとれたものとなっていると思います。

本書の企画にご理解を賜った三省堂法律書出版部長の鷲尾徹氏、本書の構想段階から出版にいたるまで格別のお世話になった三省堂法律書出版部の黒田也靖氏に感謝の意を表したいと思います。

2003 年 11 月

中村　睦男

凡　例

〈法令名の略称〉

法令名につきましては、基本的に本文中では正式名称を用いましたが、（　）内は、以下のような略称を用いました。

A 規約……経済的、社会的及び文化的権利に関する国際規約
会検……会計検査院法
学校施令……学校教育法施行令
行組……国家行政組織法
行訴……行政事件訴訟法
刑……刑法
憲……日本国憲法
公選……公職選挙法
国公……国家公務員法
裁……裁判所法
地公……地方公務員法
地自……地方自治法
内……内閣法
B 規約……市民的及び政治的権利に関する国際規約
民……民法
労基……労働基準法

本文中で用いた主な略称は以下のとおりです。

イラク復興支援特別措置法……イラクにおける人道復興支援活動及び安全確保支援活動の実施に関する特別措置法
海賊対処法……海賊行為の処罰及び海賊行為への対処に関する法律
事態対処法……武力攻撃事態等及び存立危機事態における我が国の平和と独立並びに国及び国民の安全の確保に関する法律
周辺事態法……周辺事態に際して我が国の平和及び安全を確保するための措置に関する法律
重要影響事態法……重要影響事態に際して我が国の平和及び安全を確保するための措置に関する法律
男女雇用機会均等法……雇用の分野における男女の均等な機会及び待遇の確保等に関する法律
テロ対策特別措置法……平成十三年九月十一日のアメリカ合衆国において発生したテロリストによる攻撃等に対応して行われる国際連合憲章の目的達成のための諸外国の活動に対して我が国が実施する措置及び

関連する国際連合決議等に基づく人道的措置に関する特別措置法
武力攻撃事態法……武力攻撃事態等における我が国の平和と独立並びに国及び国民の安全の確保に関する法律

〈判例・出典等略称〉

判例の典拠については、次のように略記しました。

例：最大判昭 34・12・16 刑集 13-13-3225 は、最高裁判所昭和 34 年 12 月 16 日大法廷判決・最高裁判所刑事判例集 13 巻 13 号 3225 頁所収を示します。

［判例の略称］

最判……最高裁判所判決
最大判……最高裁判所大法廷判決
最大決……最高裁判所大法廷決定
高判……高等裁判所判決
地判……地方裁判所判決
簡判……簡易裁判所判決

［判例集等の略称］

民集……最高裁判所民事判例集
刑集……最高裁判所刑事判例集
裁判集民……最高裁判所裁判集民事
判時……判例時報
裁時……裁判所時報
裁判所 HP……裁判所ホームページ

〈文献等略称〉

主要な文献の引用にあたっては、以下のように略記しました。これ以外のものはすべてフルネームで表示してあります。

芦部・憲法……芦部信喜＝高橋和之（補訂）『憲法〔第 7 版〕』（岩波書店、2019 年）
阿部・憲法……阿部照哉『憲法〔改訂版〕』（青林書院、1991 年）
大石＝石川編・争点……大石眞＝石川健治編『憲法の争点』（有斐閣、2008 年）
佐藤・憲法論……佐藤幸治『日本国憲法論［第 2 版］』（成文堂、2020 年）
高橋・立憲主義……高橋和之『立憲主義と日本国憲法（第 5 版）』（有斐閣、2020 年）
戸松・平等……戸松秀典『平等原則と司法審査』（有斐閣、1990 年）
中村・30 講……中村睦男『憲法 30 講〔新版〕』（青林書院、1999 年）
野中他・憲法Ⅰ……野中俊彦＝中村睦男＝高橋和之＝高見勝利『憲法Ⅰ〔第 5 版〕』（有斐閣、2012 年）
樋口・憲法……樋口陽一『憲法〔第 4 版〕』（勁草書房、2021 年）

宮沢・憲法Ⅱ……宮沢俊義『憲法Ⅱ〔新版〕』(有斐閣、1971 年)
百選Ⅰ……長谷部恭男＝石川健治＝宍戸常寿編『憲法判例百選Ⅰ〔第 7 版〕』(有斐閣、2019 年)

目　次

第18講　議院内閣制と衆議院の解散　〈木下　和朗〉　195

第19講　裁判所と司法権　〈佐々木　雅寿〉　207

【トピックス一覧】

装丁◆岡本　健＋
組版◆大日本法令印刷

執筆者紹介

〈編著者〉

中村　睦男（なかむら　むつお）　第1講、第2講、第23講執筆。

北海道大学名誉教授。

主要著書：『社会権法理の形成』（有斐閣、1973年）、『社会権の解釈』（有斐閣、1983年）、『論点憲法教室』（有斐閣、1990年）、『憲法30講〔新版〕』（青林書院、1999年）。

佐々木　雅寿（ささき　まさとし）　第5講、第8講、第19講、第21講執筆。

北海道大学大学院法学研究科教授。

主要著書：『現代における違憲審査権の性格』（有斐閣、1995年）、『対話的違憲審査の理論』（三省堂、2013年）、『世界の人権保障』（共編著〔中村睦男・寺島壽一〕、三省堂、2017年）、『グローバル化時代の法と法律家』（共編〔阿部昌樹・平覚〕、日本評論社、2004年）。

寺島　壽一（てらしま　としかず）　第0講、第12講、第15講、第20講執筆。

北海学園大学法学部教授。

主要著書：『日本国憲法解釈の再検討』（共著〔高見勝利＝岡田信弘＝常本照樹（編）〕、有斐閣、2004年）、『世界の人権保障』（共編著〔中村睦男・佐々木雅寿〕、三省堂、2017年）。

〈執筆者（五十音順）〉

岩本　一郎（いわもと　いちろう）　第10講、第11講、第13講執筆。

北星学園大学経済学部教授。

大島　佳代子（おおしま　かよこ）　第4講、第6講、第7講、第14講執筆。

同志社大学政策学部教授。

木下　和朗（きのした　かずあき）　第16講、第17講、第18講、終講執筆。

岡山大学学術研究院法務学域教授。

齊藤　正彰（さいとう　まさあき）　第3講、第9講、第22講執筆。

北海道大学大学院法学研究科教授。

第0講

イントロダクション

この講では、はじめて憲法を学ぶにあたっての最低限の予備知識を確認しておこうと思います。まず、要点をあらかじめ挙げておきましょう。

① 「憲法」と「法律」とは違う。民法・刑法は「憲法」ではない。

② 憲法が定めていることの具体的な意味・内容に関しては、国会議員や裁判官・憲法専門家の間でも、理解が分かれることがある。

③ “憲法は違憲だ（合憲だ）”などというのは、ことばの使い方を間違えている。

④ 「違憲審査」とは、決して“憲法を審査すること”ではない。

⑤ 現在の日本では、国会が定めた法律であっても、裁判所は、それが日本国憲法に違反するものであると判断するならば、その法律を“法的効力のないもの”と見なすことができる。

⑥ 裁判の先例のことを「判例」という。憲法が実際にどう解釈されているかを知るには、判例を知ることが必要である。

以下では、これらの点について、詳しく説明していきます。

1 法・法律・憲法

◆法と法律

日常会話では、この2つのことばの違いは、ほとんど意識されないのではないかと思います。

たしかに、「法律」ということばは、①最も広い意味では「法」＝“拘束力をもつさまざまなルール・基準”を指しますが、②もう少し狭い意味では「制定法」＝“条文の形式で制定される法”（「成文法」ともいいます）を指し、③最も狭い意味では、“国会が一定の手続きによって定める制定法”を指します。

人々の間で行われてきた慣習に基づくルールのように、たとえ条文化されていないルールであっても、もし拘束力を認められたならば、①に入ることになります。また、「制定法」の種類には、内閣が制定する「政令」や、各省の大臣が制定する「省令」もあるのですが、②には政令・省令も含まれるのに対して、③にはこれらは含まれません。

憲法の教科書では、多くの場合、「法」と「法律」とが意識的に使い分けられていて、③の意味で「法律」ということばが使われる傾向にあります。そこで、この講の以下の説明でも、「法律」ということばを③の意味で使うことにします。

◆憲法

このことばにも、厳密にいうと、いくつかの意味がありますが、最も重要なのは「その国の法のなかでも、最もランクの高い法」という意味で使われる場合です。現在の日本では、「日本国憲法」というタイトルの制定法がそれに当たるので、「日本国憲法」を指してたんに「憲法」ということも多いといえます（「憲法」の意味について、詳しくは第1講参照）。

この場合、「法律」よりもランクが高い法のことを指して、「憲法」と呼んでいることに注意しましょう。たとえば民法や刑法は、「法律」であって、「憲法」ではありません。制定法にもいくつかの種類があることについては、前の項目でも触れましたが、それらにはランクの違い（効力の優先順位）があるわけです。いままでの話に出てきた制定法の種類を、ランクの高い順に並べると、

日本国憲法　→　法律　→　政令　→　省令

という順になります。「憲法」のほうが「法律」よりもランクが高いのですから、「憲法」と矛盾する「法律」を国会が制定するようなことがあったとしても、その「法律」は法的効力をもたないものと見なされます。

このような法としてのランクの違いに応じて、改正の手続きにも違いがあります。「法律」は、原則として、国会の決定で改正できるのです

が（日本国憲法59条)、「憲法」の改正手続きはもっと厳重で、〈国会による改正案の可決　→　その改正案に対する国民投票〉という手続きで行われます（日本国憲法96条。詳しくは第23講参照)。

＊法令　　政令・省令のように、国の行政機関が定めた制定法を、まとめて「命令」と呼びます（「命令」とその種類について、詳しくは第17講参照)。「法令」とは、「法律＋命令」という意味です。

◆憲法という法の特徴——国家機関・国家権力をしばる法

このように“憲法とは、国の法のなかでも最高のランクにある法だ”と説明されると、“憲法は最も大事な法なのだから、国民が憲法に従う義務を負うのは当然なのだろう”と受け取る人も多いでしょう。

しかし、日本国憲法99条は、憲法を尊重・擁護《ようご》する（侵害から守る）義務を、天皇・摂政《せっしょう》や大臣・国会議員・裁判官・その他の公務員には課しているものの、一般国民の憲法を尊重・擁護する義務にはふれていません。これは、“憲法とは何よりも、国会や政府・役所などの国家機関をしばり、国家の権力が濫用《らんよう》されないよう歯止めをかけるために制定された法だ”ということと関連しています（第1講参照)。「法律」の規定の中には、一般国民を直接拘束する内容のもの（国民が負う義務の具体的な内容・義務違反へのペナルティーを定めるもの）が数多く存在していますが、「憲法」の規定の内容は、必ずしもそのようなものではないのです。

2　憲法の解釈

◆憲法の解釈とはなにか

“憲法が国の最高ランクの法で、国家機関は憲法に拘束される以上、そもそも、国家機関が憲法に反する決定をするようなことはないのでは？”と思うかもしれません。しかし、憲法が何を許し、何を禁じ、何を命じているのか、という点こそが問題です。

“このケースって、法的にはどうなの？　許されるの？”——これは、具体的な例について、それがどういう法的な評価を受けるかを尋ねるものです。この種の疑問に答えるのが、法の専門家の主な仕事ですが、そのためには、まずその前提として、法的な評価の基準を明確にしなければなりません。このような場合に、法的基準の内容やその基準のなかで使われる概念の定義を、より明確にしていくことを、「法の解釈」といいます。解釈しようとする法が憲法であれば、「憲法の解釈」ということになります。

では、憲法の解釈とは、どのような形で問題になるものなのか、例を挙げておきましょう。

①わが国には現在、法律に基づいて自衛隊が設けられています。その一方で、日本国憲法9条は「陸海空軍その他の戦力」の保持を禁じています。自衛隊はこの「戦力」には当たらないのでしょうか。ここでは、憲法9条でいう「戦力」の定義（意味）が問題になります。

②日本国憲法のどの条文を見ても、「個人の名誉の保護」「プライバシーの権利」ということばは見当たりません。では、個人の名誉・プライバシーは、日本国憲法によって保護される権利には含まれないのでしょうか。たとえば、日本国憲法13条の「幸福追求の権利」のなかに、名誉・プライバシーの権利を含ませることはできないのでしょうか。ここでは、憲法13条の「幸福追求の権利」の定義（意味）が問題になります。

③たとえば、A出版社が、国会議員B氏について“私生活に関して悪いうわさがある”として、B氏の私生活をいろいろな角度から取り上げた本を発売したのに対して、B氏が、“これは自分の名誉・プライバシーへの侵害だ”として裁判所に訴え、この本の販売の差《さし》止《と》め（禁止）をA社に命じる判決を求めたとします。この場合、裁判官は、訴えに対する判断を下すに当たって、B氏の名誉・プライバシーだけでなく、A社の言論・出版の自由（日本国憲法21条）をも十分に尊重しなくてはなりません。もし名誉・プライバシーも日本国憲法13条で保護される権利に入ると仮定すると、ここでは、“同じ日本国憲法のなかの21条の内容と13条の内容を、どのようにして調整するか”（調整のための基準の立て方）が問題になります。

◆なぜ解釈を要するような条文なのか

以上のような例を見て、“もっと具体的に詳しい条文にしておけば、こういう疑問点の発生は避けられたはずなのに、なぜそうしなかったのか？”と思う人も多いでしょう。もっともな疑問ですが、これは次のような事情によるものです。

第１に、条文づくりに際して、条文をあまり詳しく具体的に書こうとすると、その表現の仕方の細かい点をめぐって、いつまでも意見の対立が続くことも考えられますが、抽象的な表現にしておけば合意が成立しやすくなります。

第２に、条文づくりにかかわる人たちが、たとえば“「○○してはならない」というルールを原則にしたい。しかし、将来に起きる事例にはさまざまなものがあり得るだろうし、そのなかには現時点では予測できないようなケースもあるかもしれない。だから、ケース・バイ・ケースで例外を認める余地も残しておきたい”と考えたとします。このような場合、「正当な理由がある場合を除いては、○○してはならない」などというように、抽象的な言い回しを使っておけば、上記のような趣旨を短い条文で表現できます。

第３に、条文作成の当時と現在とでは社会の事情も違いますから、現時点では重要な法的争点と考えられているものであっても、条文作成の当時にはあまり意識されていなかったものもあります。そのような争点については、そもそも条文で明言されないことになるのです。

第４に、いったんつくった条文を後で改正して、具体的な表現に書き換えることも、もちろん可能ですが、いざ条文を改正しようとすると、どの条文をどのように書き改めるべきかをめぐって、意見の激しい対立が続いて、どの改正案も、可決されるために必要なだけの多数の賛成を得られない、という場合もあります。この場合、結局、もともとの条文がそのまま存在し続けることになるのです。

◆憲法の解釈をめぐる論争の発生

以上のように、「憲法の解釈」とは、憲法の条文制定の時点ではおおまかな合意しかなかった点について、後の条文運用の段階で具体化しようとするものです。しかし、これは、もともと条文作成の時点で、意見の対立があったとか、将来の事例を予測しつくせない等の事情から、はっきり決まらなかった点について、後から補足しようとするものですから、この段階でも見解の違いが蒸し返されることは十分に考えられます。さらに、社会の変化に応じた条文改正がなかなか実現しない場合、“条文はそのままでも、社会の変化に対応するために、解釈・運用の面で工夫の余地をできるだけ探るべきではないのか？”ということが問題にされ、この“工夫”がどこまで許されるのかをめぐって、意見の対立が生ずることもあります。

その際、“憲法の条文は同じままでも、社会の変化に応じて、憲法の解釈・運用をある程度変えることが許される場合もある”と考えられています。しかし、それと同時に、“時代が変わったからといって、どのようにでも憲法の解釈を変更できるわけではない。憲法の条文自体を正式に変更する手続き（憲法改正の手続き）がある以上、解釈・運用の工夫や変更にも限度がある”とも考えられています。ただし、その限度がどこなのかについては、意見の対立が生ずることがあるわけです。

＊解釈改憲　　憲法の解釈・運用の工夫（変更）として許される限度を超えてしまっている場合、本当は憲法改正（改憲）の手続きが必要なことを、「憲法の解釈」と称してやってしまっていることになります。このような場合を、批判する意味を込めて「解釈改憲」と呼ぶことがあります。

◆違憲審査――「合憲」か「違憲」かの審査・判定

こうして、憲法の解釈をめぐっては、国会のなかでも意見の対立が生ずることがありますし、国会（の多数派）の見解と法の専門家（の多く）の見解とがくい違うこともあります。ですから、国会（の多数派）が“この法律を制定しても憲法に反しない”と考えたとしても、裁判所も同様に考えるとは限りません。

憲法に適合している（憲法違反でない）ことを「合憲」、憲法に違反している（憲法違反である）ことを「違憲」といいますが、国会の制定した法律が「合憲」なのか「違憲」なのかについては、見解が対立するケースもある、ということになります。では、そのような場合、どこで決着をつけるのでしょうか。これが、“「違憲審査」（あるいは「違憲立法審査」）の権限をもつのは誰か”という問題です。

「違憲審査」とは、“（国会・内閣などの決定が）違憲でないかどうかについての審査・判定”という意味です。また、「違憲立法審査」とは、違憲審査のうちでも、立法（＝国会の定めた法律）が違憲でないかどうかを審査・判定する場合を指します。「違憲審査」・「違憲立法審査」は、いま現在の憲法に反しないかどうかの審査ですから、現在の憲法そのものを見直して改めるための手続きである「憲法改正」とは別のものです。

日本国憲法の下では、違憲審査（違憲立法審査を含む）の権限をもっているのは裁判所――最終的には最高裁判所――であり（81条）、裁判官は独立の立場で権限を行使します（76条）。ですから、たとえば、国会で議決された罰則が、裁判所では“憲法に反する”という判定を受け、その結果、その罰則は法的効力のないものと見なされる（→その罰則に基づく処罰は行えなくなる）、という事態も起こり得るのです。

＊内閣の憲法解釈とその変更　　上記のとおり、違憲審査の権限はあくまでも裁判所にあります。それに対し、「内閣（政府）の憲法解釈」と呼ばれるものがあります。たとえば内閣が、政策・措置を決定したり、国会に対して法律案を提案する場合を考えてみましょう。これらの場合、内閣は、その政策・措置や法律案が憲法違反でないことの説明を求められることがあります。その説明の中で、内閣としては憲法をどのように解釈しているのかを示す必要が生じます。このような場面で示されるのが「内閣の憲法解釈」です。

これに関連して、2014（平成26）年7月1日、安倍晋三首相の率いる内閣は、それまでの内閣がとってきた、日本国憲法9条についての「内閣の憲法解釈」を変更する、と決定しました（第22講および同講トピックス参照）。この点、前述したように、“憲法の条文は同じままでも、憲法解釈のある程度の変更は許される場合がある”と考えられていますから、「内閣の憲法解釈」についても、変更の余地はあり得るでしょう。しかし、問題は、そこで主張される「内閣の憲法解釈」の内容に説得力があるかどうか（憲法解釈の変更として許される限度を超えていないかどうか）、その解釈を裁判所（最終的には最高裁判所）が認めるかどうか、という点です。なお、裁判所の違憲審査が行われるまでには、そのための裁判の手続を経る必要があり（詳しくは第20講参照）、安倍内閣の新たな憲法解釈に対する最高裁判所の判断は、いまのところ、まだ示されていません。

3　判例と学説

◆裁判所の判例

「判例」とは、ひとことでいえば“裁判所が示した判断の先例”のことですが、もっと正確にいえば、“裁判所の判決のうち、特定の制定法（の条文）の解釈について、以後の裁判の方針・手引にもなるような判断を示したもの”を指します。実際に裁判の場で法がどのように解釈・運用されているかを知るためには、判例を知ることが不可欠になります。

日本には多数の裁判所が各地に存在していて、それらの裁判所の間には上下のランクがありますが（第19講参照）、法の実際の運用に際して、判例のなかでも最も重要なのは、最上級の裁判所＝最高裁判所の判例ですから、最高裁判所の判例だけを指す意味で「判例」という用語が使われることもあります（最も狭い意味での「判例」）。

前述のとおり、法の解釈では、“複数の条文の相互関係をどのように調整すべきか”“条文に明言されていない点をどう考えればよいか”“条文はそのままでも運用を変えるべきか、変えるとすればどの程度まで変えるべきか”といった点が問題になります（2参照）。しかし、これらは法の専門家にとっても難問なので、裁判官の間でも判断が分かれることがあるのです。この点に関連して、以下の点を補足しておきましょう。

(1)　**合議制の場合**　　ある裁判上の事件について、複数の裁判官で協議して判決を下す場合にも、それがつねに裁判官全員一致の判断になるとは限りません。その場合は、結局、担当裁判官のなかで多数の賛成を得た見解（＝多数意見）が、その裁判所としての判断ということになります（ただし、一般市民から選ばれた裁判員が参加する裁判の場合には、例外的に、やや複雑なルールがあります。第19講トピックス参照）。なお、最高裁判所の判決に関しては、多数意見以外の意見も公表されることになっています（裁判所法11条）。

(2)　**上級審の判断の優先**　　ある事件や紛争について裁判を申し立て

ようとする場合、最初にどの裁判所に申し立てなければならないか（第1審となる裁判所）は、事件・紛争の種類などに応じて、「裁判所法」などの法律で決められていますが、第1審の判断が下されても、敗れた側の当事者は、より上級の裁判所に裁判のやり直しを求める申《もうし》立《た》て＝「上訴」をすることができます。わが国の現在の裁判制度では、第1審で敗れた側は、上級の裁判所（第2審）への上訴ができ、第2審で敗れた側は、それよりさらに上級の裁判所（第3審）への上訴ができる、というのが標準的な型になっています。

そして、その裁判上の事件と関係する法の解釈について、第1審と第2審（あるいは第2審と第3審）で判断が分かれる、ということもあります。このような場合、そのケースに関しては、上級審の判断が拘束力をもつものとして優先します（裁判所法4条）。

(3) 判例変更の可能性　時とともに裁判官の顔ぶれも社会の事情も変わっていきます。そのため、ある法解釈上の問題について、いったん最高裁判所の判例が出された場合でも、最高裁判所が自ら判例を変更することも可能とされています。この点、最高裁判所による裁判には、最高裁判所の裁判官15名全員で構成する「大法廷」で行う場合と、15名の裁判官が5名ずつに分かれて構成する「小法廷」のそれぞれで行う場合とがあるのですが、判例の変更には大法廷による裁判が必要とされています（裁判所法10条）。

◆法学における学説

ここでいう「学説」とは、法の解釈に関して法学者が主張している見解のことです。学説のなかでも、大多数の法学者によって支持され、法学界で一般的に通用している見解は、「通説」と呼ばれます。学説の役割は、裁判所が下した判断の内容の問題点を点検したり、今後どのように法を解釈・運用していくべきかについて提言することにあります。

繰り返し述べてきたとおり、法の解釈をめぐっては、法の専門家の間でも判断・考え方が分かれることがあります。そのため、最高裁判所がとった考え方を法学者の多くが批判している、という場合もあります。

ですから、最高裁判所の判例が採用する法の解釈と、学界の通説が支持する法の解釈とは、必ずしも一致するとは限らない、ということに注意しておきましょう（具体的にどのような問題について・どのような理由から、判例と学界の通説とが対立しているのかについては、第１講以下の各講で説明されています)。

もちろん、判例が通説と対立している場合にも、実際に法が運用される場面で通用しているのは判例のほうなのですが、すぐ前の「裁判所の判例」の項目でも述べたように、判例は変更されることもあります。したがって、現在の判例に対する学説からの批判が、将来的には裁判所によって受け入れられて、判例の変更をもたらすこともあり得るのです。

＜参考文献＞

山下純司＝島田聡一郎＝宍戸常寿『法解釈入門〔第2版〕』(有斐閣、2020年)は、法の解釈とはどのようなものか、なぜそれが必要となるか、憲法の解釈には他の法（刑法・民法等）の解釈と比べてどのような特徴があるか等について、初歩から実践に至るまで、ていねいに説明しています。

第1講

憲法の意味

設　問

憲法について、次の問いに答えなさい。

①日本国憲法という場合の「憲法」は、どのような内容をもった憲法ですか。

②日本国憲法は、憲法に法律や命令と比べると上位の地位を与えていますが、法律や命令が憲法に反するかどうかを誰が判断しますか。

③明治憲法と日本国憲法を比べると、憲法としての大きな違いはどこに見られますか。

④日本国憲法は、占領中に外国から押しつけられた憲法であると考えますか。

《なにが問題となるか》

憲法という用語は、時代とその内容によって異なる意味で使われています。今日世界の多くの国は、憲法という名称を付けた法をもっていますが、憲法という名称を付けるためには、一定の内容をそのなかに盛り込むことが必要になります。憲法は国の法のなかで最も上位にあり、国会の制定する法律や行政機関の制定する命令は憲法に反してはならないとされています。この場合に、法律や命令が憲法に反するかどうか判断する権限をどのような国家機関に与えるのがよいのかが問題になります。明治憲法は憲法として重大な点において不備があったため、現在の日本国憲法が制定されましたが、その理由を考えてみなければなりません。日本国憲法の制定にあたって、日本の占領にあたった連合国軍総司令部の影響が強く及ぼされたことから、日本国憲法は無効であるという主張の当否も問題になっています。

解　説

1　憲法の意味

◆憲法という用語

「憲法」という用語は、古くは、聖徳太子の『十七条憲法』(604年制定)で使われ、日本が近代国家として出発する明治維新（1868年）後は、英語およびフランス語のconstitutionの訳語として誕生しました。明治初年では、「国憲」という訳語のほうが広く使われていたのが、1880年代から公式用語として憲法が使われるようになり、1889（明治22）年に「大日本帝国憲法」(明治憲法）が制定されるに至って、憲法という用語が定着したといえます。

聖徳太子の十七条憲法は、「和をもって貴しとなす」(1条）など、豪族や官吏が守るべき道徳的規範を示したもので、法規範としての憲法ではありませんでした。法規範としての憲法には、「実質的意味の憲法」「形式的意味の憲法」および「立憲的意味の憲法」の3つの意味があります。

◆憲法の意味

(1)　実質的意味の憲法　　実質的意味の憲法とは、国家の基本的な統治制度の構造と作用を定めた法規範のことをいいます。これは、「国家あるところに必ず憲法あり」といわれているように、およそ国家がある以上存在しているものです。

(2)　形式的意味の憲法　　形式的意味の憲法は、憲法の形式に注目して、実質的意味の憲法が成文化されて、通常の法律よりも強い形式的効力をもつ規範とされた場合、とくに憲法典という特別の法形式をとる場合にいわれる憲法です。日本では、アメリカ合衆国憲法（1788年）から1世紀遅れて制定された「大日本帝国憲法」(1889年）が最初の成文の憲法典です。現在では、ほとんどすべての国が形式的意味の憲法をもっていますが、例外はイギリスで、イギリス憲法は、マグナ・カルタ（1215年)、権利章典（1689年)、王位継承法、国会法など実質的意味の憲法の性格をもつ制定法のほか、判例法として蓄積されてきた慣習法の体系であるコモンローや憲法習律によって構成されています。

(3) 立憲的意味の憲法　立憲的意味の憲法とは、市民革命の所産である近代立憲主義の上に立つ憲法のことをいいます。典型的な市民革命であるフランス革命のなかから生まれ、1789年に発布されたフランス人権宣言は、「権利の保障が確保されず、権力の分立も定められていないすべての社会は、憲法をもつものではない」(16条)と規定して、立憲的意味の憲法の要素として、人権の保障と権力の分立が不可欠であることを明らかにしています*。人権保障と権力分立との関係は、統治機構で権力分立を採用することによって人権保障をよりよく実現するということで、人権保障が目的であって権力分立はそのための手段であることを意味します。このような内容をもつ日本国憲法は、まさに立憲的意味の憲法といえます。

＊フランス人権宣言16条には、モンテスキューの影響が見られます。モンテスキューは、『法の精神(上)』第11編第4章「自由とはなにかの続き」のなかで、「およそ権力を有する人間がそれを濫用しがちなことは万代不易の経験である。彼は制限に出会うまで進む」「権力を濫用しえないようにするためには、事物の配置によって、権力が権力を抑止するようにしなければならない」(野田良之ほか訳『法の精神(上)』岩波文庫、1989年、289頁)と、自由の確保には権力の分立が必要であることを説いています。

2　憲法の最高法規性と違憲審査制

◆憲法の最高法規性

立憲的意味の憲法の特色として、憲法の最高法規性が認められます。日本国憲法は、「最高法規」の章を設け(10章)、「この憲法は、国の最高法規であつて、その条規に反する法律、命令、詔勅及び国務に関するその他の行為の全部又は一部は、その効力を有しない」(98条1項)と規定して、憲法の最高法規性を明文で明らかにしています。

憲法の最高法規性の形式上の根拠としては、硬性憲法であることに求められます。硬性憲法というのは、憲法の改正手続が通常の法律の場合よりも厳格になっていることをいいます。硬性憲法であることの最も重要な理由は、憲法は権力を行使する側によって遵守されなければならない根本法であって、その時々の多数決によって安易に改正すべきでないことに求められます。日本国憲法の場合には、衆議院および参議院各々の総議員の3分の2以上の賛成に国民投票を加えており（96条）、硬性憲法のうちでも硬さの程度が強くなっているところに特色があります。

日本国憲法が「最高法規」の章の最初に基本的人権の永久不可侵性を規定した97条を置いていることは、人権保障が憲法の核心的な部分であり、憲法の最高法規性の実質的根拠であることを示すものです。

◆違憲審査制

(1) **アメリカ**　憲法が最高法規で、憲法に違反する下位の法規や国の行為が無効であるといっても、憲法違反を判断する「憲法の番人」は誰であるかが問題になります。「憲法の番人」の役割を裁判所に与えるのが、違憲審査制です。違憲審査制を歴史的に見て早くから判例によって確立したのは、アメリカ合衆国です（1803年の連邦最高裁判所マーベリー対マディソン事件判決）。そこで司法裁判所の違憲立法審査権を認めた基本的な論理は、憲法に違反する法律は無効であるという理論が成文憲法に本質的に付随するものであるということと、憲法と法律との間に衝突がある場合にそれぞれの効力を決定するのが司法部の任務であるということです。

(2) **ヨーロッパ**　これに対して、ヨーロッパ諸国では、近代的憲法の成立以来、通常の裁判所が法律の合憲性を審査することを認めてきませんでした。その代表的な国であるフランスでは、ルソーの思想的影響で作成された「法律は一般意思の表明である」（1789年人権宣言6条）という定式によって、国民の代表者で構成される議会で作った法律はそもそも国民に対して抑圧的なものになり得ず、国民の自由の最良の守護者であると想定された、憲法と法律との区別を否定する考え方が確立しました。「憲法の番人」は、裁判所でなく、議会であるということです。しかしながら、法律による人権の保障という想定は、ユダヤ人虐殺を合法的に行った例に見られるようなナチズムやファシズムの苦い経験によって崩壊し、第2次大戦後に制定された西ドイツ憲法（1949年）とイタリア憲法（1947年）では、憲法裁判を直接の任務とする憲法裁判所が設置されました。現在は、旧社会主義国を含めて違憲審査制が世界各国の憲法で認められています

(3) 日本　日本国憲法は、憲法81条の明文の規定で最高裁判所に違憲立法審査権を与えています。この違憲立法審査権がアメリカのような司法裁判所型か、ドイツのような憲法裁判所型かという問題が議論されてきました。最高裁判所は、現在の自衛隊の前身である警察予備隊の設置が憲法9条に違反すると主張された裁判で、司法裁判所型であると判断しました（警察予備隊違憲訴訟　最大判昭27・10・8民集6-9-783）（第20講参照）。

3 日本憲法の展開

◆明治憲法の特色

最初の成文憲法として成立した大日本帝国憲法（明治憲法）は、君主によって一方的に制定されて国民に付与された、いわゆる欽定憲法でした。明治憲法は、人権の保障については、第2章「臣民権利義務」のなかに、ほぼ当時の各国憲法の認める権利を列挙しており、統治機構についても議会制度を設け（第3章「帝国議会」）、大臣助言制度を採用し（第4章「国務大臣及枢密顧問」）、また、司法権の独立を認めて（第5章「司法」）、権力分立制をとっていました。しかし、立憲的意味の憲法から見ると、明治憲法は次のような点で不十分でした。

まず、人権の保障については、言論出版・集会結社の自由（29条）が「法律ノ範囲内ニ於テ」認められているように、「法律の留保」を伴っていたために、言論や思想を抑圧した治安維持法のような立法権による人権の侵害に対して、違憲審査権がなく、裁判所による救済が受けられませんでした。次に、権力分立制については、天皇が統治権を総攬し（4条）、立法、司法および行政の三権は究極において天皇に統一されるとともに、天皇はすべての関係において国家を体現しており、また、議会、

裁判所および政府は、いずれも天皇大権の翼賛機関にすぎませんでした。議会制度については、帝国議会の権限は、天皇の大権事項との関係で、独立命令を発する権能（9条）、緊急命令（8条）・戒厳の宣言（14条）・緊急財政処分（70条）のような緊急の事態に対処するための権限、条約の締結と宣戦（13条）、議会の会期の開閉（7条、41条〜43条）によって制限されていました。大臣助言制（55条）は、各国務大臣が同等の地位で、それぞれの所管の事項について「輔弼《ほひつ》」（助言）を行うもので、大臣の責任は必ずしも議会に負うものではありませんでした。また、内閣総理大臣は、他の国務大臣に対して原則として指揮命令権をもつものではなく、「同輩中の首席」にすぎませんでした。

◆日本国憲法の制定

⑴　ポツダム宣言の受諾　　日本政府は、1945年8月14日に降伏の条件を定めたポツダム宣言を受諾し、翌15日に戦争が終結して、連合国による占領統治の下に置かれることになりました。連合国による日本統治は、被占領国の統治機構を通じて支配権を行使する間接統治の方式がとられ、連合国は、「指令」「覚書」などいろいろな名称をもった指示を日本政府に発し、憲法の定める統治構造を通してそれを施行させるという方式でした。憲法改正問題との関係で問題になるポツダム宣言の規定は、民主主義の復活強化と基本的人権の尊重を定めた宣言10項と「日本国国民の自由に表明せる意思に従ひ平和的傾向を有し且責任ある政府が樹立せらるる」ことという宣言12項です。

⑵　日本政府側の憲法改正作業　　日本政府は、ポツダム宣言の受諾は必ずしも明治憲法の改正の要求を含むものでなく、運用によって同宣言の趣旨に合致する、自由で新しい責任ある政府を樹立することが可能であるという見解に立っていました。憲法改正作業は、内閣の下に松本烝治国務大臣を委員長とする憲法問題調査委員会（松本委員会）が1945年10月に設けられて進められましたが、天皇が統治権を総攬するという原則に変更を加えないなど、明治憲法を基本的に維持しようとするものでした。

1946年2月1日に毎日新聞が松本委員会の改正案なるものをスクープしたのを受けて、連合国軍総司令部は、松本委員会の改正案がポツダム宣言の要求から遠く離れているものと判断し、自ら憲法改正案の起草を行うことにしました。連合国軍最高司令官マッカーサー元帥の提示した3つの原則（①立憲君主制による天皇制の維持、②戦争の放棄、③封建制度の廃止）に基づいて、総司令部民政局は、2月3日から9日間の突貫作業で、日本国憲法の草案（マッカーサー草案）を起草し、日本政府に手渡しました。政府は、マッカーサー草案に基づいて憲法改正作業に取りかかり、まず、日本語に翻訳する形で3月2日に案をまとめ、総司令部と折衝のうえ、3月6日に「憲法改正草案要綱」を公表し、その後4月17日にはこれを平仮名まじりの口語体で条文化した「憲法改正草案」を公表しました。

敗戦後最初の衆議院議員の総選挙は、女性に初めての選挙権が認められた普通選挙で4月10日に行われました。憲法改正案は、明治憲法73条の定める手続きに従って衆議院に6月20日に提出され、若干の修正を付して、8月24日に421対8の圧倒的多数で可決されました。次いで、貴族院での審議では若干の修正が加えられ、10月6日に298対2で可決され、翌7日に衆議院は貴族院の修正に同意して、帝国議会の審議は終了しました。憲法改正案は、枢密院の承認を経て天皇の裁可を受け、11月3日に公布され、翌1947年5月3日から施行されています。

＊押しつけ憲法論　総司令部が作成したマッカーサー草案が日本政府に押しつけられ、その後の修正にあたっても総司令部の同意を必要としたことを理由として、日本国憲法は無効であるとか、あるいは憲法を改正すべきであるという主張が、押しつけ憲法論といわれています。日本国憲法の原案が総司令部のイニシアティブにより作成されたことは事実ですが、憲法改正案は新たに行われた総選挙によって構成された衆議院で審議し、圧倒的多数で承認されたものであり、その後も日本国憲法が国民によって歓迎され、受け入れられたことは、押しつけ憲法論の論拠を否定するものです。また、マッカーサー草案の作成にあたって、民間憲法草案として1945年12月26日に公表された憲法研究会（高野岩三郎、鈴木安蔵、森戸辰男ら7名のメンバーで構成）の「憲法草案要綱」が象徴天皇制の規定をはじめマッカーサー草案に影響を与えており、また、憲法25

条1項の生存権の規定が、衆議院の審議の段階で森戸辰男ら社会党の提案で規定されるに至ったのは、日本側の創意を示すものです。なお、2012年に公表された自民党の憲法改正草案は、憲法改正の理由として押しつけ憲法論を挙げており、押しつけ憲法論の当否が改めて問題になっています（第23講参照）。

◆八月革命説

日本国憲法は、ポツダム宣言の受諾に基づく連合国の占領下で、総司令部のイニシアティブにより原案が作成され、明治憲法の改正手続に則って成立しました。形式的には欽定憲法である明治憲法の改正手続に従って改正されていますが、日本国憲法は憲法前文で、日本国民は「代表者を通じて行動し」、「主権が国民に存することを宣言し、この憲法を確定する」と規定し、日本国憲法が国民主権の原則に基づいて制定された民定憲法であることを明らかにしています。

ここで、日本国憲法が明治憲法の改正手続によって成立したことと、国民主権の原則に基づく民定憲法として制定されたこととの矛盾をどのように説明するかが問題になりました。つまり、明治憲法下でも、憲法改正には限界があるという憲法改正限界説が通説となっており、天皇主権を国民主権に変更することは法的に許されないと考えられていたからです。日本国憲法の制定が正当であることを説明する理論として広く支持されているのが、八月革命説（宮沢俊義）です。

八月革命説は、明治憲法の根本建前である天皇主権主義を、憲法の定める改正手続で国民主権に変更することは法的に不可能であるが、1945年8月14日のポツダム宣言受諾によって、日本の最終的な政治形態の決定権を国民がもつという国民主権主義が、日本政治の根本建前になるという法的な革命があったと考える考え方です。ただし、八月革命によって明治憲法は廃止されたのではなく、引き続き効力を有し、新しい国民主権主義の建前に反しない限度において、形式的には明治憲法73条の手続によって日本国憲法を制定し、それによって明治憲法との間に形式的な継続性をもたせることが実際上便宜であり、適当であったとするものです。このように、八月革命説によると、日本国憲法は、形式的には明治憲法の改正手続を借りているが、実質的には国民自らの憲法制定権力に基づいて新しい憲法として制定されたことが説明できます。

◆日本国憲法の基本原理

日本国憲法は、国民主権、基本的人権の尊重および平和主義を基本原理としています。国民主権と基本的人権の尊重は、近代立憲主義憲法に共通する基本原理です。これに対して、平和主義は日本国憲法の特色をなすものといえます。これら3つの基本原理は相互に結びついていることが、憲法前文で明らかにされています。

憲法前文1項前段は、日本国民が、「自由のもたらす恵沢を確保し」、「戦争の惨禍が起ることのない」ように決意して、「主権が国民に存すること」を宣言すると規定し、基本的人権の尊重および平和主義が国民主権と結びついていることを明らかにしています。さらに、前文1項後段は、「そもそも国政は、国民の厳粛な信託によるものであつて、その権威は国民に由来し、その権力は国民の代表者がこれを行使し、その福利は国民がこれを享受する」と規定しています。リンカーンが1863年にゲティスバーグで行った演説での「人民の、人民による、人民のための政治」のことばを想起させるこのような民主主義の原理が、「人類普遍の原理」と位置づけられています。

憲法前文2項は、「日本国民は、恒久の平和を念願」するとしたうえで、「われらは、全世界の国民が、ひとしく恐怖と欠乏から免かれ、平和のうちに生存する権利を有することを確認する」と規定していますが、この規定が平和的生存権の根拠とされて、統治の基本原理としての平和主義が基本的人権と結びつくことを示唆しています。

このように憲法前文で明確に宣言された3つの基本原理は、憲法本文では、国民主権は1条で、基本的人権の尊重は第3章「国民の権利及び義務」の各人権規定で、平和主義は9条の戦争放棄規定で具体化されています。

設問への答え

設問①については、日本国憲法は、成文化された憲法典をもっている点で形式的意味の憲法であると同時に、憲法の内容から見て、人権の保障と権力分立を定めている立憲的意味の憲法です。

設問②については、日本国憲法は、憲法の最高法規性を保障するために、最高裁判所を「憲法の番人」として、国会の制定する法律や行政機関の制定する命令が憲法に反するかどうかを判断する違憲立法審査権を裁判所に与えています。

設問③の日本国憲法と明治憲法との違いについては、日本国憲法は、国民が制定した民定憲法で、その内容から見て立憲的意味の憲法であるのに対して、明治憲法は、君主が制定した欽定憲法で、立憲的意味の憲法というためには、とくに権力分立制について、天皇が立法、司法および行政の三権を究極において統一し掌握していた点で、重大な不備をもっていました。

設問④の押しつけ憲法論については、憲法改正案は新たに行われた総選挙によって構成された衆議院で審議して承認されており、また、その後も憲法が国民によって歓迎され、受け入れられているところから、妥当ではありません。

＜参考文献＞

①芦部・憲法は、現在最も多くの読者に迎えられている憲法体系書です。

②高見勝利編『新しい憲法のはなし　他二篇』岩波現代文庫（岩波書店、2013年）は、日本国憲法の普及のために、憲法制定に携わった法律実務家が中心になり執筆し、平易な文章で憲法の基本精神を明らかにした解説書で、新憲法制定の息吹が伝わってきます。

③古関彰一『日本国憲法の誕生　増補改訂版』岩波現代文庫（岩波書店、2017年）は、日本国憲法の制定過程の全体像を解明した研究書です。

④鈴木昭典『日本国憲法を生んだ密室の九日間』　角川ソフィア文庫（KADOKAWA、2014年）は、総司令部民政局のメンバーへのインタビューに基づいて作成されたテレビ・ドキュメンタリーの取材資料を書物にしたものです。

第2講

基本的人権の保障

設 問

基本的人権について、次の問いに答えなさい。
①人権はどのような性質の権利として生まれ、その後の歴史のなかでどのように変わってきていますか。
②人権をどのように分類しますか。
③人権は絶対的に保障されますか、それとも公共の福祉によって制限されますか。
④人権は自然人だけでなく法人にも、大人だけでなく子どもにも保障されますか。

《なにが問題となるか》

「基本的人権」と「人権」という用語は、憲法学では一般に同じ意味で使っています。憲法11条および97条は、基本的人権を、すべての人が人間であることに基づいて生まれながらもっている、侵すことのできない永久の権利であると位置づけています。しかし、人間であることに基づく権利であるといっても、人権の内容は時代によって変化しており、また、人権はいくつかのカテゴリーの権利に分類されています。侵すことのできない権利であるといっても、他人の権利と衝突したり、社会秩序に反する場合に制限できるかどうかについても考えてみなければなりません。すべての人に認められる権利であるといっても、自然人とだけ結合した権利が存在するかどうかということや、人間としての心身の成熟途上にある子どもに特有な制約がないかどうかが問題になります。

解　説

1　人権の歴史

◆近代的人権宣言の成立

基本的人権の考え方は、近代憲法の成立によって形づくられてきました。

(1)　アメリカ独立宣言　1776年のアメリカ独立宣言は、純然たる人権宣言ではありませんが、「われわれは、自明の真理として、すべての人は平等に造られ、造物主によって、一定の奪いがたい天賦の権利を付与され、そのなかには生命、自由および幸福追求が含まれることを確信する」という有名な言葉で始まっています。独立宣言は、自然権思想や社会契約説に見られるロックを基調とするイギリス政治思想の強い影響が見られ、1788年に成立したアメリカ合衆国憲法の基礎になっています。

(2)　フランス人権宣言　1789年に起こったフランス革命は、封建的な旧体制と絶対王政を倒し、市民階級が権力を掌握した典型的な市民革命（ブルジョワ革命）ですが、このフランス革命からフランス人権宣言が生まれました。1789年の人権宣言は、現行の第5共和制憲法の前文で再確認されて、現在なお憲法としての効力をもっています。この人権宣言は、「人は、自由かつ権利において平等なものとして出生し、かつ存在する」（1条）と規定して、人間は生まれながらにして自由かつ平等であり、国家以前に人権が存在するという自然権の考え方を明らかにしています。また、「すべての政治的結合の目的は、人の時効によって消滅することのない自然的な諸権利の保全にある」（2条）と規定して、国家を造る目的が人の自然的な権利の保全にあるとする点で社会契約説*の立場をとっています。ここにはルソーの思想的な影響が見られます。また、自然的諸権利として、自由、所有、安全のほかに、圧制への抵抗が挙げられている（2条）ように、不当な国家権力の行使に対して人民が抵抗する抵抗権が、人権保障の有力な手段として考えられていました。

＊社会契約説　ロックやルソーによって唱えられた社会契約説は、人間が自然状態で保持していた生命、身体や財産への権利をより確実に保障するために人民と統治者との契約によって国家を設けたとする理論です。その結果、政府は統治権をもつかわりに、人民の自由を保障する義務を有し、政府がこのような義務に違反した場合には人民は抵抗する権利を留保するということになります。

◆社会権の登場

18 世紀末から 19 世紀にかけて作成された近代憲法の人権宣言は、国家による私的領域への介入を排除する自由権、とりわけ経済的領域への国家の介入を排除する財産権や営業の自由などの経済的自由権を中心に構成されていました。このような経済的自由権は、資本主義経済を発展させる法的基礎になっていきますが、産業革命を経て資本主義の高度化・独占化とともに、資本家と労働者、社会的強者と弱者との間に階級ないし階層の分化が進んできました。そこでは、自由権は、すべての人間に等しく保障されているという建前にもかかわらず、現実には、もてるものである社会的強者にしか価値を有しないという状況が生まれてきました。

1919 年のドイツのワイマール憲法は、すべての者の「人間に値する生活の保障」によって経済的自由を限界づけるとともに、団結権、労働力の保護、経営参加権など各種の社会権を定めています。第 2 次大戦後のヨーロッパ諸国の憲法は、1946 年のフランスの第 4 共和制憲法、1947 年のイタリア憲法など、社会的・経済的領域への国家の介入と各種の社会権を規定するようになっています。

◆人権の国際的保障

伝統的な国際法の考え方の下で、国家と国民の関係は国内問題と考えられており、国民の人権について規律することはほとんどなかったといえます。しかし、第 2 次大戦におけるナチズムやファシズムによる残虐な戦争がひき起こした人権侵害を経験して、国際社会で平和を維持するためには、各国の国内で人権が保障されることが不可欠であると考えるようになりました。1948年に国際連合総会で採択された世界人権宣言は、最初の国際的人権宣言文書です。その後、世界人権宣言に掲げられている人権について、加盟国を法的に拘束する条約で保障するものとして、国際人権規約が1966年に国連総会で採択されています。日本は、1979年に社会権規約（A規約）および自由権規約（B規約）を批准しています。国際人権規約のほか、日本が批准している重要な国際人権条約として、難民の地位に関する条約、女子差別撤廃条約、児童の権利に関する条約、人種差別撤廃条約、障害者権利条約があります。

国際人権条約は、批准によって条約として国内法的効力をもつことになり、法律よりも上位の法的効力をもっています。したがって、現在人権は憲法と条約によって二重に保障されています。

2 人権の分類

憲法第3章では各種の人権が列挙されていますが、人権が分類されているわけではありません。しかしそれぞれの人権の特徴に従って、自由権、社会権、参政権および国務請求権に一般に分類されています。

(1) **自由権**　自由権は、国家の介入を排除して、人の自由な意思決定と活動を確保する権利です。自由権はさらに、人の行う活動の領域によって、精神的自由権（思想信条の自由、信教の自由、学問の自由、表現の自由）、経済的自由権（居住移転の自由、海外渡航・国籍離脱の自由、職業選択の自由、財産権）、人身の自由（奴隷的拘束および苦役からの自由、適正手続の保障、被疑者の権利、被告人の権利）に分けられています。

(2) **社会権**　社会権は、すべての人が「人間に値する生活」を営むことができるように、国家の介入と給付を求める権利であるとともに、他方では、労働者を使用者と対等な立場に立たせるために、労働者に集団的権利を認める権利です。生存権、教育を受ける権利、労働権（勤労権）、労働基本権（団結権・団体交渉権・ストライキ権）が社会権に分類されます。

(3) **参政権**　参政権は、国民が国政に参加する権利であり、自由権の確保に仕える権利です。選挙権と被選挙権がその代表的な権利ですが、広く憲法改正国民投票や最高裁判所裁判官の国民審査も含まれます。

(4) **国務請求権**　国務請求権は、国民が、権利を確保するために国家機関の積極的行為を要求する権利で、請願権、裁判を受ける権利のほか、国家賠償請求権、刑事補償請求権もここに分類されます。

このほか、憲法13条の幸福追求権と14条の法の下の平等は、包括的人権として別に扱われています。

＊人権分類の相対性　上記のような人権の分類は、人権の共通の性格に着目して、人権を大枠として区分するものです。自由権が国家の介入を排除する権利で、社会権が国家の積極的給付を求める権利であるからといって、個々の人権が一方の性格だけをもっているわけではありません。たとえば、自由権の代表的な権利である表現の自由は、国民が情報を集める自由を国家権力によって妨げられないことだけではなく、国家に対して積極的に情報の開示を請求する権利を含むようになってきています。また、国家の積極的給付を要求する権利である社会権にあっても、教育を受ける権利は教育の自由の保障を前提にしていますし、生存権や労働基本権は国家の積極的行為を求めるだけではなく、自由権としての側面ももっています。

3　人権の限界

◆人権の不可侵性とその限界

憲法11条と97条では、基本的人権が、「侵すことのできない永久の権利」であると規定して、人権の不可侵性を明らかにしています。しかし、人権が不可侵であるということは、人権が無制限に認められることを意味するものではありません。1789年のフランス人権宣言でも、「自由とは、他人を害しないすべてのことをなしうることにある。したがって、各人の自然的諸権利の行使は、社会の他の構成員にこれらと同一の権利の享受を確保する以外の限界を持たない」(4条) と規定して、自然権としての人権であっても、人権はもともと他人の権利を害しないという限界を有していることを明らかにしています。

◆人権と公共の福祉との関係

憲法は、人権の一般的な条項のなかで「公共の福祉」による制約を規定し、さらに、個別の人権規定では、居住および職業選択の自由（22条1項）と財産権（29条2項）に関して、とくに、明文で「公共の福祉」による制限を規定しています。憲法22条、29条の場合以外に、憲法12条、13条の公共の福祉を根拠に人権を制限できるかという点は、憲法施行の初期から学説によって活発に論議されてきた問題です。

学説は、内在的制約説と公共の福祉説に分かれています。

(1) **内在的制約説**　内在的制約説は、人権が公共の福祉によって制限されるのは、憲法22条や29条のように、とくに個別人権規定で「公共の福祉」を規定している場合だけであって、憲法22条と29条以外の人権を制約できるのは、人権の性質上当然に伴うべき内在的制約しか許されないという考え方です。この考え方によると、憲法12条や13条で規定する「公共の福祉」は、国民の心構えや国家の指針を定めた訓示的な規定で、法的な効力をもたないということになります。

(2) **公共の福祉説**　公共の福祉説は、憲法第3章「国民の権利及び義務」の総則としての地位に置かれた憲法12条および13条、とくに13条の「公共の福祉」が人権を制限する根拠になることを肯定する見解です。憲法13条の「公共の福祉」に法的意味を認める理由として、次の2点があります。第1には、憲法で保障された人権を制限するには、「公共の福祉」のように憲法上の根拠が必要であることです。第2には、憲法13条は憲法の明文で規定されていない権利である人格権やプライバシー権などの個人の人格的生存にかかわる権利を包括的に保障した規定とされて、その法的効力が認められているのに（第5講参照）、「公共の福祉」の部分に限って訓示的規定と解して法的効力を認めないのは、論理が一貫しないということです。

判例は、憲法施行の初期より、とくに「公共の福祉」の内容を明らかにすることなしに、憲法12条、13条の「公共の福祉」を援用して、人権を制限する法律や条例の規定を合憲であると判断しています。

◆二重の基準論

人権のカタログのなかで、精神的自由は、立憲民主政の政治過程にとって不可欠の権利であるから、経済的自由より優越的地位を占めるとし、その結果、人権を規制する法律の違憲審査にあたって、経済的自由の規制が立法府の裁量を尊重して緩やかな基準で審査されるのに対し、精神的自由の規制はより厳格な基準によって審査されなければならないというのが、二重の基準の理論です（芦部・憲法 104～105 頁参照)。

文字どおりの「二重の基準」というと、精神的自由に対して、厳しい審査基準である「厳格審査基準」が適用され、経済的自由に対しては、緩やかな審査基準である「合理性の基準」が適用されるということになります。しかし実際には、これら 2 つの基準の中間に「厳格な合理性の基準」が存在することを前提にして、一般的にいえば、「厳格審査基準」は、精神的自由の「表現内容規制」に、「厳格な合理性の基準」は、精神的自由の「表現の時、場所、方法の規制」および経済的自由の「消極的規制」に、「合理性の基準」は、経済的自由の「積極的規制」に適用されると解することができます。

最高裁は、薬事法違憲判決（最大判昭 50・4・30 民集 29-4-572）において、職業選択の自由という経済的自由が問題になった事案で、「職業の自由は、それ以外の憲法の保障する自由、殊にいわゆる精神的自由に比較して、公権力による規制の要請がつよく」と判示して、二重の基準の考え方を明らかにしています。

4　人権の享有主体

◆法人の人権

憲法で保障される人権は、もともとは自然人だけを対象とするものと考えられていました。ところが、一定の目的の下に結合した人の集団や財産について法人格が与えられた法人や、その他の団体が社会的に存在し活動するようになり、法人が人権を享有する主体になるかどうかが問題になってきました。

最高裁は、八幡製鉄政治献金事件判決（最大判昭 45・6・24 民集 24-6-

625）で、人権が性質上可能な限り法人に適用されることと、法人たる会社は「政治的行為をなす自由」をもっているので、政党に政治資金を寄付することができることを認めました。

このような判例の立場に対しては、「『政治的行為をなす自由』にかかわる思想・表現の自由や参政権は、本来、自然人＝個人のものであり、今日でも、自然人＝個人の憲法上の権利と『同様』の資格でそれと対抗的に法人が主張」することはできないという批判が加えられています（樋口・憲法181頁参照）。

問題は、どのような人権を、どのような法人に対して、どの程度で認めるかで、これについてはきめの細かい検討が必要になります。人権の性質でいえば、経済的自由権をはじめ、国務請求権、刑事手続上の権利は法人にも適用されます。精神的自由権については、信教の自由が宗教法人に、学問および教育の自由が学校法人に、表現の自由も新聞社やテレビ会社に認められます。これに対して、生命や身体に関する自由や生存権、さらには参政権は自然人だけに保障される人権であり、法人には認められません。八幡製鉄政治献金事件で問題になった政治資金の寄付の自由は、表現の自由に一応含まれますが、他方では、参政権の行使と密接にかかわりますので、法人への適用には慎重でなければならず、とくに八幡製鉄のような巨大な企業であればなおさらです。

法人の性質との関係では、最高裁は、南九州税理士会事件判決（最判平8・3・19民集50-3-615）で、税理士会の政治資金を寄付する自由が問題になった事案について、税理士会が強制加入団体であって、その会員には、実質的には脱退の自由が保障されていないことから、会員の思想・信条の自由との関係を配慮することが必要であることを理由に、法人の政治資金を寄付する自由を否定しています。

これに対して、同じく強制加入団体である群馬司法書士会による、阪神・淡路大震災で被災した兵庫県司法書士会への復興支援拠出金の寄付が問題になった事案では、最高裁の群馬司法書士会事件判決（最判平14・4・25判時1785-31）は、司法書士会が強制加入団体であることを考慮しても、負担金の徴収は、会員の政治的または宗教的立場や思想信条の自由を害するものではないと判断し、政治献金とは異なり、大震災復興支援拠出金については、法人の寄付の自由を認めています。

◆子どもの人権

子ども（未成年者）も当然に人権を享有する主体として認められます。しかし、「人権の性質によっては、一応その社会の成員として成熟した人間を主として眼中に置き、それに至らない人間に対しては、多かれ少なかれ特例をみとめることが、ことの性質上、是認される場合もある」（宮沢・憲法Ⅱ 246 頁参照）ことは、学説上一般に認められてきたところです。憲法上明文で未成年者の人権を制限しているのは、選挙権だけです（憲 15 条 3 項）。法律による未成年者の人権の制約の例としては、婚姻の自由について、年齢を男子満 18 歳、女子満 16 歳（2022（令和 4）年 4 月 1 日から男女とも満 18 歳）と定めており（民 731 条）、財産権について、20 歳未満（2022（令和 4）年 4 月 1 日から 18 歳未満）の子は原則として、意思能力のない場合には法定代理人（親権者・後見人）により代理され（民 824 条、859 条）、意思能力のある場合には、法定代理人の同意により初めて有効な行為をなし得る（民 5 条 1 項）ことになっています。

子どもに対する人権の制約がどの程度可能かという点について、保障される人権の性質に従って、子どもの心身の健全な発達を図るための必要最小限度の制約が憲法上許されると一般に解されています。子どもの人権の制約は、子どもの心身の健全な発達を図るものですから、人権一般の制約根拠として用いられている「公共の福祉」（「内在的制約」と「政策的制約」）の原理とは明確に区別される、「限定されたパターナリスティックな制約」とする見解が有力な学説から主張されています（佐藤・憲法論 154・156 頁参照）。パターナリズムとは、独立した能力のない子に対して、親が干渉して面倒をみるようなやり方で、国が私人の行動に干渉することをいいます。そして、「限定されたパターナリスティックな制約」とは、パターナリズムによる国の干渉を限定的に捉え、子どもの人権については、「成熟した判断を欠く行動の結果、長期的にみて未成年者自身の目的達成諸能力を重大かつ永続的に弱化せしめる見込みのある場合に限って」国の干渉が正当化されるとする考え方です。

設問への答え

設問①については、18・19 世紀の近代憲法の人権宣言は、自由権を中心に構成されていたのが、資本主義の発達に伴い貧富の差が拡大し、20 世紀憲法には社会権が加わりました。さらに、近年になって各種の国際人権条約を批准して、人権が憲法と条約で二重に保障されるようになっています。

設問②の人権の分類は、自由権、社会権、参政権、国務請求権の 4 つに包括的人権が加わります。

設問③の人権の限界について、判例および学説の多数説ともに公共の福祉による制約を認めています。

設問④の人権の享有主体について、法人の人権は、性質上可能な限り法人にも認められます（八幡製鉄政治献金事件判決）が、法人が強制加入団体で、政治献金のように会員の思想信条の自由にかかわる事案では法人の寄付の自由を否定され（南九州税理士会事件判決）、大震災復興支援資金のように思想信条の自由を害しない事案では法人の寄付の自由が肯定されています（群馬司法書士会事件判決）。子どもの人権については、子どもの心身の発達を図るための必要最小限度の制約が学説によって肯定されています。

＜参考文献＞

①宮沢俊義『憲法Ⅱ〔新版〕』（有斐閣、1971 年）は、基本的人権の思想的背景や歴史的経緯、基本的人権と公共の福祉の関係、人権の享有主体など人権総論に関する古典的な名著です。

②岩本一郎『新版　絵で見てわかる人権』（八千代出版、2017 年）は、人権の歴史、人権の理念のほか代表的な人権を判例を素材に、図解をつけて説明する入門書です。

③中村睦男「人権観念の歴史的展開」高見勝利編『人権論の展開』（北海道大学図書刊行会、1999 年）所収は、人権の観念を歴史的に概観しています。

第３講

外国人の人権

設問

フランス人のＦ教授は、友人の日本人Ｊ教授が法学部長をしている日本の大学に勤務することになりました。Ｆ教授は日本語や日本の文化にも通じていて、このまま日本で暮らしたいと思っています。Ｆ教授が日本に定住することになったら、日本で行われる選挙で投票する権利は認められるでしょうか？

《なにが問題となるか》

日本国憲法が保障する権利を列挙する第３章の標題は、「国民の権利及び義務」となっています。第３章の冒頭にある第 10 条は、「日本国民たる要件は、法律でこれを定める」と規定しています。第 10 条にいう「法律」として「国籍法」が定められており、「日本国民」とは「日本国籍」を有する者、ということになっています。

フランス人のＦ教授も、日本に帰化して、日本国籍を取得すれば、「日本国民」になることができます。しかし、日本に長く住んでいても国籍はフランスのままとした場合、参政権や、その他の日本国憲法上の基本的人権が保障されるのかが問題となります。

解　説

1　外国人の人権享有主体性

◆憲法の解釈

「日本に在留する外国人（以下では、たんに「外国人」といいます）であるF教授に、憲法上の基本的人権が保障されるか」という問題は、いいかえると、「外国人は人権を享有する主体であり得るか」ということです。

(1)　人権享有主体性を否定する考え方　憲法は「国民の権利及び義務」を定めたものであり、外国人の人権は、法律によって保障が図られるのが望ましいが、憲法によって保障されているわけではない、とする考え方があります。憲法上の人権の享有主体性を否定することから、「否定説」とも呼ばれます。

(2)　人権享有主体性を肯定する考え方　たとえ外国人の人権についての特別の法律がなくても、令状なしに逮捕して裁判なしに処刑してもかまわないということにはならないはずです。①「憲法が保障する人権は、国家や憲法ができる前から存在していた前国家的なもの」と考えるならば、（「国家」ができてはじめて「外国人」があり得るのですから）J学部長と同じ人間であるF教授に人権の保障を認めないのは矛盾である、②憲法は国際協調主義をうたっている、として、外国人にも一定の範囲内で人権の保障を認めるべきだとするのが、「肯定説」です。では、どのような人権が外国人にも保障されるのでしょうか。

(3)　文言説と性質説　憲法の条文のなかで「国民は」と定めているものは日本国民だけ、「何人も」と定めているものは外国人にも及ぶ、とする考え方（文言説）もありました。しかし、日本国民だけが対象となるはずの「国籍離脱の自由」について定める憲法22条2項は「何人も」となっているなど、憲法の規定は必ずしも厳密な用語の使い分けを行ってはいないようにみえます。

そこで、どのような人権が外国人にも保障されるかについては、それぞれの権利の性質によって判断する、という考え方（性質説）が学説の主流となりました。

◆従来の判例

最高裁は、憲法施行後の早い時期から、「いやしくも人たることにより当然享有する人権は不法入国者と雖《いえど》もこれを有するものと認むべき」（最判昭 25・12・28 民集 4-12-683）などとしていましたが、どのような人権が外国人に保障されるのかの基準は、明確に整理されてはいませんでした。

その後、マクリーン事件判決（最大判昭 53・10・4 民集 32-7-1223）で、最高裁大法廷は、「憲法第 3 章の諸規定による基本的人権の保障は、権利の性質上日本国民のみをその対象としていると解されるものを除き、わが国に在留する外国人に対しても等しく及ぶ」として、性質説による判断基準を示しました。

◆国際人権条約

日本は、国際人権規約（A 規約・B 規約）をはじめ、人権に関する国際条約（国際人権条約）を締結しています。各国の憲法による国内的な人権保障だけではなく、人権の国際的保障が必要であるという考え方は、とりわけ第 2 次大戦後に発展し、「人権の国際化」と評されます*。

＊各種の国際人権条約は、外国人の人権保障にだけ関係するものではなく、国民の人権にも資するものです。日本では、条約は法律よりも強い効力を有します。したがって、国会が制定した法律でも、裁判所で国際人権条約違反とされる可能性があります。近年では、最高裁の国籍法違憲判決（最大判平 20・6・4 民集 62-6-1367）や非嫡出子法定相続分違憲決定（最大決平 25・9・4 民集 67-6-1320）について、国際人権条約の影響が指摘されています（第 6 講**3**参照）。

国際人権条約は、権利の保障について国籍の有無を問わない「内外人平等の原則」をとっています。したがって、F 教授の人権を考える際にも、憲法の規定する人権が外国人にも及ぶかを論ずるだけでは足りないのです。

◆外国人の入国と在留制度

⑴　**入国の自由**　　そもそも、日本国には、F 教授の入国を認める義務はなく、一定の場合に入国を拒否しても国際法に違反しないと考えられています。最高裁は、「国際慣習法上、外国人の入国の許否は当該国家の自由裁量により決定し得るものであつて、特別の条約が存しない限り、国家は外国人の入国を許可する義務を負わないものである」（最大判昭 32・6・19 刑集 11-6-1663）としています。外国人であるF 教授自身には、日本に入国する権利はないのです。

⑵　**在留期間と在留資格**　　入国を許可されて日本に在留する外国人は、出入国管理及び難民認定法（入管法）に基づき、在留期間（外交・高度専門職の一部・永住者を除き数か月～5 年、更新可能）と、在留資格（特定の活動を行うことを目的とする 25 種類の資格と、活動範囲に特段の制限がない「永住者」「日本人の配偶者等」「永住者の配偶者等」「定住者」の 4 種類の資格）を定められています（この他に、入管特例法によって定められた在留の資格として、「特別永住者」がある）。F 教授は、「教授」の在留資格で認められた以外の活動（資格外活動）を、絶対的に禁止されているわけではありませんが、無許可で就労活動を行うと罰せられ、場合によっては強制的に日本から退去させられます（退去強制）。

⑶　**在留の権利**　　日本に入国する権利がない以上、F 教授には、日本に在留し続ける（入国を継続する）権利もないとされます。最高裁は、「外国人の在留の許否は国の裁量にゆだねられ、わが国に在留する外国人は、憲法上わが国に在留する権利ないし引き続き在留することを要求することができる権利を保障されているものではな」いとしています（マクリーン事件　最大判昭 53・10・4 民集 32-7-1223）。

⑷　**外国人在留制度の問題点**　　J 学部長は、日本政府に対して批判的な意見を述べても、表現の自由が保障されていますから、政府によって「文句があるなら出ていけ」と国外に追放されたりはしません。ところが、F 教授の場合、在留中に政治活動を行うと、在留期間の更新（滞在の延長）の際に「あなたには日本にいてほしくない」と更新が不許可になる可能性があります。そもそもF 教授は、在留資格制度によって

活動範囲が限定されています（J学部長は、大学教授だからといって、「教授」以外の行為を勝手に行ってはいけないなどとはいわれないでしょう）。最高裁は、「外国人に対する憲法の基本的人権の保障は、……外国人在留制度のわく内で与えられているにすぎないものと解するのが相当であつて、……、在留期間中の憲法の基本的人権の保障を受ける行為を在留期間の更新の際に消極的な事情としてしんしやくされないことまでの保障が与えられているものと解することはできない」（マクリーン事件　最大判昭53・10・4民集32-7-1223）としています。在留期間中は憲法の保障を受ける行為であっても、在留期間の更新の際に、不利益な考慮要素とされる可能性があるのです。このように、法律が定める外国人在留制度によって権利保障が左右されるならば、実質的には、人権享有主体性を否定する考え方と同じことにならないでしょうか。

しかし、在留資格による活動範囲の制限があるとはいえ、在留中の資格外活動にも憲法上の人権の保障が及ぶと解されます。そうであれば、残る問題は、在留期間の更新に際しての法務大臣の裁量権行使の合憲性が、どの程度まで厳格に審査されるかということになりそうです。

2　外国人の参政権

◆問題の所在

公職選挙法および地方自治法は、選挙権および被選挙権を日本国民（日本国籍保有者）にのみ認めています。参政権を国籍によって制限することは、権利の性質上認められる合理的な制約であるか否かが問題です。

F教授の日本滞在が短期間ならば、選挙権が問題になることもないでしょう。しかし、F教授が日本に定住するならば、納税義務を負うこともあり、選挙権が気になります。外国人の参政権については、国民が主権者として国政を運営するという国民主権の原理との関係が問題です。外国人に参政権を認める法律を制定することについては、大きく分けると、①憲法違反である（禁止説）、②憲法が求めている（要請説）、③憲法はどちらとも定めていない（許容説）、という考え方があります。

◆国政レベルの選挙権

憲法15条1項は、公務員の選定・罷免を「国民固有の権利」としています。最高裁は、国会議員の選挙権を有する者を日本国民に限っている現行法は憲法に違反しないとしています（最判平5・2・26判時1452-37)。15条の「国民」とは、憲法の国民主権の原理の下では「日本国民すなわち我が国の国籍を有する者」であるというのが最高裁の見解です（最判平7・2・28民集49-2-639)。

国際人権規約のB規約25条は、「すべての市民」に対して参政権を保障しています。B規約の他の規定が「何人」にも、あるいは「すべての者」に権利を保障しているのに対し、25条だけが「市民」と規定しています。この「市民」の範囲を国籍によって限定することは、ただちにB規約違反とは解されず、日本の裁判所もそのように解釈しています。

学説上も、国政選挙については、国民主権の原理と定住外国人の選挙権との間で前者が優先すると解され、禁止説が一般的です。

◆地方公共団体レベルの選挙権

憲法93条2項は、地方公共団体の首長や議会の議員などを選挙するのは「地方公共団体の住民」であるとしています。この「住民」に、日本に定住したF教授も含まれると考えられないでしょうか。

最高裁は、地方公共団体が日本の国土と国民を治める組織にとって不可欠の要素であることを指摘して、憲法93条2項の「住民」とは、「地方公共団体の区域内に住所を有する日本国民」であるとしました。ただし、定住外国人のなかで「その居住する区域の地方公共団体と特段に緊密な関係を持つに至ったと認められるものについて、……法律をもって、地方公共団体の長、その議会の議員等に対する選挙権を付与する措置を講ずることは、憲法上禁止されているものではない」と判示し、前述の分類のうち、許容説をとりました（最判平7・2・28民集49-2-639)。

学説上も、地方選挙については、国民主権の原理と定住外国人の選挙権とでは憲法上どちらかが優先するわけではないと考えられ、近時は許容説が有力です。地方公共団体レベルの選挙権（地方選挙権）は、住民としての定住外国人の生活に密着したものであると考えられるのです。

◆被選挙権

国会議員や、都道府県知事・市町村長、都道府県・市町村の議会の議員などは、国家意思の形成に直接参与する職であり、外国人が就任することは、国民主権の原理との関係で認められないとされます。

◆公務就任権

(1) 国籍条項と「当然の法理」　公務員になるのも民間企業に就職するのも「職業選択の自由」だといえそうですが、公務員になる権利ないし資格（公務就任権）は、（被選挙権と対比して）選挙以外の方法で公職に選任される権利として、広い意味の参政権に位置づけられてきました。外国人を公務員に任用することは可能かが、国民主権の原理との関係で問題となります。

①外務公務員法7条は、「国籍を有しない者又は外国の国籍を有する者は、外務公務員となることができない」としています。②法律上は制限がない国家公務員についても、「公務員に関する当然の法理として、公権力の行使または国家意思の形成への参画にたずさわる公務員となるためには、日本国籍を必要とする」（1953（昭和28）年の人事院事務総長回答）という考え方に基づいて、採用試験の受験資格を定める規則に「国籍条項」を設け、外国人の受験を制限しています。③学術的・技術的な職務や機械的な労務のみで、管理的な事務を行わない公務員には、外国人も任用できるものがあります。たとえば、試験研究機関などで契約勤務の研究公務員として外国人の任用が可能です。ただし、管理者に任用することはできないとされます。

(2) 国籍条項の見直し　地方公務員についても外国人の受験が制限されてきましたが、近年は、「公権力の行使または公の意思の形成への参画に携わる職」以外の一定の職種について、国籍条項をはずす地方公共団体も増えたとされます。

採用後、管理職への昇任の可否も問題となります。それぞれの職務の内容や決定権限との関係で、外国人の昇任が許される管理職と昇任が許されない管理職とを区別する必要があるとする判決（東京高判平9・11・26判時1639-30）が出て、注目されました。しかし、最高裁は、この判断を取り消して、公権力を行使する管理職とそれ以外の管理職とを一体的に扱う人事管理制度をつくり、日本国民に限って管理職に昇任させることは、憲法に違反しないとしました（最大判平17・1・26民集59-1-128）。

3　その他の人権

◆外国人の権利の制限と違憲審査

外国人も憲法上の人権を享有するということは、外国人の権利に対する制限が違憲審査の対象となるということです。ただし、外国人の人権保障の範囲・程度は、国民と同一とは限りません。また、権利の性質から可能な限り外国人に人権が保障されるといっても、憲法の条文ごとに保障の有無や程度が定まるわけではありません。問題となる権利の性質によって、違憲審査の厳格度も異なるはずです。さらに、外国人にも、不法入国者や旅行者から永住者や難民まで、さまざまな類型があります。必要なことは、外国人も人権を享有することを前提にして、問題となる外国人の類型と人権の性質に即して、いかなる違憲審査基準によって外国人の権利制限の合理性を判断するかを解明することです。

◆保障される人権の範囲

(1)　**政治的表現の自由**　　精神的自由は、原則として外国人にも保障されると考えられます。政治的表現や政治活動については、国民主権との関係で特別の制約が問題とされます。しかし、ある種の政治活動の自由が外国人に保障されるか否かではなく、許される必要最小限度の制約を判定する基準を明らかにすることが肝要です。最高裁のマクリーン事件判決が、「政治活動の自由についても、わが国の政治的意思決定又はその実施に影響を及ぼす活動等外国人の地位にかんがみこれを認めることが相当でないと解されるものを除き、その保障が及ぶ」（最大判昭53・10・4民集32-7-1223）としたことに対し、認められない政治活動の基準があいまいであるとの批判がなされています。

(2) 経済的自由　一定の職業については外国人が従事するのを認めないことで職業選択の自由が制限され、外国人の土地取得を規制することで財産権が制限されます。このように、経済的自由には、権利の性質上、国民とは異なる制約が加えられています。ここでも二重の基準の理論（第2講参照）に基づき、精神的自由よりも規制がゆるやかに認められる可能性があります。

(3) 社会権　社会権については、かつては、各人の所属する国家（国籍国）によって保障されるべきであるとされていました。しかし、外国人に対する社会権の保障は、権利の性質上そもそも認められないというわけではありません。さらに、国際人権規約（A規約）（1979年批准）や難民条約（1981年批准）によって、外国人の社会権保障が求められました。社会保障制度を定める主要な法律において、受給資格から日本国民であること（国籍要件）がはずされるようになりました。ただし、生活保護については、国民に準じた扱いを受けるのは、一定の要件を満たす定住外国人に限られています（最判平26・7・18判例地方自治386-78）。

(4) 再入国の自由　日本人のJ学部長は、パリでの国際学会に出席するために日本を出国し、終了後に帰国することができます。しかし、F教授が故郷ポワチエに行くことは出国の自由としてB規約12条2項でも保障されていますが、フランスから日本に戻ってくることは「再入国」とされ、J学部長のように当然に認められるわけではありませんでした。

最高裁は、外国人には入国の自由も在留の権利もないから、「我が国に在留する外国人は、憲法上、外国へ一時旅行する自由を保障されているものでない」としていました（最判平4・11・16裁判集民166-575、百選I A2事件）。他方で、B規約12条4項は、「何人も、自国に戻る権利を恣意的に奪われない」と規定しています。国際的には、ここでいう「自国」は国籍国だけでなく定住している国も含むという解釈が有力になりつつあります。そして、日本でも、法律が改正され、出国後1年以内（特別永住者は2年以内）に再入国するのであれば、原則として、事前に再入国許可を受ける必要がなくなりました（2012年7月から施行）。

◆定住外国人の人権

前述のように、日本に生活の本拠をもつ定住外国人や難民と、短期滞在の一般外国人とは、分けて考えるべきでしょう。ただし、「定住外国人」の定義については議論があります。

法的には外国籍でも、日本で生まれ、日本で育ち、日本の学校に通って、日本で働き、日本語を話す人は少なくありません。こうした人たちの人権とりわけ参政権について、国籍の有無で保障が左右されることには批判があります。とくに、戦後に朝鮮半島および台湾が植民地から離脱したことによって日本国籍を失って「外国人」とされた人々とその子孫（入管特例法に基づいて永住を認められた「特別永住者」）については、国籍を理由とする人権制限の合理性が、大きな問題となります。

設問への答え

日本に在留する外国人には、権利の性質上日本国民のみを対象としていると解されるものを除き、基本的人権が保障されます。また、国際人権条約の存在も看過できません。ただし、外国人の人権保障については、在留資格制度等、国民とは異なる制約があることに留意が必要です。

参政権については、権利の性質上、国民主権の原理との関係から、外国人については制限されると解されています。しかし、地方公共団体レベルの選挙権を一定の外国人（定住外国人など）に認める法律を制定しても憲法には違反しないとする説が有力であり、判例もそのような立場を示しています。

＜参考文献＞

①芦部信喜『憲法学Ⅱ』（有斐閣、1994 年）第 4 章第 3 節は、「いかなる人権がどの程度保障されるかを具体的に（保障の及ぶ外国人の類型も異なることに注意して）明らかにしていく」という観点から詳説しています。

②大村敦志『他者とともに生きる―民法から見た外国人法』（東京大学出版会、2008 年）は、外国人の具体的な生活部面とのかかわりから、日本法のあり方を検討するものです。

③申惠丰『国際人権入門―現場から考える』（岩波新書、2020 年）は、国際人権基準とそのシステムを概説し、外国人に限られない具体的な事件を題材にその「活かし方」を考えるものです。

第**4**講

人権規定の私人間効力

設　問

　祖母から聞いた話です。祖母が若い頃に勤めていたＹ社の就業規則（雇い主が労働者に対して定めているきまり）は、男性の定年を満55歳、女性の定年を満50歳と規定していたそうです。祖母と同じ課に勤務していたＸさんは、この規則により、満50歳となることを理由に退職を命じられたのですが、就業規則が不合理であると主張して裁判を起こしたそうです。私ならば、就業規則が女性を差別するもので憲法14条違反だと主張するところですが、Ｘさんはなぜそのように主張しなかったのでしょうか。

《なにが問題となるか》

　憲法が保障する人権は、国家（公権力）との関係で保障されていると考えられてきました。設問の場合、Ｙ社には誰を雇うかの自由があり、Ｘさんには男性従業員との関係で平等に取り扱われるべき権利があるといえます。このように、私人間においてはお互いが権利や自由を有しているので、いずれの権利・自由が優越するかを考えることなく、人権侵害をただちに憲法違反であるということはできないのです。そこで、どのようにして人権規定を私人間にも及ぼすかが問題となるわけです。

解 説

1 私的自治の原則と私人間における人権保障

◆憲法とはどのような性格の法か

設問を考える前に、「憲法とはどのような性格の法か」ということを復習しなくてはなりません。日本国憲法もそうですが、憲法には人権保障と権力分立の規定が置かれています（立憲的意味の憲法）。国家権力が国家を統治する際に、好き勝手に法律を制定して国民の権利・自由を侵害することのないよう、憲法は人権を保障し国家権力を制限しているわけです。このように、そもそも憲法が保障する人権は、国家権力との関係で国民に保障された権利や自由だと考えられてきました。

他方で、国家と私人との関係とは異なる市民相互の関係においては、私的自治の原則が基本原理とされてきました。つまり、それぞれが自由で平等な関係にある私人間では、誰とどのような権利義務関係を結ぶかは、それぞれの意思によって決めることができるという考え方です。たとえば、巨人ファンの人が、「阪神ファン以外お断り」と張り紙の出ている居酒屋で入店を断られても、私的自治の原則の下では許される行為といえます。

ところが、資本主義の発展に伴い、企業や労働組合といった国家権力に類似した力をもつ団体が数多く生まれたことで、私人間の自由で平等な関係が崩れて、大企業などによる個人の人権侵害が生ずるようになりました。設問にもあるように、企業が女性労働者の定年を男性より低く設定しても、会社との力関係の異なる女性労働者としては「クビになるよりは定年まで勤めるほうがマシ」と我慢を強いられることになってしまうのです。そこで、このような「社会的権力」による人権侵害から個人を救済するために、憲法の保障する人権規定を私人間にも適用して個人の人権を保護すべきではないのかという問題が生じてきたわけです。

◆私的自治と私人間における人権保障との調整のあり方

憲法の保障する人権規定を私人間に適用するということは、国家がなんらかのかたちで私人間に介入することを意味します。そこで次に、どういうかたちで介入するか、つまり私的自治の原則と私人間における人権保障との調整のあり方が問題となります。調整のあり方には、以下の3つの方法があります。

(1) 憲法に明記する方法　まず第1に、憲法自身が人権規定を私人間に適用する旨明記する方法が挙げられます。日本国憲法においては、唯一、15条4項が投票の秘密につき、「選挙人は、その選択に関し公的にも私的にも責任を問はれない」と規定しています。したがって、選挙人が誰に投票したかを自ら表明したり、また、なんらかのかたちで明らかになったりした場合に、国家機関からも私人からも責任を問われないことになります。

(2) 立法による調整の方法　第2に、立法による調整の方法が挙げられます。その一例として、使用者（企業）による労働者の人権侵害を禁止し、私的自治の原則を修正している労働基準法があります。同法32条2項は、労働者に、1日につき、原則として8時間を超えて労働させてはならないと規定しています。ですから、いくら労働者が1日15時間働きたいと申し出ても、そのような労働契約を結ぶことは許されません。つまり、使用者と労働者の間で労働時間について合意があっても、労働基準法がそれを禁止するだけでなく、そのような労働契約は無効となるうえ（労基13条）、使用者に対しては罰則が科せられることになります（労基119条1号）。

(3) 解釈による適用の方法　第3に、上記のようなかたちでの介入がなされていない場合に、解釈によって人権規定を私人間に適用する方法が考えられます。具体的にいえば、使用者による労働者の人権侵害を裁判で争う際に、国家の機関である裁判官が憲法解釈を通じて労働者の人権を保護しようとするやり方です。このことを、憲法学的には、人権規定の私人間効力の問題といいます。

2 人権規定の私人間効力に関する考え方

◆人権規定の私人間効力

人権規定の私人間効力について、学説は、無適用（無効力）説、直接適用（直接効力）説、間接適用（間接効力）説の３つに大別されます。

(1) **無適用説**　無適用説によれば、憲法は国家対国民の関係を規律する法であるから、特段の定めがある場合を除いて、憲法の人権規定は私人間に適用されないことになります。要するに、無適用説の立場では、人権の私人間適用について、憲法に明記されず法律もない場合には、「社会的権力」による人権侵害を救済することができなくなるわけですから、今日ではほとんど支持されていない学説です。けれども近時、無適用説の再評価を強く主張する説もみられます（高橋・立憲主義 111～119 頁）。

(2) **直接適用説**　これに対し、直接適用説によれば、憲法の人権規定は私法関係においても直接適用されることになります。直接適用説の基礎には、「国家類似の巨大な組織化された利益集団の出現した現代において、……憲法の定立する法原則は社会生活のあらゆる領域において全面的に尊重され実現されるべきである」（阿部・憲法 81 頁参照）という考え方があります。

直接適用説に対しては、①私的自治の原則が広く害されて、私人間の行為が憲法によって規律されることになる、②人権が、本来、「国家からの自由」という対国家的なものであることの本質が損なわれる、③自由権のなかにも社会権的な性格をもつものがあるので、そのような複合的性格の権利の直接適用を認めると、かえって自由権が制限されるといった批判が見られます（芦部・憲法 116～117 頁参照）。たとえば、「知る権利」は「積極的に政府情報等の公開を要求することのできる権利」を含むものであると解されています（もちろん、公開を要求するためには、法律の制定が必要となります）が、この「知る権利」が直接私人間にも適用されることになると、A さんの日記に書かれている B さんに関する情報の公開を、B さんが A さんに対して要求できることにもなりかねません。

⑶　**間接適用説**　そこで、通説は、人権規定の趣旨・目的ないし法文から直接的な私法的効力をもつものを除き、民法90条のような私法の一般条項*を媒介として、憲法の人権規定を間接的に私人間に適用する、間接適用説の立場をとっています。日本国憲法において、直接的な私法的効力をもつ規定としては、15条4項の「投票の無問責」、18条の「奴隷的拘束及び苦役からの自由」、27条3項の「児童の酷使の禁止」、28条の「勤労者の団結権」などが挙げられます。

判例も、いわゆる三菱樹脂事件（最大判昭48・12・12民集27-11-1536）において、「社会的に許容しうる限度を超える」人権侵害があった場合には、民法90条等の「適切な運用によって……適切な調整を図る方途も存する」と説示し、間接適用説の立場に立っています。

＊一般条項　法律の条文は、通常、要件と効果から構成されています。わかりやすい例として、刑法199条「人を殺した者は、死刑又は無期若《も》しくは五年以上の懲役に処する」という殺人罪の規定を見てみましょう。この条文は、「人を殺す」（要件）と「死刑か無期か五年以上の懲役に処せられます」（効果）と定めています。別言すれば、「こういう場合に」（要件）と「こういう権利義務が発生しますよ」（効果）というかたちで条文が成り立っているのです。

民法90条「公《おおやけ》の秩序又は善良の風俗に反する法律行為は、無効とする」との規定も、「公の秩序又は善良の風俗に反する法律行為」（要件）は「無効とする」（効果）と定め、要件と効果から構成されています。ところが、両者の要件を比べてみると、刑法199条の「人を殺す」という要件は明確ですが、民法90条のそれは、なにが「公序良俗に反する」のかが必ずしもはっきりしません（たとえば、殺人契約は双方の合意があったとしても、「公序良俗」に反し無効とされます）。

このように、法律の条文のなかには、包括的で価値的な用語が用いられるものもあり、そのような条項を一般条項と呼びます。

◆学説を具体的に適用してみるとどうなるか

それでは、以上の考え方を、設問を例に実際に当てはめて考えてみましょう。設問の場合、性別を理由とした定年差別と考えられるので、憲法14条の「法の下の平等」の規定の適用が問題となります。

まず、無適用説の立場では、私人間に憲法14条は適用されないので、合憲・違憲の問題は生じません。直接適用説の立場に立てば、女性の定年を男性よりも低く定めたことに合理的根拠があれば合憲、なければ違憲という結論になります（「合理的根拠」については、第6講参照)。これに対し、間接適用説の場合には、民法90条のような私法の一般条項を媒介することになります。民法90条は、「公の秩序又は善良の風俗」に反する法律行為*を無効とする規定です。就業規則は法律行為ですから、女性の定年を低く設定したことに合理的根拠がなく民法90条のいう公序良俗に反するとされれば、就業規則のうちその部分が無効となります。このように、間接適用説の立場からは、合憲・違憲という判断がなされないことになるわけです。

＊法律行為　法律行為とは、一定の権利義務関係を発生させたり、それを変動させる根拠となる行為をいいます。就業規則は使用者が事業場における労働条件や服務規律等を定めたもので、これに基づいて、労働者には定められた始業時間に出社しなくてはならない義務や定められた賃金を受け取る権利などが発生します（労基89条、93条)。したがって、就業規則は法律行為といえるのです。

3　人権規定をどのように適用するのか

◆間接適用説の問題点

通説および判例に従って、間接適用説に立った場合に、さらなる問題が生じてきます。それは、人権規定を間接的に適用するといっても、どのように適用するのかという問題です。

憲法的価値を侵害する行為イコール公序良俗違反と考えると、実質的に直接適用説と変わらないことになります。他方、人身売買や強制労働などの極端な人権侵害のみを公序良俗違反と考えるならば、無適用説と変わらないことになります（このような人権侵害は私的自治の原則の下でも許されないからです)。このように、人権規定を間接的に適用するには適用の仕方に幅があるわけです。

◆どのように適用するか

それでは、具体的な問題解決にあたっては、どうすればよいのでしょうか。

まず第1に、私人相互の関係がどのような性質のものであるか検討する必要があります。つまり、対等な関係なのか、事実上の不平等があるのか、また、団体と個人の関係の場合には、団体の性格や権限がどのようなものであるかが、具体的に検討される必要があります。第2に、どのような性質の人権が保障され、どのような人権が制約を受けるのか、つまり、内面的精神的自由権、外面的精神的自由権、経済的自由権などのいずれが問題となっているのかが検討されなくてはなりません（野中他・憲法Ⅰ 252頁参照）。

このように、間接適用説においては、憲法の趣旨を私人間に及ぼすために、緻密な比較衡量をしなくてはならないことになります。

設問への答え

設問の場合、私人間への適用が問題となる条文は、憲法14条（法の下の平等）ですが、この規定は私人間にも直接適用することが明記されている規定ではありません。

そこで、法律がなんらかの定めを置いているかを見てみる必要が出てきます。労働基準法3条は憲法14条の平等原則を労働関係において実現しようとするもので、均等待遇の原則を定めた規定です。同条は「国籍、信条、社会的身分」を差別禁止理由として挙げていますが、憲法14条とは異なり「性別」ということばが欠如しています。その理由は、労働基準法自体が労働時間（66条）や休暇（65条、68条）等について女性を有利に取り扱っていることにあるとされています。

というわけで、設問においては、解釈による私人間効力の適用問題となるわけです。ここでは、通説・判例のとる間接適用説に立って考えてみましょう。設問では、私人間の関係は企業と労働者のそれであり、一労働者であるXさんにとってみれば、Y社は社会的・経済的「権力」と見なすことができるでしょう。次に、この場合、社会的・経済的に大きな力をもっているY社の誰を雇うかという自由と、Xさんの男性従業員と同等に扱われる自由のどちらが優越するかが問題となります。別言すれば、Y社が男性よりも女性の定年を低く設定したことに合理的根拠があるかどうかが問われるわけです。合理性の有無については、日産自動車事件（最判昭56・3・24民集35-2-300）を参考に見てみましょう。同事件において、会社側は、女子従業員の定年を5歳若く設定したことの理由として、女子従業員は賃金と労働能率の不均衡が男子の場合よりも早期に生じること、高齢女子労働者の労働能力が男子よりも劣ること、定年制の一般的現状等を挙げています。これに対して、最高裁は、会社主張の理由に根拠がないとして、「定年年齢を男子より低く定めた部分は、専ら女子であることのみを理由として差別したことに帰着するものであり、性別のみによる不合理な差別を定めたものとして民法90条の規定により無効であると解するのが相当である（憲法14条1項、民法1条ノ2参照）」と判示しました。最高裁の考え方は、妥当なものといえるでしょう。

もっとも、現在では、Y社のような就業規則を定めることはできません。いわゆる男女雇用機会均等法6条4号が、定年につき、女性であることを理由に男性と差別的取り扱いをすることを禁じているからです。したがって、今日においては、設問のような性別による定年差別の問題は、私人間効力の適用問題とはならないことになります。

＜参考文献＞

①中村睦男『憲法30講〔新版〕』（青林書院、1999年）45～54頁

②浦部法穂『憲法学教室〔第3版〕』（日本評論社、2016年）72～78頁は、どういう場合に人権規定の効力が私人間に及ぶと考えるべきかという視点から、私人間効力の問題を説明しています。

③山本敬三「基本権の保護と私法の役割」公法研究65号（2003年）100頁は、憲法の私人間適用をめぐる議論の展開を概観するのに推薦できるものです。

④犬伏由子＝井上匡子＝君塚正臣編『レクチャージェンダー法〔第2版〕』（法律文化社、2021年）第8章は労働関係における男女の平等問題を分かりやすく解説しています。

第5講

幸福追求権

設問

以下のような行為は、基本的人権のひとつとして憲法によって保護されるでしょうか。

①末期がんの患者が、延命のために必要な輸血を伴う手術を、信仰上の理由や強い信念などから拒否すること。

②公立中学校の生徒が、髪形に関する校則に違反してでも、自分の髪形を変えないこと。

《なにが問題となるか》

日本国憲法の人権規定は、過去の歴史のなかで国家によって侵害されることの多かった重要な権利や自由を列挙したもので、すべての人権を網羅的に掲げているわけではありません。社会の大きな変革に伴い、憲法には直接規定されていなくても、個人の尊厳を守るために憲法で保護すべき重要な法的利益があることに人々は気づきました。憲法学では、それを憲法13条の幸福追求権を根拠とする「新しい人権」と呼んでいます。

新しい人権の内容はさまざまですが、自分のことは自分で決めるという自己決定権が近年注目されています。本講では、自己決定権の意味、内容、限界について考えてみましょう。

解説

1　幸福追求権

◆幸福追求権の意味

憲法13条は、その前段で、「すべて国民は、個人として尊重される」と規定し、個人の尊厳を大切にする個人尊重の原理を表明しています。それを受けて同条後段は、「生命、自由及び幸福追求に対する国民の権利」を規定していますが、通常、これは幸福追求権と呼ばれています。

憲法が制定されて間もない頃、この幸福追求権は、憲法14条以下に列挙されている個々の人権を総称したもので、特別な意味があるとは考えられていませんでした。しかし、1960年代以降の激しい社会・経済の変動や技術の進歩などによって生じたさまざまな社会問題に憲法として適切に対処するため、幸福追求権の理解も変化してきました。

その結果、現在では、個人尊重の原理に基づく幸福追求権は、①憲法に列挙されていない新しい人権の根拠となる包括的な人権であり、②幸福追求権から導かれる新しい人権も、憲法で列挙された他の人権と同様に、裁判所によって保護してもらえる権利である、と考えられています。

◆幸福追求権の範囲

幸福追求権から導かれる人権の範囲については、2つの考えが対立しています。

⑴　**一般的自由説**　　一般的自由説は、散歩や登山などあらゆる行為の自由にも憲法上の保護が及ぶと主張します。なぜなら、国家から干渉されない個人の自由な領域をなるべく広く確保することこそが、憲法で自由権を保障する目的にかなうと考えているからです（参考文献①176頁参照）。この説には、①人権の範囲を無限定に広げると、人権の名にふさわしくないものまで憲法上保護されることになり、人権のインフレ化が生じ、人権の価値が下がる、②人権の範囲が拡大すると、人権と他の人権や社会全体の利益との調整のために人権が制約される範囲も広がるため、人権保障が全体として弱められる、といった批判が加えられて

います。

⑵　**人格的利益説**　ひとつめの考えとは異なり、幸福追求権から導かれる人権を、人格的自律、すなわち、一人ひとりが自分の考えや価値観に基づいて、自分の行動を律しながら、自分らしく生きてゆくためにどうしても必要な権利や自由に限定する考えは、人格的利益説と呼ばれ、今日の通説的な立場となっています（佐藤・憲法論197頁、芦部・憲法121頁参照）。この説は、信教の自由や職業選択の自由など憲法に列挙された人権がそうであるように、幸福追求権も自分らしく生きるために不可欠な権利や自由に限定されるべきであると考えています。この説は、①自分らしく生きるために不可欠な権利の内容がわかりにくい、②人権保障の範囲を狭くすると人権の保障を弱めることになる、と批判されています。

⑶　**両説の接近**　しかしながら、憲法上実際に保護される人権の範囲と程度に関しては、この両説の結論はかなり接近しています。人格的利益説は、自分らしく生きるために不可欠な権利は強く保護され、それ以外のものも、国の勝手気ままな規制から一定程度憲法によって保護される可能性を認めています。そして一般的自由説は、自分らしく生きるために不可欠な権利は憲法上強く保護され、それ以外のものはそれほど強く保護されないと理解しています。

◆幸福追求権から導かれる人権の内容

これまで新しい人権として、プライバシーの権利、環境権、自己決定権などさまざまな権利が主張されてきました。しかし、それらの主張については、新しい人権として認められるかどうか、認められるとしてその具体的な内容はなにか、その権利の限界はどこにあるのかなどの点について、学説や判例の理解が一致しているわけではありません。

たとえば、通説的な立場の人格的利益説は、ある行為が新しい人権として認められるかどうかを、①それが自分らしく生きるために不可欠であるか、②それは個人が自ら決定できるものと社会が伝統的に認めているか、③その行為は多数の国民が行うことができるか、④その行為を行っても他人の人権を侵害するおそれがないかなど、さまざまな要素を考慮して、ある行為が新しい人権として認められるかどうかを慎重に決定することを主張しています（芦部・憲法122～123頁参照）。

以下では、自己決定権について見てみましょう。

2 自己決定権

◆自己決定権の意味

近年、活発に議論されている自己決定権は、自分自身に関する重要な事柄を自分自身で決める権利を意味します。

自己決定権の範囲についても、先に触れた一般的自由説と人格的利益説が対立しています。そして、この2つの説の違いは、髪形や服装の自由が自己決定権として保障されるかどうかといった問題でとくに鮮明になります。

◆自己決定権の内容

これまで自己決定権の内容として、①治療拒否や尊厳死など自己の生命・身体の処分に関する自由、②子どもを産むかどうかの選択や堕胎の自由など生殖（リプロダクション）に関する自由、③髪形・服装などに関する自由、などが主に議論されてきました。

◆自己の生命・身体の処分に関する自己決定権

先に説明した一般的自由説と人格的利益説は、自己の生命や身体の処分に関する選択は、人間の生存そのものにかかわる最も大切な自己決定権であると考えています。しかし、これらの事柄は人の生命そのものにかかわり、また、多くの微妙な問題とも関連するので、慎重な検討が必要となります。

(1) **尊厳死**　尊厳死、すなわち、過剰な延命治療を中止するなどして、自分自身が考える人間らしい品位のある死に方を選ぶ権利は、大切な自己決定権のひとつと考えられています。しかし、尊厳死は人の生命に関する重大な事柄でもあります。ですから、今日では一般に、①現在のあらゆる医療技術を用いても治癒する見込みがない末期患者で、かつ、②十分な理解・判断能力がある者について、③病状、治療の内容や効果、副作用などについて、医師が患者に説明し、患者が十分に納得すること、すなわち、インフォームド・コンセントを条件に、患者本人の自己決定によって延命のための治療を拒否することを認めています。なぜなら、人生最後の迎え方に関する患者自身の選択は、自分らしく生きるための重要な決定のひとつと考えられているからです。

(2) 輸血拒否　「エホバの証人」という宗教上の教義に基づいて、けがや病気の治療のために必要とされる場合であっても、輸血を拒否する人がいることは今日広く知られています。治療に必要な輸血を信仰上の理由などに基づいて拒否することは、自分自身の生命や身体に関する自己決定権のひとつといえます。しかし、輸血拒否によって自分自身の生命や健康を害する危険性もあるため、輸血拒否が認められるためにも一定の条件が必要となります。

信仰上の理由などに基づく輸血拒否に関し、多くの学説は、①末期患者で、②十分な理解・判断能力がある者の、③まじめでひたむきな信仰に基づく輸血拒否で、④輸血以外の治療は受ける意思があり、⑤十分なインフォームド・コンセントがなされている場合に、患者本人の自己決定に基づく輸血拒否は認められると考えています。なぜなら、信仰や信念などのように、なによりも大切なものに従って生きようとする人にとって、信仰などに基づく輸血拒否はまさに自分らしく生きるために不可欠なことであるからです。

輸血拒否の問題は、「エホバの証人」の教義を信じている末期がんの患者が、手術中でも絶対に輸血をしないという絶対的無輸血を医師に強く要請し、絶対的無輸血によりその患者が死亡しても医師の責任を一切問わないとする書面も医師に手渡していたが、患者の命を救うため医師が手術中に輸血をしたため、その患者が自己決定権などが侵害されたとして医師に損害賠償を求めた裁判で議論されました。第1審は、この場合の輸血は患者の生命を救うために行われたもので違法ではないと判断しました（東京地判平9・3・12判タ964-82）。しかし第2審は、①生命にかえても守るべき信念をもっている人が、その信念に従って行動することは、他者の権利や公共の利益・秩序を侵害しない限り尊重されるべきである、②この患者の輸血拒否は、他者の権利を侵害するものではない、③人には、自己の人生のあり方（ライフスタイル）は自らが決定するという自己決定権がある、などの理由を挙げ、その患者の主張を認め、医師らに慰謝料50万円などを支払うよう命じました（東京高判平10・2・9判時1629-34）。その際裁判所は、(a)これまでも絶対的無輸血の条件で手術をし、その結果相当数の死亡例があるが、医師らの刑事責任が問われたことはないこと、(b)厚生省（当時）、日本医師会などが絶対的無輸血に対して理解を示していたこと、(c)患者の自己決定権を尊重すべきとする法律学説が多数発表されていたことなどを強調しました。ただし裁判所は、(ア)医師は、医療内容に対する患者の注文に応ずべき義務はなく、患者が医師に対してその良心に反する治療方法をとることを強制することはできないことや、(イ)自殺をしようとする者が治療拒否をしても医師はこれに拘束されず、救急治療の必要のある場合には医師の治療方針が優先されることも指摘しています。最高裁も、自己の宗教上の信念に反する医療行為を拒否するという患者の「意思決定をする権利」は、「人格権」の一内容として尊重されるとして、第2審の結論を支持しました（最判平12・2・29民集54-2-582）。最高裁が認めた患者の意思決定をする権利は、おそらく、患者の自己決定権とほぼ同じものであると考えられます。このように最高裁も、一定の条件を満たした輸血拒否を認める可能性を示しました。

輸血拒否を希望する者が末期状態ではなく、輸血を伴う治療を受けていれば命が助かる場合にも、自己決定権によって輸血拒否が認められるかどうかについては、より慎重な考慮が必要となります。おそらく多くの学説は、患者本人の生命を守ることの大切さを理由に、そのような自己決定権は認められないというでしょう。そもそも、基本的人権の大前提には、「生きるということは尊いことである」という考えがあります。また、基本的人権は人間のよりよい「生」のための手段として認められるものです。ですから、死ぬ権利や自殺のように、自分の死を目的とした自己決定権は認められないと一般に考えられています。したがって、尊厳死や輸血拒否を選ぶ自己決定権は、あくまでも、死に直面した人の「最後の生き方」に関する選択として、または、「最後まで自分らしく生きる」ための選択として認められるものです。

◆髪形・服装などに関する自己決定権

自分の髪形や服装を自分で決めることが自己決定権として認められるかどうかについては、いくつかの考えがあります。

(1)　一般的自由説　一般的自由説は、①髪形や服装の自由も自己決定権として憲法上保障されるため、髪形などの規制が憲法13条に違反する場合がある、②しかし、校則による髪形などの規制の根拠や規制の程度などを考慮して、髪形の制限に合理的な理由があれば、校則による髪形規制も許される場合があることを認めています。

(2)　人格的利益説　それに対し、人格的利益説のなかの有力学説は、①服装や身なりの自由を端的に基本的人権として肯定することは難しいが、②人格的自律を実現するための手段として服装や身なりの自由に一定の憲法上の保護が及ぶ場合もあり、③男子生徒に丸刈りを強制することは、憲法上問題となる場合がある、としています（佐藤・憲法論216頁参照）。しかし、同じ人格的利益説に立つ他の有力な学説は、①髪形や服装などの身じまいを通じて自己の個性を実現させ人格を形成する自由は人権として保護され得るが、②一定の規律の存在が予定されている学校においては規制に重要な教育目的があり、かつ、規制の仕方がその目的達成のために強く求められている場合は、規制は許される場合がある、③しかし、髪形の選択の余地を完全に否定する丸刈りの強制は許されない、と主張しています（参考文献② 404～405頁参照）。

(3)　裁判例　この点に関し、髪形の自由は憲法13条の自己決定権により保障されているが、高校生にふさわしい髪形を維持し、非行を防止する目的でパーマを禁止する私立高校の校則は髪形の自由を不当に制限するものではないとする裁判例（東京地判平3・6・21判時1388-3）があります。

3　プライバシーの権利

最後に、プライバシーの権利について見てみましょう。

◆プライバシーの権利の意味とその発展

(1)　私生活をみだりに公開されない権利　　プライバシーの権利に関しては、1964（昭和39）年の「宴のあと」事件第一審判決が、プライバシー権を「私生活をみだりに公開されない」権利として認め、その究極の根拠を憲法13条の「個人の尊厳という思想」にあることを示し、注目されました（東京地判昭39・9・28判時385-12）。ここで認められたプライバシーの権利は、他人が個人の私生活を覗き見したり、覗き見したことを多くの人に伝えるような行為は許されないという意味のものです。この判決は、民法上の権利としてプライバシー権を認めたものですが、その後最高裁は、プライバシー権を憲法上の権利としても認めています（最判平7・12・15刑集49-10-842等参照）。

(2)　自己情報コントロール権　　プライバシーの権利は、当初、他人が個人の私生活を覗き見するような、個人の私的な領域に他人が無断で立ち入ることを排除する権利という、ある意味で消極的なものとして理解されていました。しかし、情報化社会の進展とともに国や企業によって個人のさまざまな情報が収集・管理され、それによって、保護されるべき個人の秘密が脅かされる事態が生じています。そのため、プライバシーの権利を自己に関する情報をコントロールする権利と捉え、国などが保有している個人情報に対して、自らコントロールを及ぼすことを認める学説が今日支配的になっています。

この見解によれば、自己に関する情報を、いつ、どのように、どの程度まで、誰に伝達するのかを自ら決定することがプライバシー権として認められます。ですから、個人情報の収集、管理、利用のすべてについて、原則として、本人の同意が必要となります。自己情報をコントロールするための方法としては、他人がもっている自己情報へのアクセス、点検、訂正、削除、利用者の制限などが考えられます。しかし、このようなコントロールを実際に行うためには、自己情報の点検、訂正、削除などを認める法律や条例が制定されていることが必要であると考えられています（佐藤・憲法論 202〜210 頁参照）。

◆プライバシーの権利の内容

下級裁判所の裁判例のなかには、プライバシー権を、自己情報コントロール権として理解するものもありますが、最高裁はプライバシー権を私生活をみだりに公開されないという伝統的な意味で理解しています。最高裁によると、①警察官が正当な理由もなく個人の容ぼうなどを撮影すること（最大判昭 44・12・24 刑集 23-12-1625）、②国家機関が正当な理由もなく指紋押捺を強制すること（最判平 7・12・15 刑集 49-10-842）、③行政機関が個人に関する情報を正当な理由もなく第三者に開示または公表すること（最判平 20・3・6 民集 62-3-665）などは、憲法 13 条との関係で、プライバシー権を侵害する可能性があります。また、住居の不可侵を保障する憲法 35 条との関係では、④罪を犯したと疑われる被疑者の自動車などに、GPS 端末を秘かに取り付け、移動状況を把握するという捜査手法は、個人の行動を継続的、網羅的に把握するため、「個人のプライバシーを侵害し得るもの」です（GPS 捜査事件判決　最大判平 29・3・15 刑集 71-3-13）（第 15 講参照）。

このように、プライバシーの権利は、憲法 13 条のみならず、憲法 35 条によっても保護されます。

設問への答え

憲法 13 条の幸福追求権は、憲法が列挙していない新しい人権の根拠となります。そして新しい人権のひとつとして、自分自身に関する重要な事柄を自分自身で決める自己決定権があります。

設問①の輸血拒否について、多くの学説は、①末期患者で、②十分な理解・判断能力がある者の、③まじめでひたむきな信仰に基づく輸血拒否で、④輸血以外の治療は受ける意思があり、⑤十分なインフォームド・コンセントがなされている場合に、本人の意思に基づく輸血拒否は、自己決定権として認められると考えています。おそらく裁判所もこのことには同意するでしょう。ですから、設問①の行為は、上に挙げた5つの条件を満たしているのであれば、憲法13条に基づく自己決定権として保護されると考えられます。

設問②の髪形の自由に関し、自己決定権の範囲を広く考える一般的自由説は、髪形も自己決定権として憲法上保障されるが、校則による髪形の制限に合理的な理由があれば髪形規制も憲法上許される場合があると考えています。

それに対し、自己決定権の範囲を狭く捉える人格的利益説のひとつの考え方は、髪形の自由は人権ではないが、一定の憲法上の保護が及ぼされる場合もあり、男子生徒に丸刈りを強制することは憲法上許されないのではないかと主張します。しかし、同じ人格的利益説に立っても、髪形の自由は自己決定権として保護されるとしつつ、校則に重要な教育目的があり、かつ、規制の仕方がその目的達成のために強く求められている場合は、髪形規制は許されうるが、髪形の選択の余地を完全に否定する丸刈りの強制は許されない、との見解もあります。

このことからすると、校則の髪形規制に合理的な理由があり、一定の範囲で髪形の選択の余地が残されている場合には、生徒は校則に従うことが求められ、結果として設問②の行為は認められにくくなると考えられます。

＜参考文献＞

①戸波江二『憲法〔新版〕』(ぎょうせい、1998年) 173〜188頁は、一般的自由説の立場から幸福追求権、自己決定権等について解説しています。

②芦部信喜『憲法学Ⅱ』(有斐閣、1994年) 第7章は、人格的利益説の立場から幸福追求権、自己決定権等について、外国の説明もまじえて詳細に解説しています。

第6講

法の下の平等

設　問

Xの母は一人っ子であり、若い頃には、家業を継ぐ跡取りを残すことを期待され、婿養子選びのために入籍しないままの結婚をくり返していました。Xは、そのような事実上の結婚によって生まれたのですが、Xが生まれた後、母はXの父とは別の男性と正式に結婚しYをもうけました。その母が2000年に亡くなり、遺産相続をしようとしたところ、XはYの半分しか母の財産をもらえないことがわかりました。同じ母の子どもなのに、なぜそんなことになったのでしょうか。

《なにが問題となるか》

設問の場合、同じ母の子どもであっても、法律上、Yは嫡出子《ちゃくしゅつし》（婚姻している男女の間の子）、Xは非嫡出子《ひちゃくしゅつし》（婚姻していない男女の間の子）という違いがあります。設問の相続開始時（2000年）の民法900条4号但書《ただしがき》は、「嫡出でない子の相続分は嫡出である子の二分の一とする」と定めていました。この規定によって、Xの相続分が、Yの半分になるわけです。けれども、私たちは親を選んだり、嫡出子か非嫡出子かを選んで生まれるわけではありません。それなのに、生まれてみたら、「あなたは非嫡出子だから、相続分は嫡出子の半分です」というのですから、民法900条4号但書は、非嫡出子を差別する規定ではないかとの疑問が生まれます。

解　説

1　憲法14条の定める平等の意味

◆憲法14条1項

憲法14条1項は「すべて国民は、法の下《もと》に平等であつて、人種、信条、性別、社会的身分又は門地により、政治的、経済的又は社会的関係において、差別されない」と定めています。この規定は、「すべて国民は、法の下に平等であつて」(前段）という部分と、「人種、信条、性別、社会的身分又は門地により、政治的、経済的又は社会的関係において、差別されない」(後段）という部分に分けられます。後段中の信条とは、宗教上の信仰のほか、人生観、世界観、政治観などの思想上の信念を含むと解されています。社会的身分については、判例は「社会において占める継続的な地位」(最大判昭39・5・27民集18-4-676）と広く解していますが、帰化人、被差別部落出身といった「生来の身分」と狭く解する立場や、「人が社会において一時的でなしに占める地位で、自分の力ではそれから脱却できず、それについて事実上ある種の社会的評価が伴っているもの」と中間的に解する説もあります（芦部・憲法139〜140頁参照)。また、門地とは家柄を意味します。これら後段に挙げられた事柄はあくまで一例で、これ以外の事柄（たとえば、年齢、財産）によれば、差別してもよいという意味ではありません。

また、政治的関係とは参政権や裁判を受ける権利など、経済的関係とは財産権や勤労の権利など、社会的関係とは居住の権利や教育を受ける権利などとの関係で、差別されないことを意味します。

設問のXの場合、憲法14条1項のことばを使って説明すれば、非嫡出子であるという生まれながらの「社会的身分」により、相続分で不利益を受けることで「経済的関係において」差別されているのではないかということになります。

◆憲法14条の定める「平等」とは

憲法が保障する「平等」とは、「等しいものは等しく、等しくないものは等しくなく取り扱う」という「相対的平等」を意味します。たとえば、労働基準法65条は「産前産後休暇」(以下、産休と略)について定めています。出産前6週間と産後8週間は休暇を取ることができるのですが、これは女性だけに限られています。それでは、労働基準法65条は「男性に産休を認めない差別的な規定」として憲法14条に違反するのでしょうか。答えはノーです。いくら科学が進んだ現代といえども、残念ながら男性は出産することはできません。ですから、産休を女性にのみ認めたとしても、憲法上は差別とはならないのです。このように、憲法の保障する「相対的平等」とは、出産できない男性と出産可能な女性の両方に同じく産休を認める(絶対的・機械的平等)のではなく、個々人の違いを前提として、同じ事情や条件の下では同じく取り扱うことを意味しているのです。ですから、法律上の取扱いに違いがあっても、その違いが合理的なものであれば憲法14条に違反しないことになります。憲法学的に説明すれば、「合理的根拠のある差別(区別)」は憲法14条に違反しないということになるわけです。

2 合理的根拠の有無はどのように判断するのか

◆違憲審査基準

そこで次に、合理的根拠は「どこにあればよいのか」ということが問題となります。つまり、なにが合理的根拠のある差別(区別)で、なにが不合理な差別かを判断する際の基準(違憲審査基準)はなにかということです。

通説によれば、次のような3段階の審査基準によって判断するのが妥当とされます(芦部・憲法133〜134頁参照)。

(1) **合理性の基準**　立法目的が正当であり、立法目的とその達成手段との間に合理的な関連性があれば「合理的根拠のある差別(区別)」であると判断する基準のことを、合理性の基準といいます。この基準によれば、まず、立法目的が正当であるかどうかが問われます。法律上わざわざ違いを設けた理由はなにか、そして、その理由が正当かどうかということです。立法目的がなんらかの方法で公共の福祉を増進するための働きをするものと見なされれば、立法目的は正当であるとされます。立法目的に合理性が認められると、今度は、その目的を達成するためにとられた手段と、立法目的との間に合理的な関連性があるかどうかが問われます。目的達成のための手段とは、具体的にどういう違いを設けたかということです。目的と手段の間に合理的関連性があれば、問題となっている差異は合憲だということになります。日本国憲法の下では、たとえば経済的自由の積極的規制（第12講参照）について平等原則違反が争われる場合に妥当する基準といえます。

⑵ **厳格な合理性の基準**　立法目的が重要であって、手段が目的と実質的関連性を有している場合に、異なる取扱いを合憲と判断する基準を厳格な合理性の基準といいます。日本国憲法の下では、性別、社会的身分による差別や社会保障給付をめぐって平等原則違反が争われる場合に妥当すべき基準といえます（この点、いわゆる堀木訴訟において、最高裁が広汎な立法裁量を前提に、つまり合理性の基準を適用して差別を合憲だと判断したことに対して学説から強い批判がなされています。最大判昭57・7・7民集36-7-1235）。

⑶ **厳格審査基準**　立法目的が必要不可欠であって、立法目的達成の手段が是非とも必要な最小限度のものである場合に、異なる取扱いを合憲と判断する基準を厳格審査基準といいます。学説のなかには、憲法14条1項後段に列挙されている事由（人種、信条、性別、社会的身分、門地）については、厳格審査基準を用いて審査をするべきだとする見解も見られます（戸松・平等325頁参照）。けれども、通説的な理解によれば、人種、信条による差別や精神的自由権ないしはそれと関連する問題（選挙権など）について平等原則違反が争われる場合に妥当すべき基準とされています。

◆どのように判断するのか

それでは次に、合理的根拠の有無をどのように判断するか、いわゆる尊属殺重罰規定違憲判決（最大判昭48・4・4刑集27-3-265）をもとに具体的に見てみましょう。この事件では、親などの尊属を殺した場合には、死刑または無期懲役に処すると定めていた刑法200条が、「社会的身分」による不合理な差別に当たるのではないかと問題となりました。最高裁（多数意見）は、合理性の基準を適用して、次のように判断しています。

⑴　**立法目的の合理性**　　刑法200条は、「自己又ハ配偶者ノ直系尊属ヲ殺シタル者ハ死刑又ハ無期懲役ニ処ス」と規定していました。尊属とは、自分と血縁関係のある人のなかで、自分より上の世代のことをいいます。父母、祖父母、おじおばなどが尊属に当たります。直系尊属とは、直線的に上に連なる血縁者を指します。つまり、父母や祖父母のことです。おじおばのように、自分と共通の祖先をもつことで血のつながりをもつ人たちは、傍系尊属といい、直系尊属ではありませんので、刑法200条の尊属には当たりません。また、刑法200条は、夫または妻の父母（舅《しゅうと》・姑《しゅうとめ》）や祖父母など、配偶者の直系尊属を殺した場合にも適用されます。

最高裁（多数意見）は、まず、刑法200条の立法目的が尊属に対する尊重報恩という道義の維持にあり、このような自然的情愛ないし普遍的倫理の維持は刑法上の保護に値すると述べ、合理性があるとしています。つまり、自分を育ててくれた親を大切に思いその恩に報いることは、人として正しい行いであるから、そのような考え方を保護することには合理性があるというわけです。したがって、刑法199条の殺人罪とは別にわざわざ200条を制定し、刑を重くしたとしても、ただちに合理的根拠を欠いて違憲であるということはできないとしています。

⑵　**目的と手段の合理的関連性**　　けれども、最高裁（多数意見）は、立法目的達成のためにとられた「重罰」という手段については、刑の加重の程度が極端であって、立法目的達成の手段として甚《はなは》だしく均衡を失するときには、著しく不合理なものといわなければならないと述べています。つまり、重罰の仕方が目的との関係で極端に重すぎるようなときには、合理性がなく違憲だというのです。

当時、刑法199条の法定刑は『死刑又ハ無期若《もし》クハ三年以上ノ懲役』でしたが（2004年に「三年以上の懲役」は「五年以上の懲役」に改正されました）、200条のそれは『死刑又ハ無期懲役』でした。法定刑とは、法律に定められている刑のことをいいます。実際には、正常な判断能力がない状態で親を殺したとか、自首をしたとか、親を殺すに至った事情に同情すべき点があることなどが考慮されて（刑の減軽）判決が出されるので、親を殺せば必ず死刑か無期懲役になるわけではありません。問題は、刑法200条の場合には、現在の刑の減軽方法では、一番軽くても「3年6月」の懲役刑が宣告されることにあります。刑は言い渡されるものの、その執行が猶予される（執行猶予《しっこうゆうよ》）ためには、宣告される懲役刑が3年以下でなくてはなりません（刑25条）。したがって、「3年6月」では、必ず監獄に入って懲役に服さなければならない（実刑）ということになるのです。最高裁（多数意見）は、この点に着目して、刑法200条は、刑法199条の法定刑に比べて著しく不合理な差別的取扱いをするものだと判断し、憲法14条1項に違反するとしたわけです。

⑶ 6裁判官の意見　これに対し、6名の裁判官が、立法目的自体に合理性がなく違憲であると主張しました。すなわち、尊属殺人に関する特別の規定を設けることは一種の身分制を肯定する考え方で、個人の尊厳と人格価値の平等を尊重する憲法の精神に反し、憲法14条1項に違反するというのです。

これまで見てきた多数意見（8名の裁判官が賛成）と「違憲」という結論は同じでも、その理由づけには大きな違いがあるといえます。学説も6名の裁判官の意見を支持するほうが有力でしたが、1995年の刑法改正により200条は削除され、尊属殺の憲法適合性の問題は立法的に解決されました。

◆合理性の判断に際して留意すべき点

以上、合理性の判断基準、具体的にどのように合理性を判断するのかについて見てきましたが、最後に合理的根拠の有無を判断する際の留意点について指摘しておきます。

まず第1に、いかなる審査基準を適用するかが問題となります。14条1項後段に挙げられている「人種、性別、社会的身分、門地」は人の生まれによって決定される条件であり、「信条」は民主制の基本にかかわる価値として絶対的に保障されるべきものであると考えられます（参考文献② 116 頁参照）。したがって、これらの事由に基づく異なった取扱いは、原則として不合理なものと見なされ、少なくとも厳格な合理性の基準を適用して、「合理性」について立ち入った審査がなされるべきでしょう。

第 2 には、「合理性」の中身を吟味する必要があるという点です。上で見たように、刑法 200 条の立法目的の合理性については、同じ合理性の基準を適用しながら、多数意見と 6 裁判官の意見ではその評価が分かれました。単に違憲審査基準を機械的に当てはめればよいというわけにはいかないのです。

第 3 には、「合理性」の中身を吟味する際には、取扱いの違いを設けている権利や自由の性格を考慮することも必要となるという点です（参考文献② 118〜119 頁参照）。たとえば、①選挙権を 18 歳以上の者に認め、18 歳未満の者には認めない、②選挙権を年収 700 万円以上の者に認め、700 万円未満の者には認めない、という取扱いの違いについて考えてみましょう。どちらも選挙権に関する取扱いの違いです。選挙権が政治過程に参加する権利であることからすれば、その行使には、主権者としての判断能力が必要とされます。この判断能力の有無は年齢に左右されることはあっても、年収による違いがあるとは考えられないでしょう。このように、選挙権の性格を考慮することで、合理性の評価が異なるわけです。

3　非嫡出子法定相続分には合理的な根拠があるか

この問題について、最高裁は 1995 年に合憲決定（最大決平 7・7・5 民集 49-7-1789）を出しています。このときは、民法 900 条 4 号但書を合憲とする多数意見（最高裁裁判官 15 名中 10 名が賛成）と違憲とする反対意見が出され、裁判官の間でも判断が分かれました。しかし、2013 年に最高裁は裁判官が全員一致で違憲であると判断しました（最大決平 25・9・4 民集 67-6-1320）。そこで、両者の決定内容を具体的に見ながら、なぜ異なる結論に至ったかを考えてみたいと思います。

◆ 1995（平成 7）年決定の憲法適合性判断

(1)　民法 900 条 4 号但書の立法目的と目的達成のための手段　　まず、この規定の立法目的がなんであるかというと、この規定を制定した担当者の説明によれば「法律婚の尊重と非嫡出子の保護の調整を図ったもの」とされています。わが国の民法は、婚姻届を提出していない夫婦については法律上結婚していないものと考えています。つまり、結婚したと認められるためには、婚姻届の提出が必要なのです（法律婚主義）。ところが、現実には、婚姻外の関係から生まれる子どももいます。そこで、法律上の配偶者《はいぐうしゃ》との間に生まれた嫡出子の立場を尊重するとともに、財産を分けることで非嫡出子の立場も保護しようというのが、この規定の目的なのです。そして、この目的を達成するためにとられた手段が、非嫡出子の相続分を嫡出子の二分の一にしたことです。

(2)　多数意見と反対意見の合理性の判断　　多数意見は、立法目的の合理性について、民法が法律婚主義をとっているのだから立法目的には合理的な根拠があると述べています。そして、非嫡出子の相続分を嫡出子の二分の一としたことが目的との関連において著しく不合理であり、立法府に与えられた合理的な裁量判断の限界を超えたものということはできず、民法 900 条 4 号但書が憲法 14 条に違反するとはいえないと結論づけています。

これに対して、反対意見は、出生《しゅっしょう》についてなんの責任も負わない非嫡出子をそれを理由に法律上差別することは、婚姻の尊重という立法目的の枠を超えるものであり、立法目的と手段との実質的関連性が認められず合理的であるとはいえないとしています。また、非嫡出子の保護という目的も、民法 900 条 4 号但書が非嫡出子は嫡出子よりも劣っているという考え方を認める原因となっており、今日の社会状況には適合せず、合理性を欠くとしました。

(3)　多数意見と反対意見の考え方の違い　　多数意見は、合理的根拠の有無を「合理性の基準」に基づいて判断しています。そして、立法目的の合理性や目的と手段との合理的関連性については、民法 900 条 4 号但書を制定した立法府が考えた「合理的根拠」を尊重するかたちで、合憲判断を行っています。加えて、本件では、財産権という経済的自由にかかわる平等原則違反が問題となっていることから、合理性の基準を適用したと考えることもできます。相続分については、遺言による指定があればそれによりますが、ないときには相続人の協議がなされます。協議がまとまらないときに初めて、民法900条の規定に従い家庭裁判所により決定されます。このように、相続は、そもそも被相続人や相続人の間の自由な意思によってなされるものといえます。したがって、多数意見はこの点を考慮して、民法900条4号但書について緩やかな審査を行ったということもできるでしょう。

これに対し、反対意見は「厳格な合理性の基準」を適用し、嫡出子か非嫡出子かの違いよりも相続権をもつ個人としての立場を重視するとともに、民法900条4号但書が制定された後の社会の意識の変化・諸外国の立法の趨勢《すうせい》・国内における立法改正の動向・批准《ひじゅん》された条約などを考慮し、違憲判断を行いました。反対意見は、立法時には合理的根拠があったとしても、それが社会的・経済的・文化的変化によって認められなくなっているときには、裁判所があらためて「合理的根拠」の有無を判断するものと考えています。その結果、反対意見は、今日の社会状況からすれば、民法900条4号但書の立法目的と手段との間に合理的関連性がないことを、「実質的関連性が認められ」ないと表現したわけです。

◆ 2013（平成25）年決定の憲法適合性判断

2013年決定において、最高裁はまず、相続制度はそれぞれの国の伝統、社会事情、国民感情などに加えて、その国における婚姻ないし親子関係に対する規律、国民の意識などを総合的に考慮したうえで、立法府による合理的な裁量判断によって定められるべきものだとしています。法律婚主義の下でも、これらの事柄を総合的に考慮して法定相続分が定められるべきであり、また、これらの考慮事項は時代と共に変遷するものであるから、その定めの合理性は、個人の尊厳と法の下の平等を定める憲法に照らして不断に検討されなければならないとしています。

そして、具体的には、1947年民法改正時から現在に至るまでの間の社会の動向*、わが国における家族形態の多様化**やそれに伴う国民の意識の変化、諸外国の立法の趨勢***、わが国が批准した条約の内容とこれに基づき設置された委員会からの指摘****、嫡出子と嫡出でない子の区別に関わる法制等の変化（1994年住民基本台帳事務処理要領の一部改正、2004年戸籍法施行規則の一部改正、2008年の国籍法違憲判決（後掲）など）、さらに、これまで最高裁判例が本規定についてした度重なる問題の指摘等について総合的な考察を加えています。

そのうえで、法律婚という制度自体はわが国に定着しているとしても、上述したような認識の変化に伴い、父母が婚姻関係になかったという、子にとっては自ら選択ないし修正する余地のない事柄を理由としてその子に不利益を及ぼすことは許されず、子を個人として尊重し、その権利を保障すべきであるという考えが確立されてきているとして、遅くとも2001年7月（本件の相続開始時）においては、民法900条4号但書の合理的な根拠は失われていたというべきであり、憲法14条1項に違反していたと結論づけました。

最高裁は「種々の事柄の変遷等」として、具体的に以下の点を考慮しています。

＊戦後の経済の急速な発展の中で核家族が増加し、子孫の生活手段として意義が大きかった相続財産の意味の変化により、1980年の民法改正で配偶者の法定相続分が引き上げられたこと

＊＊1970年代半ば以降の現在まで続く非嫡出子の増加傾向、平成期における晩婚化・非婚化・少子化や離婚・再婚数の増加に伴う家族形態の多様化

＊＊＊1947年民法改正当時に参考にした諸外国が子の保護の観点から相続に関する差別を廃止していること（1998年ドイツ「非嫡出子の相続法上の平等化に関する法律」、2001年フランス「生存配偶者及び姦生子の権利並びに相続法の諸規定の現代化に関する法律」）

＊＊＊＊わが国が批准した「市民的及び政治的権利に関する国際規約」（1979年批准）、「児童の権利に関する条約」（1994年批准）によって設置された委員会は、条約の履行状況につき勧告等を行うことができ、わが国は非嫡出子に対する差別規定の削除の勧告を度々受けていること

◆ 1995（平成 7）年決定と 2013（平成 25）年決定の違いはどこにあるか

1995 年決定が民法 900 条 4 号但書の規定を合憲であるとしたのに対し、2013 年決定は違憲であると判示しました。

結論のほかにも、憲法適合性の判断の方法に違いが見られます。1995 年決定（多数意見）は、上述したように、同規定の合理的根拠の有無を「合理性の基準」に基づき、立法目的の合理性や目的と手段との合理的関連性については立法府の「合理的根拠」を尊重して合憲と判断しました。他方、2013 年決定は、この規定の合理性に関連する種々の事柄の変遷等を総合的に考察して違憲であるという結論を導き出しています。立法事実*の変化に着目して憲法適合性の判断を行う手法は、1995 年決定の反対意見や 2008 年国籍法違憲判決と共通しているといえます。

けれども、2013 年決定は、民法 900 条 4 号但書の立法目的を明らかにしないまま、同規定の合理性に関連する種々の事柄の変遷を辿る総合的な考慮を行って、同規定には合理的な根拠がないと結論づけました。立法目的や目的と手段の合理的関連性について検討するという、これまでの憲法適合性の判断枠組みを用いずに判断している点に 2013 年決定の特徴があります。

＊立法事実　法律の立法目的および目的を達成する手段の合理性を支える社会的・経済的・文化的な一般事実をいいます。

【参考判例：国籍法違憲判決（最大判平 20・6・4 民集 62-6-1367)】

2008 年に最高裁は、国籍法 3 条 1 項（旧規定）が憲法 14 条に違反するとしました。当時の国籍法の下では、日本人である父と日本人でない母との間に生まれた非嫡出子が日本国籍を取得するには、出生前に父から認知されるか、出生後に父と母が婚姻し父から認知を受けることが必要でした。上告人は出生後に父から認知されたのですが、両親が結婚していなかったので国籍法 3 条 1 項（旧規定）により日本国籍を得られなかったのです。

最高裁はまず、嫡出子たる身分の取得は「子にとっては自らの意思や努力によっては変えることのできない」性質の行為であることを認めています。そのうえで、国籍法 3 条 1 項（旧規定）の立法目的は「我が国社会との密接な結び付き」をもつものに日本国籍取得を認めることにあるとし、それ自体には合理的な根拠があり、密接な結び付きを測るための父母の婚姻という手段にも立法当時は一定の合理的関連性があったとしています。しかしながら、その後の社会的、経済的環境等の変化、家族生活や親子関係の実態の変化、国際的交流の増大といった、国内的、国際的な社会的環境の変化に照らして手段審査を行い、今日では立法目的との間に合理的関連性を見いだせないとして違憲判断を下しました。本判決において、最高裁が「厳格な合理性の基準」を採用したと明確にはいえませんが、きめの細かい丁寧な違憲審査をしたということができるでしょう。

なお、この違憲判決を受けて国籍法3条1項が改正され、現在では、出生後に日本人に認知されていれば、父母が結婚していない場合にも届出によって日本の国籍を取得することができるようになりました。

設問への答え

非嫡出子法定相続分規定について、最高裁は、かつては、「著しく不合理」とはいえないから合憲としていましたが（1995年決定）、その後、法の下の平等に反し違憲としました（2013年決定）。諸事情の変化により、「子を個人として尊重し、その権利を保障すべきであるという考えが確立されてきている」という理由からです。この決定を受け、2013年12月5日に民法の一部を改正する法律が成立し（同年12月11日公布・施行）、非嫡出子の相続分を嫡出子の相続分の2分の1と定めた部分（900条4号但書前半部分）が削除されました（改正規定は2013年9月5日以後に開始した相続に適用されます）。今日では、設問のような嫡出性に基づく法定相続分の差別の問題は法的に解決されたといえます。

＜参考文献＞

①芦部信喜『憲法学Ⅲ人権各論⑴〔増補版〕』（有斐閣、2000年）1～97頁
②浦部法穂『憲法学教室〔第3版〕』（日本評論社、2016年）107～120頁
③初宿正典＝高橋正俊＝米沢広一＝棟居快行『いちばんやさしい憲法入門〔第6版〕』（有斐閣アルマ、2020年）62～70頁。なお、谷口優子『尊属殺人罪が消えた日』（筑摩書房、1987年）は、尊属殺重罰規定違憲判決を詳しく知りたい方に好適です。
④髙井裕之「嫡出性の有無による法定相続分差別」百選Ⅰ 61～63頁
⑤井上典之「届出による国籍の取得と法の下の平等」百選Ⅰ 58～60頁

第7講

家族と憲法

設問

私の姉夫婦はいずれも再婚同士なのですが、姉夫婦が再婚した当時は、女性について6か月の再婚禁止期間が定められていたので、姉夫婦は、姉と前夫の離婚から6か月が過ぎるのを待って、婚姻届を提出したそうです。姉が初婚であれば、夫が再婚であったとしても、男性には再婚禁止期間がないので、夫婦が望んだ時期に婚姻届を提出することが可能です。女性に対してのみ再婚する時期について制限があるのは、性別に基づく差別なのではないのでしょうか。また、姉は、再婚禁止期間によって、いつ誰と結婚するかを決める婚姻の自由も侵害されたと言っています。いったいなぜ、女性にだけ再婚禁止期間があるのでしょうか。このような再婚禁止期間を定めることは憲法上問題ないのでしょうか。

《なにが問題となるか》

設問にある姉夫婦の再婚当時、民法733条1項は「女は、前婚の解消又は取消しの日から6箇《か》月を経過した後でなければ、再婚をすることができない」と定めていました。この規定によって、姉夫婦は婚姻届の提出を待たなくてはならなかったわけです（仮に再婚が禁止されている期間に役所へ婚姻届を提出しに行っても受理されません（民740条））。民法733条1項は「女」にのみ6か月間の再婚を禁止しているのですから、この規定は性別に基づく差別として憲法14条に違反するのではないかが問題となります。それと同時に、婚姻の自由を定める憲法24条との適合性の問題も生じます。

解　説

1　家族に関する憲法の規定

◆明治憲法と日本国憲法

明治憲法（大日本帝国憲法）の時代には、憲法に家族に関する規定はなく、封建的で男性優位の「家」制度が採用されていました。「家」は戸主《こしゅ》と家族で構成され、日本国籍を持つものは必ず「家」に属さなければなりませんでした。戸主権*を持つ戸主は家族を統制し、婚姻や離婚などの家族の身分上の行為には戸主の同意が必要でした。また、戸主の地位や「家」の財産を通常は長男子《ちょうだんし》（長男のこと）が相続する家督《かとく》相続が行われ、「家」の存続が図られていました（参考文献①長谷部496〜467頁）。

これに対し、日本国憲法は24条1項で「婚姻は、両性の合意のみに基いて成立し、夫婦が同等の権利を有することを基本として、相互の協力により、維持されなければならない」、2項で「配偶者の選択、財産権、相続、住居の選定、離婚並びに婚姻及び家族に関するその他の事項に関しては、法律は、個人の尊厳と両性の本質的平等に立脚して、制定されなければならない」とし、婚姻の自由、夫婦の同権、婚姻生活の維持に関する夫婦の共同責任、相続や婚姻などの家族に関する立法が個人の尊厳と両性の本質的平等に立脚してなされるべきことを規定しています。本条は、家族が対等な夫婦関係を基礎として成り立つとし、明治憲法時代の家族観を否定するものといえます。

＊戸主権　　婚姻や養子縁組といった家族の身分上の変化に対する同意権に加え、家族の居所を指定する権利、家から排除（離籍《りせき》）する権利をいいます。戸主は、このような権利と共に家族全員を扶養する義務を法律上負っていました。

◆日本国憲法24条

憲法24条は、個人の尊重を定める憲法13条と法の下の平等を定める憲法14条の一般原則を、家族の領域について具体化した規定です（参考文献①浦田他55頁）。これらの規定を受けて、明治時代に制定された民法（1898（明治 31）年制定。以下、旧民法）も一部改正がなされました（以下、昭和 22 年民法改正）。旧民法における家族に関する規定は、憲法 24 条 2 項の「個人の尊厳と両性の本質的平等」に立脚して立法されるべきとの趣旨に従って大幅に変更され、「家」制度の廃止、妻の無能力規定*の廃止など夫婦の平等を図り、父母が対等な立場から共同で親権を行使する**ことを認めるなどの内容に改められました。

しかし、その後も、非嫡出子法定相続分（第 6 講参照）、夫婦同氏制、再婚禁止期間などの憲法適合性が裁判で争われました。本講では、憲法 24 条違反が問われた夫婦同氏制と再婚禁止期間について詳しく見ていきます。

＊妻の無能力規定　　旧民法では、妻には法律行為（第 4 講参照）をする能力が認められていませんでした。この規定によって、妻が借金をしたり、不動産を売買したり、相続を承認・拒絶したりする場合には、夫の許可が必要でした。

＊＊共同で親権を行使する　　旧民法では、親権はその「家」の父に認められ、父が不明なときや死亡したときなどの例外的な場合にのみ、母に親権が認められていました。昭和 22 年民法改正で、「成年に達しない子は、父母の親権に服する」（民 818 条 1 項）と改められました。

2　夫婦同氏制の憲法適合性

◆婚姻に関する民法の規定

憲法 24 条 1 項は、婚姻は当事者の合意のみで成立するとしています。けれども、民法は法律婚が成立するための条件（婚姻要件）として、結婚できる年齢（婚姻適齢：民 731 条）、すでに夫や妻がいる人が他の人と重ねて結婚することの禁止（重婚の禁止：民 732 条）、女性のみ一定期間再婚を禁止すること（再婚禁止期間：民 733 条）、おじやおば、養父母などとの結婚の禁止（近親婚の禁止：民 734 条～736 条）、婚姻届の提出（婚姻の届出：民 739 条）等を定め、夫婦同姓や夫婦は同居し協力して助け合うこと等の婚姻の効力（民 750 条～754 条）や夫婦の財産（民 755 条～759 条）について規定しています。これらの規定のうち、最高裁は、2015 年 12 月 16 日に、夫婦同氏制については合憲判決を、再婚禁止期間については一部違憲の判決を下しました。

◆ 2015（平成27）年判決の憲法適合性判断

(1) 憲法24条に関する最高裁の解釈　民法750条は「夫婦は、婚姻の際に定めるところに従い、夫又は妻の氏《うじ》を称する」とし、夫婦は同じ姓を名乗ることを定めています。この規定が、実質的に婚姻の自由及び個人の尊厳を侵害するもので憲法24条に違反するとして、最高裁まで争われました（最大判平27・12・16民集69-8-2586）。

この判決において、最高裁（多数意見）はまず、憲法24条1項が「婚姻をするかどうか、いつ誰と婚姻をするかについては、当事者間の自由かつ平等な意思決定に委ねられるべき」ことを明らかにしたとします。そして、婚姻及び家族に関する具体的事項は国会の合理的な立法裁量に委ねられるところ、憲法24条2項が「個人の尊厳と両性の本質的平等に立脚すべきであるとする要請、指針を示すことによって、その裁量の限界を画したもの」と述べました。

(2) 夫婦同氏制は憲法24条に違反するか　最高裁（多数意見）は、まず、民法750条は婚姻した結果として夫婦が同じ姓を名乗ることを定めているにすぎず、婚姻をすることについて直接制約するものではないとしています。

次に、夫婦が同じ姓を名乗ることには同じ家族の一員であることを対外的に示す機能があり、子どもにとっても両親と姓を同じくすることで利益を受けやすいと述べています。また、夫婦が名乗る姓は夫婦の話し合いによる自由な選択に委ねられているので形式的な不平等が存在するわけではないとする一方で、姓を改める者にとっては、アイデンティティの喪失感や個人の社会的な信用、評価、名誉感情等の維持が困難になるなどの不利益を受ける場合があるうえ、夫の姓を選択する夫婦が圧倒的多数を占めている現状からすれば、女性が不利益を受ける場合が多いと考えられるといいます。

このように、最高裁（多数意見）は、夫婦同氏制のメリットとデメリットを勘案したうえで、夫婦同氏制は、婚姻前の姓の通称使用を禁止するものでもなく、通称使用が広まることで女性が受ける不利益は一定程度緩和され得るので、総合的に考慮すると、夫婦同氏制が個人の尊厳と両性の本質的平等の要請に照らして合理性を欠く制度であるとは認められず、憲法24条に違反するものではないと結論づけました。

◆夫婦同氏制の憲法24条適合性

2015年の最高裁判決（多数意見）では、姓の選択は夫婦の話し合いに委ねられていること、通称使用が広まっていることを理由に合憲判断がなされました。しかし、実際には96％もの夫婦が夫の姓を選択しています（厚生労働省「平成28年度婚姻に関する統計」）。女性の社会的経済的立場の弱さや家庭生活における立場の弱さといった現実の不平等と力関係が、姓の選択の過程に影響を及ぼしていることを見落としてはならないでしょう。また、女性の社会進出が進む中、結婚をしても仕事を辞めない女性が増えています（結婚前後の就業継続率は1980年代後半の60.3％から2010年代前半には81.3％に増加しています。国立社会保障人口問題研究所「第15回出生動向基本調査」2015年）。通称使用が広まっているといっても、使用の許否、許される範囲等が定まっているわけでもなく、現時点ではほとんどの公的文書に使用することもできません。

本判決においては5人の裁判官が民法750条を違憲（憲法24条違反）としており、学説からも違憲の主張がなされています。最高裁がいうように、「個人の尊厳と両性の本質的平等」が立法府の裁量の限界を示すものならば、夫婦同氏制が両性の本質的平等に適うものか否かについて、より丁寧な審査をするべきだったと思われます。また、個人の尊厳との関係で、姓を保持するという人格的利益（第5講参照）の観点から、夫婦同氏制を批判する立場もみられます（参考文献②辻村『概説　ジェンダーと法』245～247頁）。

3　再婚禁止期間の憲法適合性

◆再婚禁止期間はなぜ設けられたのか

旧民法には、女性にのみ再婚禁止期間を定めた規定（旧民法767条）、父性の推定に関する規定（旧民法820条）がありました。これらの規定は、昭和22年民法改正によっても現行の民法にそのまま引き継がれ、女性の再婚禁止期間は、民法733条1項（2016年改正前）で「女は、前婚の解消又は取消しの日から6箇《か》月を経過した後でなければ、再婚をすることができない」と定められました。

このような再婚禁止期間が設けられたのは、「子どもの父は誰か」ということと関係があります。母子関係は母がその子を産んだという客観的事実（分娩《ぶんべん》の事実）で証明することができますが、父子関係はそのような証明が難しいので、法律によって父を決めることが必要になります。民法772条1項は「妻が婚姻中に懐胎《かいたい》した子は、夫の子と推定する」とし、2項は「婚姻の成立の日から200日を経過した後又は婚姻の解消若しくは取消しの日から300日以内に生まれた子は、婚姻中に懐胎したものと推定する」と定め、法律上、子どもの父を決めています（嫡出《ちゃくしゅつ》推定）（現実には、法律上決められた父がその子どもの生物学上の父でないこともあり得ますが、その場合には嫡出否認の訴え（民774条、775条）により親子関係を否定することができます）。けれども、この仕組みの下では、女性が離婚後、間もなく再婚をして出産した場合に、その子の父が離婚した夫か再婚した夫かが直ちに決まらない事態が生じ得ます。そこで、そのような事態をできるだけ避けるために、女性の再婚禁止期間が定められました。

◆ 2015（平成27）年判決の憲法適合性判断

再婚禁止期間の憲法適合性について、最高裁（多数意見）は、2015年に一部違憲の判決を出しました（最大判平27・12・16民集69-8-2427）。一部違憲というのはどういうことか、以下に詳しく見ていきましょう。

(1)　本件規定の立法目的　最高裁（多数意見）は、民法733条1項の立法目的を、女性の再婚後に生まれた子につき父性の推定の重複を回避し、もって父子関係をめぐる紛争の発生を未然に防ぐことにあるとし、父子関係が早期に明確となることの重要性に鑑みると、このような立法目的には合理性があると判断しています。つまり、女性の再婚後に生まれた子の父が二人いる事態を避け、父を早く決めることは子どもの利益になるから、立法目的に合理性があるというわけです。

⑵ 目的との手段の合理性関連性　次に、最高裁（多数意見）は、6か月の再婚禁止期間を設けたことが、立法目的との間に合理的関連性を有するか否かにつき以下のように判断しています。

民法772条に照らすと、女性の再婚後に生まれる子については、計算上100日の再婚禁止期間を設ければ父が二人いる事態を回避することができ、子どもの利益を考えれば、この100日について一律に女性の再婚を制約することは、国会の合理的な立法裁量の範囲を超えるものではなく、立法目的との関連において合理性を有し、憲法14条1項にも憲法24条2項にも違反するものではないとしました。

他方で、100日を超えた部分については、次のように述べています。すなわち、旧民法起草時の諸事情（医療や科学技術が未発達であった状況や諸外国の立法例）からすると再婚禁止期間を6か月と定めたことは不合理であったとはいい難いが、医療や科学技術が発達した今日においては、再婚禁止期間を厳密に父性の推定が重複することを回避するための期間に限定せず、一定の期間の幅を設けることを正当化することは困難になったといわざるを得ないとします。さらに、婚姻および家族の実態の変化、再婚に対する制約を少なくするという要請や諸外国の再婚禁止期間廃止といった事情、「婚姻をするについての自由」*が憲法24条1項の規定の趣旨に照らし十分尊重されるべきものであること、妻が婚姻前から懐胎していた子を産むことは再婚の場合に限られないことも考慮すれば、100日超過部分は合理性を欠いた過剰な制約を課すものであると同時に、憲法24条2項にいう両性の本質的平等に立脚したものでなくなっていたとして、憲法14条1項および憲法24条2項に反すると結論づけました。

＊「婚姻をするについての自由」　本判決の中で、最高裁（多数意見）は、婚姻をするかどうか、いつ誰と婚姻をするかは当事者間の自由かつ平等な意思決定に委ねられるべきことを「婚姻をするについての自由」としています。「婚姻の自由」という言葉を使っていないことに注意が必要です。

⑶　厳密に父性の推定が重複することを回避する期間　上でみたように、最高裁（多数意見）は、100日について再婚禁止期間を設けることには立法目的との関連で合理性があるが、今日においては、再婚禁止期間を厳密に父性の推定が重複することを回避するための期間に限定せず、一定の期間の幅を設けることを正当化することは困難になったと述べ、100日超過部分を違憲であると判断しました。

ここでは、最高裁（多数意見）のいう「厳密に父性の推定が重複することを回避するための期間」について考えてみましょう。民法772条1項によれば、結婚（法律婚）した後に妻が妊娠したときには、お腹の子どもの父は夫になります。また、同条2項によれば、結婚（法律婚）してから200日を過ぎて生まれた子は婚姻中に懐胎したものとされるので、母の結婚した相手（夫）が父となります。他方、離婚後300日以内に生まれた子も婚姻中に懐胎したものとされるので、母が離婚した相手（前の夫）が父となるわけです。

そこで、女性が離婚と再婚を同日に行ったと仮定して（男性の場合には離婚と再婚を同日に行うことが可能です）、再婚後に女性が出産した場合の父について考えてみましょう。図1を見てください。離婚と再婚を同日にした場合、民法772条2項によると、再婚から200日を過ぎて生まれた子は再婚相手の子、離婚から300日以内に生まれた子は離婚した前の夫の子と推定されます。そうすると、201日目から300日までに生まれた子は、再婚相手の子でもあり前の夫の子であるということになってしまいます（父性の重複）。

このように父が二人いるという事態を避けるためには、図2のように、離婚から再婚までの間を100日空ければ、つまり、女性が再婚まで100日待てば、この問題が解消されます。こうして、最高裁（多数意見）は、厳密に父性の推定が重複することを回避する期間を超えた100日超過部分は合理性を欠いた過剰な制約であるとして違憲と判断しました。

⑷　反対意見の考え方　上述のような多数意見に対して、反対意見は、民法733条1項の本来の趣旨は「血統の混乱を防止する」という目的を達成する手段として離婚した女性に対して再婚を禁止するものであ

≪図 1≫　仮に離婚と再婚を同日に行った場合の父性の推定

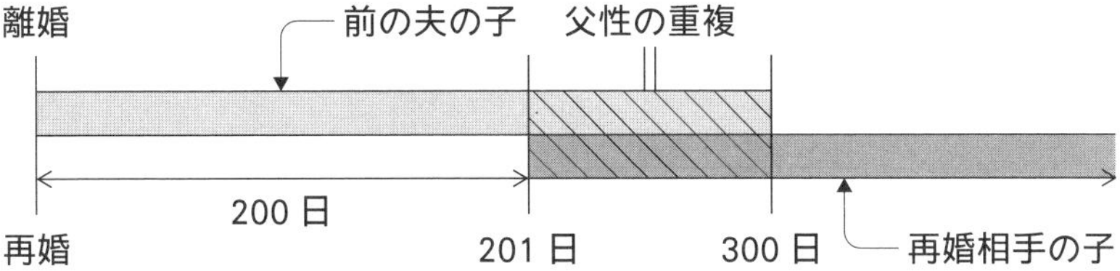

≪図 2≫　100 日間の再婚禁止期間を設けた場合

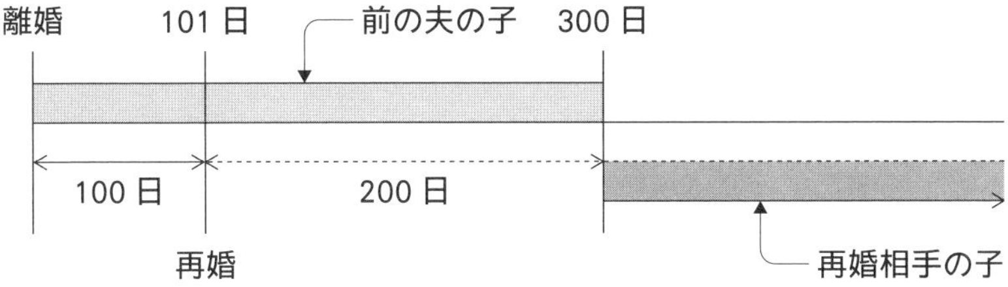

り、再婚禁止の制度それ自体が男女平等と婚姻の自由を定めた憲法の趣旨に適合するか否かを正面から判断すべきだと主張しています。つまり、本項は、自分と血縁関係のない子を知らずに法律上の子としてしまうことがないように女性の再婚を禁止したものであり、血縁関係を正確に判定できる証明手段のなかった立法当時においては再婚禁止期間を設けることにもそれなりの合理性があったが、DNA 検査技術の進歩により生物学上の父子関係を科学的かつ客観的に明らかにすることができるようになった段階では、血統の混乱防止という目的の手段として再婚禁止期間を設ける必要性が失われているとして、本件規定の全部が憲法 14 条 1 項および 24 条 2 項に違反すると反対意見は考えたわけです。

設問への答え

2015 年に出された再婚禁止期間についての最高裁判決（多数意見）に従えば、父性の推定の重複を回避し父子関係をめぐる紛争の発生を未然に防ぐという再婚禁止期間の目的には合理性があると考えられます。ただし、多数意見は、父性の重複を回避するという目的との関連では再婚を禁止する期間は100日で足り、それを超えた部分について再婚を禁止することには合理性がないとしました。つまり、100日超過部分については、女性の婚姻をするについての自由（憲法24条1項）に過剰な制約を課すもので、憲法14条1項（性別に基づく差別に当たる）にも憲法24条2項にも違反するということができます。もっとも、父性の推定が重複する事態が生じたときには、DNA検査の実施という方法があるので、100日超過分だけでなく、女性にのみ再婚禁止期間を設けること自体が違憲であるという考え方もあり得るでしょう。

なお、2015年の再婚禁止期間一部違憲判決の後、民法733条1項は「女は、前婚の解消又は取消しの日から起算して100日を経過した後でなければ、再婚をすることができない」と改正されました（2016年6月7日公布・施行）。

＜参考文献＞

①長谷部恭男編『注釈日本国憲法⑵』（有斐閣、2017年）、浦田賢治＝大須賀明編『新・判例コンメンタール日本国憲法2』（三省堂、1994年）は、憲法24条についてわかりやすく解説しています。

②辻村みよ子『概説　ジェンダーと法〔第2版〕』（信山社、2016年）、同『憲法と家族』（日本加除出版、2016年）、犬伏由子＝井上匡子＝君塚正臣編『レクチャー　ジェンダー法〔第2版〕』（法律文化社、2021年）第5章は、ジェンダーの視点から家族の問題を論じています。

③本講で扱った最高裁判決の解説として、糠塚康江「女性の再婚禁止期間の合憲性」百選Ⅰ 64〜65頁、木下智史「再婚禁止期間を定める民法733条の合憲性」平成28年重要判例解説18〜20頁、小山剛「夫婦同氏制を定める民法750条の合憲性」平成28年度重要判例解説21〜23頁などが参考になります。

第8講

思想・良心の自由

設問

Xは公立中学校の教諭です。校長は、卒業式や入学式において国旗掲揚の下での国歌斉唱の際に起立して斉唱することを教諭に命じる職務命令を出しました。校長の職務命令に従わないと、懲戒といった不利益な処分を受ける可能性があります。しかしXは、侵略戦争と植民地支配という歴史的事実から、「君が代」や「日の丸」に対し、戦前の軍国主義と天皇主義を象徴しているという否定的な評価をしているので、「君が代」や「日の丸」に対し敬意を表すことになる国歌斉唱の際の起立斉唱はできないと考えています。Xは、校長の職務命令は、思想・良心の自由を保障する憲法19条に違反すると考えていますが、その主張は認められるのでしょうか。

《なにが問題となるか》

これまで憲法学では、心や頭のなか、すなわち、内心における精神活動の自由は憲法19条が保障し、内心で考えたことに基づいた表現行為や外部的行為の自由は憲法21条が保障すると考えてきました。ところが、内心で考えたことと外部に現れる表現や行為とは密接に関連する場合も多くあります。そこで近年では、内心に反する行為の強制や、内心に基づく行為の禁止も、憲法19条に違反する場合があると考えられています。

本講では、Xの内心にある大切な価値観や信念などに反する行為を強制することが憲法19条に違反するのかどうかについて、考えてみましょう。

解　説

1　思想・良心の自由

◆思想・良心の意味

憲法19条は、「思想及び良心の自由は、これを侵してはならない」と規定し、心や頭のなか＝内心における精神活動の自由を保障しています。そのため、思想・良心の自由は「内心の自由」とも呼ばれます。思想・良心の自由は、内心における精神活動の自由のなかでも最も根本的で重要なものと考えられています。

思想・良心は、内心の「ものの見方や考え方」を意味し、事実に関する単なる認識や記憶は思想・良心には含まれません。

思想は主義・主張のような論理的な精神作用を、そして、良心は倫理的な性格をもつ精神作用を指すと一応区別することはできます。しかし、多くの学説は、両者を区別する基準が不明確であることと、両者は憲法19条で同様に保障されているため区別する実益がないことなどを理由に、両者を区別せず、一体として理解しています。そして、思想・良心には、世界観、歴史観、主義、主張などが含まれます。

◆思想・良心の範囲

思想・良心の範囲については、2つの考え方があります。

⑴　**狭義説＝信条説**　この学説は、思想・良心の範囲を、宗教上の信仰に準ずるような世界観や体系的な思想のように個人の人格形成に関連するものに限定します。人格形成に関連のない内心活動まで含めると、思想・良心の自由の価値が下がり、保障の程度も低くなるからです。

⑵　**広義説＝内心説**　この学説は、思想・良心の範囲を、内心におけるものの見方や考え方一般と広く捉えます。憲法19条の保障対象はできるだけ広く捉えるべきことが主な根拠です。

⑶　**判例**　最高裁の立場は必ずしも明らかではありません。裁判所の判決で新聞紙上に謝罪広告の掲載を命じることが良心の自由などを侵害するか否かが争われた謝罪広告事件判決（最大判昭31・7・4民集10-7-

785）では、狭義説と広義説の対立が個別意見のなかで示されましたが、多数意見は明確な判断を示しませんでした。狭義説をとると、物事の善悪の判断は良心の自由に含まれないため、謝罪広告を命じても憲法19条の問題とはなりません。それに対し、広義説をとると、物事の善悪の判断などは良心の自由に含まれるため、謝罪広告を命じることは憲法19条に違反する可能性があります。

◆思想・良心の自由の絶対性

国や地方公共団体＝公権力は個人の内心に立ち入るべきではなく、また、精神的活動が内心に留まる限り他者の権利・利益や社会全体の利益との抵触は生じないため、思想・良心の自由は、それが内心に留まる限り、絶対的に保障され、いかなる制約も受けないと考えられています。

◆思想・良心の自由の保障内容

現在、憲法19条によって、以下の⑴～⑶が禁止され、⑷も場合によっては禁止されると考えられています。

⑴ 「特定思想の禁止や強制」の禁止　個人が内心の思想内容を自由に形成するためには公権力が思想形成に干渉しないことが不可欠となります。そのため、公権力が特定の思想を禁止または強制することは許されません。また、禁止や強制に至らなくても、公権力が特定の思想を推奨し、宣伝することによって、個人の考えをコントロールすることも許されません。

後述するピアノ伴奏事件判決（最判平19・2・27民集61-1-291）と起立斉唱事件判決（最判平23・6・21判時2123-35）で最高裁は、学校で児童や生徒に「一方的な思想や理念を教え込むこと」を教師に強制することは、教師との関係で憲法19条に違反する可能性を示唆しました。

⑵ 「特定思想に基づく差別的取扱い」の禁止　憲法19条は、特定の思想をもっているか否かを理由に差別的な取扱いや、不利益な取扱いをすることを禁じています。また、憲法14条は、「信条」による差別を禁止しているため、特定思想に基づく差別的取扱いは、憲法14条にも

違反します。もちろん、思想の表明として行われる外部的行為が具体的な害悪を発生させた場合、その外部的行為を規制することは許されます。しかしその場合でも、外部的行為を導いた思想を悪であるとして規制することは許されず、あくまでも、発生した具体的な害悪を規制する必要性を理由にしなければなりません。

⑶ 「思想の告白強制」の禁止＝「沈黙の自由」 憲法19条は、内心の表白を強制されない「沈黙の自由」を保障します。ですから、公権力が、思想の告白を強制することや、アンケートなどで主義・主張や支持政党など個人の思想内容を推知することができる事実の調査や思想調査を行うことは禁止されます。

公立中学の校長が作成する内申書の「行動及び性格の記録」欄に、生徒が特定の政治的立場を名乗って活動していることや、大学生の特定の政治的集会に参加していることなどを記載したことが当該生徒の思想・良心の自由を侵害するか否かが争われた内申書事件判決（最判昭63・7・15判時1287-65）で最高裁は、内申書の記載内容は、生徒の思想、信条そのものを記載したものではなく、記載された外部的行為によって生徒の思想、信条を了知しうるものではないなどと指摘し、憲法19条違反の主張を退けました。それに対し学説は、内申書の記載はきわめて具体的で、生徒の思想、信条を直接推知することが可能であり、このような事実の記載は許されないと批判します。

また、前述の謝罪広告事件判決で最高裁は、「単に事態の真相を告白し陳謝の意を表明するに止まる程度」の謝罪広告を新聞紙上に掲載することを裁判所が命じても、良心の自由を侵害しないと判断しました。しかし、この判決には、当該謝罪広告を命じることは憲法19条に違反するとした反対意見があり、前述の広義説から支持されています。

⑷ 「内心に基づく行為の禁止、内心に反する行為の強制」の制限

これまでの憲法学は、内心に留まる精神活動と外部的行為とを区別し、内心の自由は憲法19条が保障し、表現行為や外部的行為の自由は憲法21条が保障すると考えてきました。ところが、内心で考えたことと外部的行為とは密接に関連する場合も多く、また、思想の強制や禁止は、多くの場合、内心と密接な関連をもつ外部的行為の強制や禁止として行われます。そこで、近年では、内心に反する行為の強制や内心に基づく行為の禁止は、憲法21条の問題であると同時に、憲法19条に違反する場合があると考えられています。

2 ピアノ伴奏事件判決

◆内心に反するピアノ伴奏の強制

公立小学校の音楽専科の教諭Aは、「君が代」が過去の日本のアジア侵略と結びついており、これを公然と歌ったり、伴奏することはできないとの考えから、入学式の国歌斉唱の際にピアノ伴奏を行うよう命じた校長の職務命令に従わなかったため、「戒告」という不利益な懲戒処分を受けました。Aは、この職務命令は、内心に反するピアノ伴奏を強制するため憲法19条に違反すると考え裁判を起こしました。

◆最高裁の多数意見（最判平19・2・27民集61-1-291）

多数意見は、以下の理由で、当該職務命令は、Aの思想・良心の自由を制約していないため、憲法19条に違反しないと判示しました。

(1) Aの考え＝主観的観点　①Aの考えは、Aの「歴史観ないし世界観及びこれに由来する社会生活上の信念等」であり、ピアノ伴奏拒否は、Aにとっては自身の歴史観や世界観に基づくひとつの選択である。

(2) 一般的・客観的観点　②ピアノ伴奏拒否は、「一般的には」、Aがもつような歴史観や世界観（内心の核心部分）と不可分に結びつくものではなく（行為の性質）、当該職務命令が直ちにAの歴史観・世界観それ自体を否定するものではなく、③「客観的に見て」、入学式のピアノ伴奏は、音楽専科の教諭にとって通常想定され期待されるもので、Aが特定の思想を外部に表明する行為と評価することはできず（外部からの認識）、④当該職務命令は、Aに対する、特定思想の強制・禁止、思想告白の強要、児童に一方的な思想や理念を教え込むことの強制（憲法19条違反の典型例）ではない、⑤当該職務命令は、公務員を「全体の奉仕者」と規定する憲法15条2項や、入学式や卒業式などに国旗を掲揚し、国歌を斉唱するよう「指導するものとする」と定める小学校学習指導要領などの関係法令の規定の趣旨に沿い、その目的と内容は不合理とはいえない（職務命令の必要性・合理性）。

◆多数意見の特徴

多数意見には以下の特徴があります。第１に、多数意見は、Aの考え＝主観的観点からではなく、一般的・客観的観点＝一般人（多数者）の視点から判断しています。これは、主観的観点から判断し、本人が嫌だと考えていることの強制が憲法19条に違反することになれば、社会秩序が成り立たなくなるという懸念があるからです。

第２に、多数意見は、一般的・客観的に見て、歴史観や世界観という内心の核心部分を直接否定するような外部的行為（例えば、踏絵のように内心の核心部分を否定することと密接不可分に関連する外部的行為）を強制することは憲法19条に違反すると考えています。多数意見によると、特定思想の強制・禁止、思想告白の強要、児童に一方的な思想や理念を教え込むことの強制は、憲法19条に違反する典型例です。

第３に、多数意見は、一般的・客観的観点から、求められる外部的行為が、①内心の核心部分と密接不可分に関連するかどうか、②特定思想を表明する行為と外部から認識されるかどうか、③職務命令の必要性と合理性という３つの観点から検討し、当該職務命令によって、Aの思想・良心の自由はそもそも制約を受けていないと判断しました。人権侵害が問題となる事案では、通常、(a)人権の制約があるかどうか、それがある場合、(b)人権制約は憲法上許されるかどうかが審査されます。最高裁は、ほとんどの判決で、人権制約はあるがその制約は許されると判断していますが、この判決はそもそも人権制約がないと判断しました。

◆多数意見への疑問と批判

那須裁判官の補足意見は、Aが職務命令によって心理的な矛盾・葛藤を感じているため、Aの思想・良心の自由が制約される可能性を認めつつ、多数意見の結論に賛成します。藤田裁判官の反対意見は、自らの信条に照らしAにとってきわめて苦痛なピアノ伴奏を強制することが許されるかどうかが真の問題であると指摘し、多数意見の審査方法と結論に疑問を投げかけます。両裁判官はAの主観的観点も重視しています。

多くの学説は多数意見に批判的で、一般的・客観的観点からではなく、Aの主観的観点から個別具体的に検討すべきであり、そうすれば思想・良心の自由の制約が肯定され、違憲となる可能性が高い、と主張します。

3 起立斉唱事件判決

設問でとりあげた公立の中学校や高等学校の卒業式や入学式において国旗掲揚の下で国歌斉唱を行う際に起立斉唱することを教諭に命じる職務命令が憲法19条に違反するかどうかは最高裁で判断されました（①最判平23・5・30民集65-4-1780、②最判平23・6・6民集65-4-1855、③最判平23・6・14民集65-4-2148、④最判平23・6・21判時2123-35等）。これらの判決は、すべての小法廷で出され、その内容はほぼ同じです。以下では、主に、設問の事例に対する上記③判決を用いて説明します。

◆最高裁の多数意見

多数意見は、以下の理由で、設問の職務命令は、Xの思想・良心の自由の直接的制約ではなく、間接的制約ではあるが、その制約は憲法上許されるため憲法19条に違反しないと判示しました。

(1) 直接的制約の否定　①Xの考えは、Xの「歴史観ないし世界観及びこれに由来する社会生活上ないし教育上の信念等」であるが、②学校の儀式的行事である卒業式などにおける国歌斉唱の際の起立斉唱は、「一般的、客観的に見て」、(a)慣例上の儀礼的な所作で、Xの歴史観・世界観（内心の核心部分）を否定することと不可分に結びつくものではなく（行為の性質）、当該職務命令は直ちにXの歴史観・世界観それ自体を否定するものではなく、(b)慣例上の儀礼的な所作として外部から認識され、特定の思想の表明として外部から認識されるものではなく（外部からの認識）、当該職務命令はXに対する特定思想の強制や禁止、思想告白の強要（直接的制約の典型例）ともいえないから、③当該職務命令はXの思想・良心の自由を直接的に制約するものではない。

⑵ **間接的制約の可能性**　④求められる起立斉唱は、教員が日常担当する教科等や日常従事する事務の内容には含まれないもので、「一般的、客観的に見ても」、国旗・国歌に対する敬意の表明の要素を含み（行為の性質）、そのように外部から認識されるため（外部からの認識）、⑤そのような性質をもつ起立斉唱の要求は、⒜個人の歴史観・世界観と密接不可分ではないもののそれに由来する敬意の表明の拒否（起立斉唱の拒否）と異なる行為（起立斉唱）を求められ、⒝それにより心理的葛藤が生じ、⒞個人の歴史観・世界観に影響を及ぼす場合、思想・良心の自由への間接的な制約となる。

⑶ **間接的制約の許容性**　⑥間接的制約は「必要かつ合理的なもの」であれば許容され、その許容性は、職務命令の目的、内容、制約の態様などを総合的に比較検討して、当該職務命令に間接的制約を許容しうる程度の必要性と合理性が認められる場合には合憲となる（相関的・総合的な比較衡量）。

⑷ **Xの場合**　Xに対する職務命令は、⑦上記⑵の④と⑤の内容に照らすと、Xの思想・良心の自由の間接的制約となるが、⑧上記⑶の⑥に従って判断すると、中学校教育の目標や卒業式などの儀式的行事の意義、在り方などを定めた関係法令の規定の趣旨に沿い、教育上の行事にふさわしい秩序の確保と式典の円滑な進行を図るものであり、Xの思想・良心の自由に対する間接的制約を許容しうる程度の必要性と合理性があり、憲法19条に違反しない。

◆多数意見の特徴

多数意見には以下の特徴があります。第1に、多数意見は、Xの思想・良心の自由が間接的に制約されていることを認めました。前述のピアノ伴奏事件判決は、思想・良心の自由の制約はないとの立場でしたが、本判決は間接的な制約を認めた点、一歩踏み込んだ判断といえます。

第2に、多数意見は、直接的制約と間接的制約とを区別します。区別の基準は明確ではありませんが、おそらく、制約の意図や目的と制約の程度や効果を考慮していると考えられます。まず、思想・良心の自由を制約する意図があり、かつ、内心の核心部分を否定またはそれに強い悪影響を直接及ぼすような、内心の核心部分と密接不可分の外部的行為の強制や禁止は、直接的制約となります。多数意見によると、特定思想の強制・禁止、思想告白の強要などは直接的制約の典型例です。次に、思想・良心の自由を制約する意図はなく、他に合理的な目的があり、かつ、内心の核心部分と密接不可分ではないが核心部分の周辺と密接な関係があり、当該周辺部分に悪影響を与え、その結果、核心部分にも何らかの悪影響を間接的に及ぼすような外部的行為の強制・禁止は、間接的制約となります。具体的には、(a)内心の核心部分の周辺が命じる行為と異なる行為を要求され、(b)心理的葛藤が生じ、(c)内心の核心部分に影響があれば、間接的な制約となります。多数意見によると、おそらく、前述のピアノ伴奏の職務命令は直接的制約にも間接的制約にも該当しません。

第3に、多数意見は、間接的制約の許容性を相関的・総合的な比較衡量によって判断します。これは比較的緩やかな審査方法です。これを採用した理由は、間接的制約は直接的制約よりも人権制約の程度が弱いと多数意見が考えたからです。しかし、この審査方法は、常に緩やかな審査を行うのではなく、制約の程度に応じて審査の厳しさが変わる審査方法です。つまり、間接的制約のなかでも制約の程度が強い場合はある程度厳格に判断し、制約の程度が弱い場合は緩やかに審査する方法です。

◆多数意見への疑問と批判

起立斉唱事件に関する上記4つの判決には多数の個別意見があります。上記②判決の宮川裁判官の反対意見は、精神的自由権に関する問題を一般人（多数者）の視点からのみ考えるべきではなく、少数者の視点から判断すべきであり、不起立不斉唱という外部的行為は当事者の思想・良心の核心の表出または少なくともこれと密接に関連している可能性があり、厳格な基準によって判断すべきであると説示します。また、上記③と④判決の田原裁判官の反対意見は、起立と斉唱とを区別し、起立命令には間接的制約を許容する必要性・合理性はあるが、斉唱命令は内心の核心部分またはそれに近接する外縁部分を侵害する可能性があると説示します。多くの学説は、宮川反対意見を支持し、当該職務命令は憲法19条に違反するか、違反の疑いが強いと指摘します。

多数意見は直接的制約の審査方法を明らかにしていません。多くの学説は、直接的制約は、直ちに違憲となるか、厳格な基準によって審査すべきと主張します。また、多くの学説は、多数意見の判断方法を適切に用いれば、前述のピアノ伴奏の職務命令は少なくとも間接的制約となり、その許容性を審査すべきことになると指摘します。

設問への答え

現在、最高裁も学説も、内心に反する外部的行為の強制や、内心に基づく外部的行為の禁止も、憲法19条に違反する場合があることを認めています。つまり、憲法19条は、内心の自由のみならず、一定の外部的行為の自由も保障していると考えています。

設問の職務命令の合憲性を最高裁の立場から判断すると、①当該職務命令はXの思想・良心の自由の直接的制約にはならないが、間接的制約にあたり、②間接的制約の違憲審査は相関的・総合的な比較衡量によって判断し、③当該職務命令には必要性と合理性が認められ、憲法19条に違反しない、となります。

それに対し多くの学説は、(a)当該職務命令はXの思想・良心の自由の直接的制約であり、(b)直接的制約は直ちに憲法19条に違反する、または、(c)直接的制約の違憲審査は厳格な審査基準を用いるべきで、(d)当該職務命令は憲法19条に違反するか、違憲の疑いが強い、と主張します。

＜参考文献＞

①井上典之編『「憲法上の権利」入門』(法律文化社、2019年) Chapter 06 (春名麻季) は、思想・良心の自由をわかりやすく解説しています。

②米沢広一『憲法と教育15講〔第4版〕』(北樹出版、2016年) 第4講は、学校における君が代・日の丸に関する多様な論点を解説しています。

第**9**講

信教の自由と政教分離

設　問

Xは、K市立の工業高等専門学校の学生です。Xは、聖書が絶対平和主義を説いていると信じ、いかなる格闘技も学ぶべきではないと確信しています。高専の体育の授業でも、剣道の実技は見学するだけにして、かわりにレポートを提出しようとしました。しかし、学校側はレポートを受け取りませんでした。結局、Xは体育の単位を修得できずに留年し、翌年も同様に留年したため、退学処分となってしまいました。

Xは、退学処分の取消しを求める訴訟を起こしました。Xの主張は認められるでしょうか。

《なにが問題となるか》

Xは、剣道実技の履修を義務づける（履修しなければ退学になってしまう）ことは、憲法が保障する「信教の自由」を侵害する、と考えています。

高専の校長Yは、「身体上の理由で体育実技に参加できない学生には見学などの代替措置を認めるが、公立学校が宗教上の理由でXに代替措置を認めることは、憲法が定める『政教分離の原則』に違反する」としています。

ここでは、宗教の教義と、法令によって国民一般に課される義務や、規則によってある集団のメンバー全体（設問の例ではK市立高専の学生一般）に課される義務とが衝突する場合、信仰を理由として、義務を免れることは可能かが問題となります。

解　説

1　宗教の自由と憲法

◆信教の自由の規定

憲法は、「信教の自由は、何人に対してもこれを保障する」（20 条 1 項前段）と定めています。「信教の自由」とは「宗教の自由」と同じ意味であり、その内容は、①信仰の自由、②宗教的行為の自由、③宗教的結社の自由に分類されます。①は憲法 19 条（思想・良心の自由）の宗教的側面であり、②と③は憲法 21 条 1 項（集会・結社・表現の自由）の宗教的側面であるということもできます。

「宗教」の意味は、信教の自由について考える場合には、憲法が保障する対象を狭く限定するべきではないので、「超自然的、超人間的本質（すなわち絶対者、造物主、至高の存在等、なかんずく神、仏、霊等）の存在を確信し、畏敬崇拝する心情と行為」（後述する津地鎮祭事件での名古屋高判昭 46・5・14 判時 630-7）といったように、広く解するべきであるとされます。

◆政教分離の原則の規定

憲法は、個人の信教の自由を規定するだけではなく、国家と宗教の分離の原則（政教分離の原則）を定めています。これは、神社神道《しんとう》が事実上の国教的な地位を与えられ、神社の信仰に抵触する宗教が弾圧されるなど、明治憲法時代の「信教ノ自由」の保障が不十分であったことを踏まえたものです。

憲法が定める政教分離の原則の内容は、①宗教団体が国から特権を受けたり、政治上の権力を行使してはならない（20 条 1 項後段）、②国が宗教的活動をしてはならない（20 条 3 項）、③国が宗教団体に財政援助をしてはならない（89 条）というものです。これらは、「制度的保障の規定」と呼ばれることがあります。政教分離規定は、信教の自由の保障を確保するために、国家と宗教との分離を制度として保障するものであるとされるのです。

国家と宗教の関係のもち方は国によって異なりますが、国家と宗教の癒《ゆ》着《ちゃく》を防ぐことで信教の自由を十全に保障するという考え方は、西欧諸国に共通しています。

2　宗教の自由の保障・国家と宗教の分離

◆信教の自由の内容

前述のように、信教の自由は、①信仰の自由、②宗教的行為の自由、③宗教的結社の自由に分類されます。

①には、特定の宗教を信じることだけではなく、宗教を信じないこと、信じる宗教を選択・変更することも含まれます。内心の活動であり、他人を害さないことなので、絶対的に保障されます。

②については、憲法は、「何人も、宗教上の行為、祝典、儀式又は行事に参加することを強制されない」(20条2項）と重ねて規定しています。これは、明治憲法下で国民に神社参拝が強制された歴史を考慮して、とくに確認したものとされます。

③は、宗教団体を結成する自由であり、加入・不加入・脱退の自由を含みます。宗教団体のうち宗教法人法に基づいて法人格が認められた宗教法人は、法人の名義で財産を所有したり契約を結んだりすることができます。宗教法人にも、信教の自由が保障されます（第2講参照)。宗教法人法81条は、裁判所が宗教法人に解散を命ずることができるとしています。しかし、法人格をもたない宗教団体として活動することは可能ですから、宗教法人の解散命令がただちに③の侵害であるとはいえません。

②・③は、内心にとどまらず、外部に現れた行為として社会とかかわりを有しますので、必要最小限度の制約を受けます。

今日の日本では、特定の宗教を信じていることによって処罰されるようなことは、あまり起こらないでしょう。しばしば問題となるのは、法令・規則に基づく義務が、信教の自由に対する直接的・意図的な制限であるわけではないけれども、間接的・結果的に特定の信仰を有する人に対する制約になる、という場合です。

◆信教の自由の限界

⑴　**加持祈禱事件**　僧侶が「狸憑《つ》き」の少女を加持祈禱《かじきとう》によって治療しようとした結果、少女が心臓マヒで死んでしまったという事件で、最高裁は、加持祈禱が宗教行為としてなされたとしても、その結果少女を死なせたことは「著しく反社会的なもの」であり、「信教の自由の保障の限界を逸脱したものというほかはなく」、僧侶を刑法205条（殺すつもりはなかったが傷害を負わせた結果として死亡させてしまったという本件は、傷害致死罪に当たる）によって処罰しても憲法20条に反しないとしました（最大判昭38・5・15刑集17-4-302）。自然犯（法律で禁じられるまでもなく、当然に反社会的・反道義的とされる犯罪）に当たる行為については、信教の自由に内在する制約を超えるものとも考えられます。法的規制が適用されないとすることは、きわめて難しいでしょう。

⑵　**牧会活動事件**　牧師が、建造物への侵入などの疑いを受けて逃走中の高校生を教会にかくまったとして、犯人蔵匿《ぞうとく》罪（刑103条）に問われた事件で、裁判所は、牧会活動（牧師の職責として、個人の魂への配慮を通じて社会へ奉仕すること）が信教の自由に含まれるとし、牧師の行為は「正当な業務行為として罪とならない」としました（神戸簡判昭50・2・20判時768-3）。判決が述べているように、外面的行為（ここでは牧会活動）の制約が「結果的に行為の実体である内面的信仰の自由を事実上侵すおそれが多分にあるので、その制約をする場合は最大限に慎重な配慮を必要と」します。ただし、法的規制の適用を免除するかについても、慎重な考慮が必要です。本件では、高校生が牧師の説得に応じて8日後に警察に出頭したこともあり、目的・手段方法ともに相当な範囲にとどまったものと評価されました。

⑶　**日曜参観事件**　キリスト教の礼拝（日曜学校）のため小学校の日曜参観授業に出席できなかったことが「欠席」として扱われたので、それを不服として小学生と両親が欠席処分の取消しと損害賠償を求めた事件では、裁判所は、①宗教教育を受ける権利は憲法で保障されているが、憲法は公教育の実施も要求している、②宗教・宗派ごとに「特別な日」は異なり、それぞれに公教育の授業への出席を免除していたのでは

公教育の実施に少なくない支障が生じる、③本件で小学生が受ける不利益は、指導要録に欠席した旨が記載されるというごく軽いものである、として、合理的根拠に基づくやむを得ない制約であって小学生の側が甘受すべきであると判示しました（東京地判昭61・3・20判時1185-67）。

⑷　剣道実技拒否事件　剣道必修は、K市立高専の学生一般に課せられた世俗的な規律であり、特定宗派の信仰を直接に制限するものではないはずです。しかし、Xに剣道実技の履修義務を課せば、Xの信仰の根幹に反する行為をさせることになります。

設問の事例は、実際に裁判で争われたものです。最高裁は、まず、以下のように判断しました（最判平8・3・8民集50-3-469）。①退学処分は校長の教育的裁量に委ねられているが、学生の身分を剝奪する重大な措置であるから、とくに慎重な配慮を要する。②高専では、剣道実技の履修が必須とまではいえず、教育目的の達成は他の体育種目の履修などの代替的方法によっても性質上可能である。③Xは、信仰の核心部分と密接に関連する誠実な理由による剣道実技の履修拒否の結果として、他の科目では成績優秀であったにもかかわらず、原級留置、退学というきわめて大きい不利益を被っている。④退学処分はXの信教の自由を直接的に制約するものではないが、Xが重大な不利益を避けるためには剣道実技の履修という自己の信仰上の教義に反する行動をとることを余儀なくさせられるという性質を有するものであった以上、Yは裁量権の行使にあたりそのことに相応の考慮を払う必要があった。

しかし、まだ検討すべき問題は残っています。

◆国家と宗教の分離の限界

信仰を理由に義務免除の扱いをするならば、公立学校であるK市立高専が特定の信仰をもつ者を優遇することとなり、政教分離の原則に反する、という批判があり得ます。

ただし、憲法のいう政教分離は、国家と宗教とのかかわり合いをいっさい認めないというものではありません。宗教はさまざまな場面で社会生活と接触しているため、国家が社会生活に規制を加えたり、助成や援助などを行うにあたって、宗教とのかかわり合いが生ずることは避けられません。その場合に国家と宗教との完全な分離は、実際には不可能に近いと考えられます。「宗教系の私立学校に対して一般の私立学校と同様な助成をしたり、文化財である神社・寺院の建築物や仏像の維持・保存のために補助金を支出したりすることは、国家と宗教とのかかわり合いが生ずるから許されない」というのでは、かえって、宗教を理由に不利益な取扱いをすることになりかねません。このように考えて、最高裁も多くの憲法学者も、「国家と宗教との分離にもおのずから一定の限界がある」とする考え方（相対的分離説）をとっています。

国家は実際には宗教と「ある程度」のかかわり合いをもたざるを得ないという前提に立つと、そのかかわり合いは「どの程度」まで許されるのかが問題となります。いいかえれば、憲法20条3項が「いかなる宗教的活動もしてはならない」というとき、具体的な国家の行為が20条3項で禁止される「宗教的活動」に該当するか否かを判断する基準が必要となるのです。

◆目的・効果基準

(1) **津地鎮祭事件**　三重県の津市が体育館の建設に際して神式の起工式である地鎮祭を挙行し、神職への謝礼金や供物代金を公金から支出したことが憲法に違反しないかが争われた津地鎮祭事件判決（最大判昭52・7・13民集31-4-533）において、最高裁は、憲法20条3項によって禁止される「宗教的活動」とは、国と宗教とのかかわり合いが「相当とされる限度を超えるもの」に限られるのであって、「当該行為の目的が宗教的意義をもち、その効果が宗教に対する援助、助長、促進又は圧迫、干渉等になるような行為をいうもの」であるとしています。これを、「目的・効果基準」と呼びます。

この目的・効果基準では、目的と効果の両方が宗教的であるときに違憲とされます。しかも、最高裁は、宗教とのかかわり合いが相当とされる限度を超えたか否かを、「行為の外形的側面のみにとらわれることなく」「社会通念に従つて、客観的に判断しなければならない」としました。

そして、「一般人の意識」を基準に地鎮祭を見れば、「慣習化した社会的儀礼を行うという極めて世俗的な目的によるもの」であるとしました。そして、宗教意識の雑居性があり、宗教的関心度が必ずしも高くないという「一般人の意識」に基づけば、神式の起工式が行われても「それが参列者及び一般人の宗教的意識を高めるものとなるとは考えられず、これにより神道を援助、助長、促進するような効果をもたらすことになるとも認められない」としました。

この後も、最高裁は、目的・効果基準を用い続けましたが、国家と宗教の結びつきを緩やかに認めてしまう可能性が指摘されていました。目的・効果基準は「目盛りのない物差し」であるとする意見もあります。

しかし、学説の大勢は、目的・効果基準を放棄するのではなく、基準の厳格な適用を追求してきました。

(2) 愛媛玉ぐし料訴訟　県による靖国神社・愛媛県護国神社への玉ぐし料等の支出が違憲ではないかが争われた愛媛玉ぐし料訴訟判決（最大判平9・4・2民集51-4-1673）で、最高裁は、目的・効果基準に依拠しながら、①県が特定の宗教団体とだけ意識的に特別のかかわり合いをもったことを否定できず、②そのことから、一般人に対して、県が靖国神社を特別に支援しており、靖国神社は特別のものであるとの印象を与え、特定宗教への関心を呼び起こすものである、として、玉ぐし料等の支出を違憲であると判断しました。

津地鎮祭事件判決以来、目的・効果基準を緩やかに適用して合憲判断を繰り返してきた最高裁が、愛媛玉ぐし料訴訟判決で違憲と判断したことについては、2つの理解があり得ます。ひとつは、たとえ少額でも毎年繰り返し支出することによって、特定の宗教を後押しするメッセージを発する目的・効果がある、という形に目的・効果基準を再構成して、厳格に適用したためである、というものです。もうひとつは、建築主が主催して建築現場で行う儀式の場合とは異なり、神社がその境内において挙行する恒例の重要な宗教行事にかかわりをもったのであって、これを一般人が「社会的儀礼の一つに過ぎない」と評価しているとすることは不可能である、というものです。

⑶　**剣道実技拒否事件**　最高裁は、前掲部分（95頁⑷の①～④）に続けて、次のように判断しました。⑤信仰上の誠実な理由から剣道実技に参加することができない学生に対し代替措置をとることが、その目的において宗教的意義を有し、特定の宗教を援助、助長、促進する効果を有するものということはできず、他の宗教者または無宗教者に圧迫、干渉を加える効果があるともいえない。⑥当事者の説明する宗教上の信条と履修拒否との合理的関連性が認められるかどうかを確認する程度の調査をすることが、公教育の宗教的中立性に反するとはいえない。つまり、高専がXの信仰に配慮して代替措置をとったとしても、公立学校と宗教との癒着が生ずるとはいえず、政教分離の原則に違反することはない、というわけです。

＊なお、最高裁は、神社に市有地を無償で使用させていることは政教分離の原則に反して違憲であるという判決（最大判平22・1・20民集64-1-1）を下しています。詳しくは、本講トピックス2を参照。

3　信教の自由と政教分離の原則の衝突

◆目的・効果基準の適用

⑴　**判例の考え方**　津地鎮祭事件や愛媛玉ぐし料訴訟では、政教分離の原則だけが問題となりました。しかし、剣道実技拒否事件のように、信教の自由と政教分離の原則とが衝突するような場合があります。最高裁は、従来、目的・効果基準を緩やかに適用してきたのですから、信教の自由と衝突する場合にだけ目的・効果基準を厳格に解するのでは、一貫しないとの批判を受けるでしょう。

⑵　**学説による提案**　多くの学説は、目的・効果基準を厳格に用いることを主張しています。そこで、①政教分離の原則は信教の自由を確保する手段であるから、両者が衝突するときには信教の自由を優先し、目的・効果基準の適用を緩和する、②前述の愛媛玉ぐし料訴訟判決のときのように、特定の宗教を後押しするメッセージがあるかという形に目的・効果基準を理解すれば、義務免除の事例は特定宗教を優遇するメッセージ性が低いと考えられる、などの提案がなされています。

◆信仰と法令・規則に基づく義務

(1)　信仰を理由に義務を免除する考え方　個人の信仰と法令・規則に基づく義務とが衝突する場合、国家の宗教的中立性の捉え方にもかかわって、第1に、信仰を理由に義務を免除する考え方があり得ます。剣道実技拒否事件では、最高裁はこの考え方を採用しましたが、法令・規則に基づく義務が信仰と衝突する場合に、そのすべてが免除されるわけではありません。宗教上の理由で納税を拒否する者には税を免除する、というわけにもいかないでしょう。法令・規則に基づく義務が免除されるか否かは、それぞれの場合に慎重な判断が必要です。設問の事例では、そもそも教育的な配慮が求められているはずの学校が舞台であったので、代替措置による義務免除が認められやすかったともいえるでしょう。

なお、なんらかの信仰と衝突する法令そのものが、ただちに憲法に違反することになるわけでもありません。たとえば、本件では、校長Yの退学処分という判断が、校長の裁量権（校長の判断に任されている幅）の範囲内であったかを審査する際に、憲法違反か否かの検討が行われているのです。

(2)　法令・規則に基づく義務を等しく課す考え方　第2に、信仰の如何《いかん》にかかわらず法令・規則に基づく義務を等しく課す考え方があり得ます。信仰と衝突するからといって義務を免除するならば、信仰を理由として特別の利益を与えることになり、法の下の平等および政教分離の原則に反することになります。つまり、Xのような者と、竹刀で叩かれるのが嫌で剣道実技を拒否する者とを同じに扱うことが、憲法に適合するとされるのです（ただし、Xを身障者と同じに扱う可能性も考えられます）。

設問への答え

設問の事例は、実際の裁判で信教の自由と政教分離の原則との関係が問題となったものです。最高裁は、Xが信教の自由について受ける不利益がきわめて大きいのに対して、工業高専にとって剣道実技を履修させることは必須とはいえず、代替措置をとることも困難ではなかったのであり、公立の高専がXの信仰に配慮したとしても政教分離の原則に反するともいえず、そのような状況においてXの信仰に配慮することなく退学という重い処分を行ったことは憲法が保障する信教の自由を侵害することとなり、誤っている（違法である）として、Xの主張を認めました。

なお、K市立高専側は、剣道必修は事前に説明しており、それを知っていて自由意思で受験・入学したXが「剣道実技を強制された」というのはおかしい、とも主張していました。最高裁は、「自らの自由意思により、必修である体育科目の種目として剣道の授業を採用している学校を選択したことを理由に、……著しい不利益を被上告人（X）に与えることが当然許容されることになるものでもない」と判示しました。「剣道実技は必修と知っていて入学した」ということは、どれほどの拘束力をもつのでしょうか。K市立高専も、身障者や体調の悪い学生には剣道実技への出席を求めていません。K市立高専への入学を考える者に対して、「説明会で告知される内容のすべてを受諾するか、それとも入学を断念するか」の選択を迫ることは、適切ではないでしょう。多数の出席者に対して一方的に大量の情報が伝達される状況において、剣道実技が必修である（しかも代替措置さえ認めない）ということにXが本当に同意していたといえるでしょうか。信教の自由のような基本的人権に関して、「入学によって暗黙のうちに合意しているはずだ」という理由で著しい不利益を与えることは認められないでしょう。そうであれば、事後に、「暗黙の合意」の内容の合理性を裁判所が審査することは、可能であるはずです。

＜参考文献＞

①中村睦男＝常本照樹『憲法裁判50年』（悠々社、1997年）134～144頁、145～156頁［常本照樹執筆］は、剣道実技拒否事件・津地鎮祭事件と関連判例の解説です。

②笹田栄司ほか『トピックからはじめる統治制度：憲法を考える〔第2版〕』（有斐閣、2019年）206頁以下は、政教分離について、財政統制の観点から検討するものです。

③芦部信喜『宗教・人権・憲法学』（有斐閣、1999年）1～128頁は、目的・効果基準を、厳格な政教分離の原則に即した形で解釈・運用することを主張された、芦部教授の論文集です。

トピックス1　首相の靖国神社参拝

(1)　靖国神社　　靖国神社は、東京の九段（日本武道館の近く）にあり、1869（明治2）年に建立された東京招魂社が、その前身です。主に明治維新の頃から第2次大戦にかけての戦いで亡くなった人々を祭神とする神社です。戦前は、一般の神社とは異なり、陸軍省・海軍省の管理下にあり、戦死した軍人が神として祀《まつ》られて（合祀《ごうし》されて）いました。戦後は、一般の宗教法人になりましたが、合祀する戦没者を確認するために、旧厚生省引揚援護局の協力を受けることもありました。

(2)　首相の参拝　　1975年に三木武夫首相が初めて終戦記念日に参拝しました（戦後も例大祭に参拝した首相は多数いた）。正式な神道の参拝方式でしたが、私的参拝とされました。政府は、首相にも信教の自由があり、私人の立場での神社参拝は自由として、公用車の使用や、公的肩書を付した記帳を行っても、私的参拝と説明するようになりました。福田赳夫・鈴木善幸両首相が8月15日に参拝しました（大平正芳首相は例大祭に参拝）。

(3)　公式参拝　　1985年に、内閣官房長官の私的諮問機関が、参拝の目的・効果に配慮することで政教分離の原則に抵触しない公式参拝（神道の形式に従っているかは問わない）があり得るとしました。戦没者追悼自体は必ずしも宗教的意義をもつとはいえないというのです。そこで、同年に中曽根康弘首相が玉ぐし料を公費から支出する公式参拝を行いましたが、強い批判を受け、これ以降、玉ぐし料の公費支出による首相の公式参拝実施は見送られました（参拝自体も、終戦記念日以外の参拝も含め、中曽根康弘首相、橋本龍太郎首相、小泉純一郎首相、安倍晋三首相のみ）。

(4)　目的・効果の評価　　戦没者追悼と靖国神社参拝とは別問題です。目的・効果基準によっても、①神社の祭神を対象とする戦没者追悼行為は宗教的な畏敬崇拝行為と一体とみられ、政治的目的をもって参拝していたとしても、深い宗教的意義を否定できず、②参拝によって「特定の宗教団体との間にのみ意識的に特別のかかわり合いをもった」ことになり、「特定の宗教への関心を呼び起こすもの」といえるとの見方もあります。また、首相の職務の広範さや社会的影響力を考えれば、玉ぐし料を公費支出しないだけで私的参拝とすることには疑問が示されます。

トピックス2　空《そら》知《ち》太《ぶと》神社訴訟

⑴ 「市有地神社」の経緯　北海道の砂川市が神社に市有地を無償で提供していたことは政教分離の原則に違反する、という最高裁判決が下されました（最大判平22・1・20民集64-1-1）。なお、歴史的経緯から、国公有地に宗教的施設がある例は全国的に少なくないとみられていました。

本件の神社は、もともとは明治時代に小学校の隣接地に建立されていたのが、校舎増築等のために移動が必要となり、そこで、ある住民が私有地を提供して移設したものでした。戦後に、事情があって、この土地が砂川市に寄附されましたが、その際、神社のために土地を無償で使用させるという条件が付けられていたのです。

神社の施設としては、国道に面して神社名を掲げた鳥居があり、鳥居の先には地域の集会場等となっている会館があって、鳥居の正面に当たる部分に会館入口とは別に「神社」と表示された入口があり、そのなかに御神体を祀《まつ》った祠《ほこら》がありました。これらの神社施設は付近の住民らが管理していましたが、通常必要な対価を支払わずに市有地を継続的に利用しており、市が神社の宗教的活動を援助したことになるというのです。

⑵ 最高裁の判断方法　この最高裁判決では、宗教との「かかわり合い」が「相当とされる限度」を超えたか否かの判断に際して、従来のように目的・効果基準を用いてはいません。ただし、津地鎮祭事件判決・愛媛玉ぐし料訴訟判決を引用していることもあって、目的・効果基準を正面から否定・廃棄する趣旨ではないようです。最高裁は、憲法89条違反が問題となる国公有地の宗教的施設への無償提供にも、さまざまな経緯・態様のものがあるが、①本件の神社物件は明らかな宗教的施設であり、②そこでの諸行事は単なる世俗的行事とはいえず、③管理しているのは町内会ではなく宗教的行事等を目的とする集団で、④市有地の無償提供は宗教的活動を容易にする効果があり、⑤一般人から見て、市が特定宗教を援助していると評価でき、⑥無償提供の当初の目的が神社の援助ではないとしても上記の評価は変わらない、としたのです。

最高裁は、都市公園に設置された孔子廟の敷地使用料を那覇市が全額免除したことを、同様に違憲としています（最大判令3・2・24民集75-2-29）。

第10講

表現の自由

設　問

Ｙたちは、反戦平和運動を行っている市民団体のメンバーとして、自衛隊のイラク派遣に反対していました。その活動の一環で、Ｙたちは、自衛官とその家族に向けて、“一緒に自衛隊の海外派兵に反対しましょう”などと呼びかけるビラを、自衛隊基地に隣接する自衛官のＴ宿舎の集合郵便受けや各室玄関の新聞受けに投函しました。なお、Ｔ宿舎の敷地を囲うフェンスと建物の出入口には、“ビラ貼り・配り等の宣伝活動”を禁止する掲示が掲げられていました。

その後、Ｔ宿舎の管理者は、無断でＴ宿舎の敷地や建物に立ち入ったＹたちの行為が、刑法の禁止する住居侵入に当たると考え、警察に被害届を出しました。ビラ配りをしたＹたちを住居侵入罪で処罰することは、Ｙたちの表現の自由を侵害しないでしょうか。

《なにが問題となるか》

表現の自由は、人権のなかでもとくに重要な人権です。しかし、表現の自由が他人の権利や社会の重要な利益と衝突する場合もあり、その調整のために、表現活動が規制を受けることもあります。また、設問のように、表現活動の規制を直接の目的としていない法律が、表現活動に付随してなされた行為にたまたま適用され、結果として表現活動が制限されることもあります。このような規制が憲法上許されるかどうかは、民主的な社会における表現の自由の重要性を踏まえ、慎重に判断しなければなりません。

解説

1　表現の自由の保障

◆保障の範囲

(1)　表現とはなにか　　憲法は、「言論、出版その他一切の表現の自由は、これを保障する」(21条1項) と規定し、表現活動を行う自由を人々に広く保障しています。表現の自由の保障は、理論的に体系だった思想や意見 (宗教の教義や経済学の理論など) の表明だけでなく、感情や事実の伝達も含めてあらゆるメッセージに及びます。

また、憲法上の保護を受けるメッセージの伝達方法もさまざまです。そのなかには、口頭での演説、新聞・雑誌・書籍などの印刷物、ラジオ・テレビといった放送*、さらにはインターネット、絵画、彫刻、写真、映画、音楽、芝居なども含まれます。また、身体の動きやシンボルによってメッセージを伝える行動も、状況によっては、憲法によって保護される表現活動と見なされる場合があります (象徴的言論)。戦争で死んだ人を悼《いた》んで、腕に黒いリボンを付ける行為などがその例です。

＊　放送は、印刷とは異なり、放送局の開局には免許が必要とされ (電波法)、放送番組の編成も規制を受けています (放送法)。放送が強い規制に服する理由として、①放送に利用できる周波数に限りがあること、②音声や映像が受け手に与えるインパクトが大きいことなどが挙げられています。

(2)　受け手の知る権利　　表現の自由は、メッセージの送り手が国により妨げられることなく、表現活動を行う自由を保障するだけではありません。それに加えて、送られたメッセージを受け取る権利、つまり受け手の「知る権利」をも保障しています。送り手は、誰かにメッセージが伝わることを期待して表現活動を行っていますから、受け手に届く見込みのない表現活動は、表現活動の意義を大きく損ないます。その意味で、送り手の権利と受け手の権利は、密接不可分です。

また、私たちの日常の生活を支える社会や経済のしくみは、ますます複雑になってきました。そのため、私たちが便利で快適な生活を送ろうとするならば、種々の正確な情報が欠かせません。しかし、個人が、自分の力で必要な情報を集めるのは容易でなく、専門家やマス・メディアによって提供される情報に頼らざるを得ません。そのため、私たちの日常の生活において、メッセージを送る権利とともに、多様で正確な情報を求め、受け取る権利が重要です。そして、マス・メディアは、このような受け手の知る権利に仕えるものであり、そこから、マス・メディアの「報道の自由」や「取材の自由」に対する憲法上の保障が導かれます（博多駅事件　最大決昭44・11・26刑集23-11-1490参照）。関連して、情報を得ることを補助するための「筆記行為の自由」にも一定の保護が与えられます（レペタ法廷メモ訴訟　最大判平1・3・8民集43-2-89）。

◆保障の限界

(1)　表現活動の効果　　どれほど危険な思想も、それが個人の胸の内にしまわれている間は、国が無理に聞き出して、その人を罰することはできません（第8講参照）。しかし、その思想が外に向かって発せられたときは、国による規制を受けることがあります。メッセージを他人に伝える表現活動には、他人の権利や利益を損なうおそれがあるためです。

表現活動に伴う効果は、大きく2つに区別できます。第1は、伝えられたメッセージが、受け取った人の考えや行動を変えてしまう効果です。メッセージは、受け手に怒りや嫌悪などの感情を呼び起こしたり、受け手になんらかの行動を促す理由や動機を与えたりします。その結果、受け手や第三者の権利や利益が損なわれてしまうこともあります。たとえば、暗い映画館で皆を驚かせようとして「火事だ」と叫んだために、映画館が大混乱に陥り、多くの人が怪我をするようにです。

第2は、表現活動に伴う行為や伝達方法から生ずる効果です。集団のデモ行進は、自動車の通行の妨げになることがありますし、拡声器を使った深夜の演説は、人々を睡眠不足にします。そのため、送り手の表現の自由と、受け手や第三者の権利や利益との調整が必要になります。

(2)　表現活動の規制の類型　　国による表現活動の規制には、送り手が伝えるメッセージに伴う効果を理由にする場合と、表現活動に伴う行為や伝達方法から生ずる効果を理由にする場合の２つがあります。

送り手が伝えるメッセージに伴う効果を理由にして、国がその表現活動を規制することは、要するに、そのメッセージに含まれる内容を理由に規制していることと同じです（表現内容に基づく規制）。たとえば、ある政治家について書かれた雑誌記事を読んだ人が、その政治家の評価を変えて、彼に対する支持を止めたとします。この記事には、他人の社会的評判（名誉）を低下させる効果があったわけです。その記事が根も葉もないうわさ話に基づいて書かれたものであれば、記事を書いた記者は、場合によっては名誉毀損罪（刑230条）で処罰されるでしょう。そして、処罰できるかどうかは、他人の名誉を傷つける内容が記事に含まれているかどうかによって判断されます。

表現活動に伴う行為や伝達方法から生ずる効果を理由にその表現活動を規制する場合は、国は、そのメッセージの内容とは関係なく規制を行うはずです（表現内容中立的規制）。たとえば、子どもたちが学校で勉強しているときに、その周辺で拡声器を使って演説するのは、子どもたちの学習の妨げになります。したがって、授業のある時間に学校の近くで拡声器を使うことは、規制されます。この場合、規制の理由は音量であって、演説の内容とは無関係です。

⑶　表現内容に基づく規制の危険性　　表現内容に基づく規制は、表現内容中立的規制に比べて、表現の自由の保障にとって危険だと考えられています。表現内容に基づく規制は、特定の立場からの表現や、特定のテーマに関する表現を狙い撃ちにする規制です。したがって、国にとって都合の悪い表現活動を差別的に取り締まる手段として使われる危険があります。これに対して、表現内容中立的規制は、国にとって好ましいかどうかにかかわりなく、すべての表現に等しく及びます。

また、表現内容に基づく規制は、特定の立場からの表現や、特定のテーマに関する表現を意見や情報の流れから完全に閉め出してしまいます。したがって、私たちは、規制の対象となった意見や情報を受け取ることができません。その点、表現内容中立的規制は、他人の権利や利益を損なうおそれのある行為や表現方法が禁止されるにとどまり、送り手の伝えたいメッセージは、別な方法で受け手に伝達することも可能です。たとえば、拡声器の使用は禁止されても、ポスターの掲示やビラの配布という方法がまだ残っています。

表現の自由は、人権のなかでもとくに重要な人権ですから、その規制は、必要最小限度にとどめられるべきです。したがって、表現内容中立的規制によって、表現活動から生ずる弊害に十分対処できるならば、より強力な規制方法である表現内容に基づく規制を行う必要はありません。そのため、表現内容に基づく規制は、例外的な場合しか許されません*。

＊表現内容に基づく規制が許される表現の類型には、伝統的に次の4つがあります。①重大な犯罪行為を誰かに実行させる目的で、それを「やれ！やれ！」と煽り立てる表現。②社会の性に関する道徳や秩序を害するわいせつ表現。③他人の名誉を傷つける表現や、人には知られたくない私生活上の秘密を暴露する表現。④消費者を騙したり、誤解させたりするような不適切な商業広告や宣伝。いずれの場合も、国は、規制の対象となる表現を厳密に定義しなければなりません。

子どもの裸などを撮った「児童ポルノ」も現在では規制の対象です。また、特定の民族や宗教などへの憎しみを煽る「ヘイトスピーチ」に関して、ヘイトスピーチ解消法（2016年）が制定されました。

2　表現の自由とビラ配り

◆立川基地反戦ビラ事件

⑴　住居侵入罪による処罰　設問の事例は、「立川基地反戦ビラ事件」という実際にあった事件です。この事件のように、公務員宿舎やマンションのような集合住宅に無断で立ち入って、その住人の郵便受けなどにビラを投函する行為が、刑法が禁止する住居侵入に当たるとして起訴されるケースが、近年増えてきました。

刑法は、「正当な理由がないのに、人の住居若しくは人の看守する邸宅、建造物若しくは艦船に侵入し……〔た〕者は、三年以下の懲役又は十万円以下の罰金に処する」と規定しています（130条）。住居侵入罪が保護しようとしている利益は、住居や邸宅に住む人の平穏であると解されています。したがって、この規定は、表現活動を直接規制する目的で定められたものではありません。

それにもかかわらず、“ビラを配る”という表現活動が制約を受ける場合があるのは、それに伴う行為——“住居に無断で立ち入る”行為——が、他人の住居の平穏を害するからです。そして、“ビラを配る”行為が、実際に他人の住居の平穏を害するならば、ビラを投函した人は、そのビラに書かれている内容にかかわりなく、住居侵入罪として処罰されることになります。このようなビラの投函の規制は、表現内容中立的規制の一種とされ、「付随的規制」とも呼ばれます（高橋・立憲主義250頁）。

(2) 表現内容中立的規制の合憲性　住居侵入罪による処罰が、表現内容中立的規制であるとしても、そのことから、表現の自由を保障する憲法21条に違反しないという結論が、ただちに出てくるわけではありません。その規制が憲法の保護を受ける表現活動に対する行き過ぎたものであれば、憲法21条に違反することになるからです。

規制が表現内容中立的に見えても、実際には、特定の立場の表現を禁圧する隠れた意図が国にあるかもしれません。また、表現内容中立的規制も、運用しだいでは、国にとって都合の悪い表現を抑えつける道具として使われる危険があります。さらに、メッセージを伝達する方法がほかにあるといっても、その方法が、送り手にとってつねに利用できる効果的な方法であるとは限りません。活動資金の乏しい者から安価で効果的な伝達手段を奪うことは、事実上、表現活動を禁圧するのと同じ効果をもちます。加えて、どのような表現方法を選ぶかも、表現の自由の一部だということを忘れてはなりません。裁判所は、表現内容中立的規制であっても、その規制の合憲性について慎重に審査する必要があります。

◆道路や公園での表現活動

表現活動が行われる場所の性質も重要です。設問で問題となった自衛隊の宿舎は、外部の人の出入りが比較的少ない建物で、性質上、個人の住居に近く、一般的に表現活動に利用される場所ではありません。

しかし、道路や公園の場合は事情が異なります。メッセージの送り手が、意見や情報を大勢の人に伝えたいと思うならば、多くの人が集まる場所で表現活動を行いたいと考えるはずです。人通りの多い道路や人が集まる公園は、表現活動にとって格好の場所です。私人が管理する住居と同じように、国が道路や公園の管理者として“ビラ貼り・配り等の宣伝活動”を一律に禁止するならば、マス・メディアにアクセスできない国民は、表現活動の場を失ってしまうことになるでしょう。

そこで、多くの人に自由な表現活動を保障する趣旨から、道路や公園など古くから表現活動が行われてきた場所は、「パブリック・フォーラム」と呼ばれ、管理する国であっても、表現活動を一律にそこから締め出すことは許されないと解されています。また、国が作る公民館や公会堂も、性質上、パブリック・フォーラムに準ずる場所と解されています。

もちろん道路や公園は、表現活動のためというよりは、車や歩行者の通行のため、あるいは休息やレクリエーションのために作られるのがふつうです。そのため、集会やデモ行進などの表現活動が、通行や息抜きのようなほかの利用目的と衝突する場合が出てきます。そこで、国は、表現活動とそれ以外の利用目的との調整を図らなければなりません。また、利用や収容できる人数に限りがある施設の場合には、利用者が重なったり、収容人数を超えたりして管理に支障が出ないように事前の調整が必要になります*。

＊パブリック・フォーラムにおける調整の原則　①道路や公園、公民館の管理を名目にしながら、実際には、自由な表現活動を禁圧することを直接の目的にするような国の規制は許されません（皇居外苑使用不許可事件判決　最大判昭 28・12・23 民集 7-13-1561 参照）。

②道路や公園で行われる集会やデモ行進を全面的に禁止しておいて、利用を希望するすべての人に利用申請を行わせて、国が、利用を許可するかどうかを判断するようなしくみ（一般的な許可制）は、表現の自由を保障する憲法の趣旨に反します（新潟県公安条例事件判決　最大判昭 29・11・24 刑集 8-11-1866 参照）。

③事前の調整が必要な場合には、国は、規制の対象となる表現活動の場所や方法について、合理的で明確な基準を法律や条例で定めていなければなりません（明確性の理論）（徳島市公安条例事件判決　最大判昭 50・9・10 刑集 29-8-489 参照）（第 15 講参照）。

④道路や公園、公民館での表現活動が公共の秩序を損なうことを理由

に規制する場合、国は、「公共の安全に対し明らかに差迫った危険を及ぼすことが予見される」ことを示さなければなりません（明白かつ現在の危険の基準）（前出新潟県公安条例事件判決　最大判昭29・11・24、泉佐野市民会館事件判決　最判平7・3・7民集49-3-687参照）。

◆パブリック・フォーラムではない場所での表現活動

(1)　最高裁の考え方　　設問で問題となった自衛隊の宿舎は、道路や公園のように古くから表現活動に開かれていた場所ではないし、公民館のように表現活動のために特別に用意された施設でもありません。そのため、パブリック・フォーラムに適用される調整の原則がストレートに当てはまる場所ではありません。

民間の鉄道会社が管理する駅構内でのビラ配りが問題となった事件は、国の管理する施設での表現活動が処罰された事件ではありませんが、設問を考えるうえで参考になります。この事件で、最高裁は、駅係員の承諾を得ずにビラ配りしたことを処罰しても、憲法21条に違反しないと判示しました（最判昭59・12・18刑集38-12-3026）。最高裁は、一般論として、表現の自由も「公共の福祉のため必要かつ合理的な制限」を受けると述べます。つづけて、ある行為が「たとえ思想を外部に発表するための手段であっても、その手段が他人の財産権、管理権を不当に害するごときものは許されない」として、駅係員の制止を無視してビラを配りつづけた行為を処罰することは許されるとしました。

前述の立川基地反戦ビラ事件では、最高裁は、この駅構内でのビラ配りの判決を先例として引用して、自衛隊の宿舎でのビラ配りを処罰したとしても、憲法21条に違反しないと判断しました（最判平20・4・11刑集62-5-1217）。最高裁は、この宿舎を、防衛庁（現防衛省）の職員とその家族が「私的生活を営む場所」と性格づけ、一般の人が自由に出入りできる場所ではないとしました。そのうえで、表現活動のためとはいえ、管理者の意思に反して建物に立ち入るのは、管理者の「管理権」を侵害するだけでなく、私的生活を営む居住者の「私生活の平穏」を侵害すると判示しました。

(2)　最高裁判決への批判　　この最高裁の判断には、学説からの批判があります。この事件で問題とされたビラの内容は、自衛隊の海外派遣を決めた国の決定を批判するものであり、このような政治的な表現に対する制限が争われている場合には、裁判所は、事実に即してもっと丁寧に審査すべきです。ビラ配りという表現活動が、実際に、管理者の管理権や住民の私生活の平穏を「不当に害する」ものであったことを、国はもう少し具体的に示す必要があるでしょう*。

＊公務員の政治活動は、職務の遂行の政治的中立性を損なうとして厳しく規制されています（猿払事件　最大判昭 49・11・6 刑集 28-9-393）。近時、最高裁は、公務員が政党のビラをマンションの郵便受けに投函した事件で、その活動が政治的中立性を損なうものかどうかを具体的に判断する姿勢を見せています（堀越事件　最判平 24・12・7 刑集 66-12-1337）。

また、ビラ配りを禁止する宿舎のルールの運用として、宅配ピザの広告のような商業用のチラシについては、その配布が黙認されていたとすれば、この規制は、表現内容に基づく規制であることを強く疑わせます。表現内容中立的規制が、国にとって不都合な表現活動を取り締まる“隠れ蓑”として使われていないかを、裁判所は慎重に検討すべきです。さらに、メッセージが特定の人や集団に宛てられている場合には、そのコミュニケーションの通路を完全に遮断してしまうことは、送り手だけでなく、受け手の知る権利をも侵害するおそれがあります。この点も、裁判所は十分に考慮すべきです。

3　表現の自由の優越的地位

◆政治的言論と民主政

設問で取り上げた反戦ビラは、政府の政策を批判する政治的言論です。このような言論の保障は、議会の議員やその候補者の評価にかかわる言論と並んで、自由な表現活動の保障の中核にあります。憲法が政治的言論を手厚く保護するのは、自由で活発な政治的な討論の場が民主的な国の統治（民主政）にとって不可欠だからです。

民主政とは、“社会で共同して生活する国民が、自らの手で、国民全体の利益の実現を目指して国を治めること”です。国民の政治参加と国民全体の利益の実現は、民主政にとって車の両輪です。政治的言論の保護は、国民の参加と利益の実現に欠かせない社会的な基盤といえます。

(1) **参加と表現の自由**　代表民主政では、国民は、選挙で選んだ代表を通じて間接的に国の政治に参加するのが原則です。したがって、代表を選ぶ選挙において、国民に十分な情報が行き渡っていることが重要です。政権を担ってきた与党の実績とその評価、政権奪取をねらう野党の政権公約、議員やその候補者の政治的立場や人柄、税や社会保障、外交や防衛などの重要な政治課題についての提案など、国民が賢明な選択を行うのに必要な情報はさまざまです。意見の対立もあります。多様で対立する意見や情報が国民の元に届けられるためには、多様な送り手とメディアが、政治的な表現活動を自由に行えることが不可欠です。

(2) **討論と表現の自由**　国民による政治的な決定は、お店のショウウィンドーに並べられた商品から、気に入ったものを選ぶようなものとは違います。民主政では、国民には、自分の利益にのみ心を砕くのではなく、国民全体の利益に適うような政治を目指すことが求められます。“なにが国民全体の利益になるか”については、当然、意見の対立があります。しかし、国民同士が議論を積み重ねていくうちに、国民全体の利益についての共通の理解が生まれてくるはずです。そのためには、多くの人に開かれた自由で活発な討論の場が保障される必要があります。自由で活発な討論には、表現の自由の保障が欠かせません*。

＊表現の自由は、民主政を支える社会的な基盤です。しかし、民主政の維持にとって不可欠な政治的言論のみが、憲法の保護の対象というわけではありません。一見したところ政治とは関係のない文学作品も芸術作品も、商品の広告さえも、憲法が保護する表現とみなされます。これらの表現は、人々が、自分に与えられた能力を鍛え、その能力を十分に発揮して、その人らしい生き方を実現するために必要だからです。表現の自由の保障は、民主政の維持だけでなく、それぞれの人が自分にふさわしい生き方を見つけ出すという“自己実現”の前提でもあります。

◆表現の自由と二重の基準の理論

表現の自由は、民主政の不可欠な前提であることから、裁判所による違憲審査の場面で、職業選択の自由（憲 22 条）や財産権（憲 29 条）といった経済的自由とは異なる扱いを受けます。一般に、経済的自由の場合は、裁判所は、国民を代表する議会に敬意を払って、立法による規制を必要とする社会や経済の実態についての議会の判断には、一応納得できる理由があることを前提にします（第 2 講参照）。

それに対して、ある法律が表現の自由を侵害していると疑われる場合、裁判所は、その法律が憲法に適合するかどうかをより厳しい目で確かめるべきだとされます。表現の自由を制限する法律の合憲性をテストする基準も、より厳格になります。このように、経済的自由と表現の自由とで、異なる厳しさの基準を用意して、違憲審査を行うべきだとする考え方は、「二重の基準の理論」と呼ばれます。

明白かつ現在の危険の基準は、厳格な基準の典型的なものと解されています。表現されたメッセージはそれ自体危険ではありません。危険は、メッセージが受け手の考えや行動を変えてしまうことから生じます。爆弾の作り方を教える文書も、実際にそれを参考にして爆弾を作ってみようと考える人が出てくるから危険なのです。しかし、そのような危険が少しでもあれば、表現活動を規制できるというわけではありません。明白かつ現在の危険の基準は、①国が禁止できる危険な行動と、②そのような行動を引き起こすきっかけとなる表現活動との間に、強い関連性があることを求めます。②があれば、高い確率ですぐにでも①が起こるということがいえなければ、表現活動を規制することはできません。この基準は、犯罪をあおるような表現活動を規制する法律を審査する場合に用いられます（芦部・憲法 217 頁参照）。

◆なぜ二重の基準か

二重の基準の理論によれば、裁判所は、表現の自由を守る防波堤としての役割を強く期待されています。それは、表現の自由が、民主政の維持と自己実現の前提となる重要な人権だからです。

また、議会が判断を間違い、表現の自由を不当に制限する立法を行ったとしても、その誤りに気がつき、法律を改正または廃止することが議会には期待できないということもあります。規制された表現は、国民の議論や議会の討議からも消えてしまうため、その表現を支持し、規制を批判する議論が議会で多数派を占める可能性は低いからです。そのため、政治の外にある裁判所に、議会の誤りを正し、規制を受けた表現活動の自由を回復させることが求められるのです。

設問への答え

表現の自由は重要な人権ですが、他人の権利や社会の重要な利益と衝突する場合には、公共の福祉を根拠に制約を受けることがあります。設問では、他人が管理する敷地や建物に無断で立ち入り、ビラを配ったことが問題となりました。正当な理由もなく、他人の住居などに立ち入る行為は、そこに住む人の私生活の平穏を害するおそれがあるため、住居侵入罪として罰せられる場合があります。そこで、ビラを配る表現活動の自由と、居住者の私生活の平穏という利益との調整が問題となります。

最高裁は、設問と類似の事件で、表現活動のためとはいえ、管理者の意思に反して建物に立ち入るのは、管理者の管理権を侵害するだけでなく、私的生活を営む居住者の私生活の平穏を侵害すると判示しました。しかし、この判決は、ビラの内容が国の政策を批判する政治的なものであったことや、政府に不都合な言論を取り締まるための“隠れ蓑”として住居侵入罪が使われるおそれがあることに十分配慮していません。また、居住者とのコミュニケーションを求める表現活動を一律に禁ずることは、受け手の知る権利を過度に制約するものでもあります。

＜参考文献＞

①芦部信喜＝高橋和之（補訂）『憲法〔第7版〕』（岩波書店、2019年）第9章は、表現の自由全般について詳しく解説しています。
②松井茂記『マス・メディア法入門〔第5版〕』（日本評論社、2013年）は、とくにマス・メディアの表現の自由を扱ったものです。
③阪口正二郎「防衛庁宿舎へのポスティング目的での立入り行為と表現の自由」『法学教室』336号（2008年）8頁は、設問の下敷きとなった立川基地反戦ビラ事件の最高裁判決を解説したものです。

第11講

検閲と事前抑制

設　問

性風俗を研究しているXが、雑誌や映画フィルムなどを外国の商社に注文したところ、これらの商品が、外国郵便物として日本の郵便局に到着しました。しかし、この郵便物は、関税の確定と徴収を目的とする検査（税関検査）の手続のなかで、法律により輸入が禁じられている「風俗を害すべき書籍、図画《とが》」に当たるとされ、輸入が認められませんでした。結局、商品は本人の手に渡らず、“男女の裸体や性交行為が写っており、性器や陰毛など肉体の特定の部分が明らかである”と記された通知がXに送られました。このような税関検査のしくみは、表現の自由を侵害することにはならないでしょうか。

《なにが問題となるか》

表現の自由は、第10講で見たように、民主政を支える基盤となる重要な人権です。そのため憲法は、国が表現活動を規制できる場合を厳しく制限するだけでなく、国が用いることのできる規制の方法についても制限しています。とくに憲法は、表現活動を「検閲」という方法で規制することを明文で禁止しています（憲21条2項）。

ここでは、検閲をひとまず次のように定義しておくことにします。“検閲とは、国が、発表に先立って新聞や書籍などの表現物を提出させて、その内容をチェックしたうえで、適当と認めたものにだけ発表の許可を与え、そうでないものについては発表を許さないという規制のしくみである”。そこで、設問で取り上げた税関検査のしくみが、憲法により禁止されている検閲に当たるか否かが問題になります。

解　説

1　検閲と事後処罰

◆表現活動を規制する２つの方法

検閲の最も大きな特徴は、意見や情報が外部に発表される前に、国がその内容を審査するという点にあります。国は、このような「事前審査」を行うことで、発表を許可する表現物とそうでないものとを選り分けます（宮沢・憲法Ⅱ 366 頁参照）。発表が許可されなかった人は、国の意向に沿って内容を改めるか、発表を断念するかを決めなければなりません。国の許可なく発表すると、発表した人は、後で罰せられます。なお、憲法が禁止しているのは、国による検閲だということに注意してください。したがって、映倫（映画倫理機構）のような民間団体が行う自主的な事前審査は、憲法が禁止する検閲には当たりません。

検閲と対比されるのが「事後処罰」です。事後処罰の方法で表現活動を規制しようとする場合、国は、まず適当でないと判断する表現内容や方法を法律で禁止しておかなければなりません。国民は、そのような法律があっても自らの判断で自由に発言したり出版したりできます。国は発表後に、それが法律に違反した表現活動に当たらないかどうかを吟味し、違反した人に刑罰を科すことになります。事後処罰の場合、刑罰の力によって、国は好ましくない表現活動を人々に思いとどまらせようとするのです。実際に行われた表現活動が法律に違反しているかどうかは、裁判所が公正な手続の下で判断します。事後処罰の例としては、わいせつ罪（刑 175 条）や名誉毀損罪（刑 230 条）があります。

◆検閲と事後処罰はどう違うか

表現の自由の根底にあるのは、“表現された意見や情報の正しさは、その表現を受け取った多くの人が、納得したり支持したりするかどうかで判断される”という考え方です。意見や情報が発表される場を“市場”に見立てるならば、その“市場”のなかでどれほど多くの人に選ばれ、長く生き残るかが、意見や情報の正しさの基準であるとされます（思想の自由市場論)。そして、反論や異論のある人は、同じ“市場”のなかで対抗することが求められます(対抗言論)。商品と同じように、“市場”での自由な競争で勝ち残った言論が、よい言論というわけです。

検閲は、このような思想の自由市場論の基本的な前提と衝突するために、表現の自由にとって危険な規制方法と解されます。検閲は、意見や情報が“市場”に出回る前に国がこれをチェックして、発表が不適切であるとされたものを“市場”に出さないしくみだからです。意見や情報の送り手が発表の機会を失うだけでなく、受け手もまた、その正当性や真偽を確かめる機会を奪われることになります。

事後処罰の場合は、法律に反しないと判断した送り手は、一度は意見や情報を“市場”に向けて発信することができます。行きすぎた表現活動であるかどうかは、国が判断する前に、受け手である国民が判断できます。不適切な意見や間違った情報は、批判を受けたり、受け手の関心を惹くことなく無視されたりして、やがて“市場”から消えていくかもしれません。国は、そのような社会の具体的な状況を見ながら、本当に必要な場合にだけ表現活動を規制すれば十分です。

2　検閲と税関検査

◆最高裁は検閲をどう定義したか

設問で取り上げた税関検査は、海外から日本へと流れ込んできて、日本の「風俗を害」するおそれのある表現物を水際で食い止めるためのしくみです。ここでいう風俗を害する表現物は、最高裁の解釈によれば、わいせつ表現を指します。

検閲とは、“国による表現物の事前審査”であると定義してここまで論じてきました。この定義に照らせば、税関検査は、検閲に当たるように見えます。まず、税関という国の機関が、輸入されようとしている表現物が日本国内の意見や情報の“市場”に出回る前に、その内容をチェックしています。そして、税関検査の結果、輸入が禁止されている表現物であると判断されたものについては、廃棄や積み戻しが命じられるため、日本に住んでいる人はこれを見たり読んだりできません。つまり、本当に風俗を害する表現物だったかを判断する機会は、日本の人々には与えられていません。

ところが、最高裁は、以下のように検閲を定義し、“税関検査は憲法により禁止された検閲には当たらない”と結論づけました（税関検査事件　最大判昭59・12・12民集38-12-1308）。

> 憲法21条2項にいう「検閲」とは、**行政権が主体**となって、**思想内容等の表現物**を対象とし、その全部又は一部の**発表の禁止を目的**として、対象とされる一定の表現物につき**網羅的一般的**に、**発表前にその内容を審査**した上、不適当と認めるものの発表を禁止することを、その特質として備えるものを指すと解すべきである。

この最高裁の検閲の定義を税関検査に当てはめてみましょう。

⑴　**行政権が主体**　　行政権による表現物の事前審査のみが、検閲の問題となります。税関は、外国から輸入される貨物に課される税を確定・徴収するための行政機関なので、この要件に合致します。

⑵　**思想内容等の表現物**　　最高裁の定義では、「思想内容等」にかかわる事前審査に限定しているように読めます。しかし実際には、どのような内容の表現物であれ、その事前審査は一応検閲の問題になり得ると、最高裁は考えているようです。風俗を害する表現（わいせつ表現）は、必ずしも“体系だったものの見方や考え方”を示す思想の表現とはいえませんが、その事前審査も検閲に当たる場合があると解されます。

⑶　**発表の禁止を目的**　　国の規制が、表現物の「発表の禁止」を主たる目的としていることが要件になります。税関検査は、表現物の「発表の禁止」ではなく、輸入貨物に課される税を確定・徴収することを主たる目的としています。したがって、この要件には当てはまりません。

⑷　**網羅的一般的に**　　網羅的で一般的な審査とは、意見や情報の“市場”に流れ込む発表のルートを完全に遮断して、手当たりしだい表現物を選り分けていくような審査の方法を意味します。税関検査は、関税を徴収する手続のなかで、とくにあやしいと目をつけた表現物だけを

チェックするしくみなので、この要件には当てはまりません。

(5) 発表前にその内容を審査　発表前とは、発言や出版などの表現活動が行われる以前の時点を指します。この要件を厳密に適用すると、海外から輸入される表現物は、すでに輸入先の人々の目に触れているので、日本での税関検査は、発表前の審査とはなりません。

以上のように、税関検査は、最高裁の定義の要件(3)(4)(5)を満たさないため、憲法21条2項が禁止する検閲には当たらないということになります*。

＊税関検査同様、検閲に当たるかどうかが長く争われてきたしくみに、教科書検定があります。最高裁は、かりに検定に合格せず、教科書として学校で使えなくても、一般図書として出版することは禁止されていないことを理由に、教科書検定は検閲には当たらないとしています（家永教科書訴訟　最判平5・3・16民集47-5-3483）。

判例の定義によれば、①拘置所長が事前に新聞記事をチェックし、不適切と判断した記事を拘置されている者に閲読させないしくみや、②子どもに有害と判断された図書を自動販売機で売ることを禁ずるしくみも、すでに出版済みのものを対象としている点で検閲には当たらないことになります（①よど号ハイジャック記事抹消事件　最大判昭58・6・22民集37-5-793・②岐阜県青少年保護育成条例事件　最判平1・9・19刑集43-8-785）。

◆最高裁の定義のなにが問題か

学説では、“税関検査は憲法の禁止する検閲に当たり、憲法違反である”とする主張が有力です。学説は、次の表のように、最高裁よりも広く検閲を定義するからです。

【表】　最高裁と学説の違い

	主体	時期	対象	目的	方法	効果	21条2項の意義
判例	行政権	送り手の発表前	思想内容等の表現物	発表禁止	網羅的一般的審査	不適当と認めるものの発表の禁止	検閲の絶対禁止
学説	行政権	送り手の発表前 受け手の受領前	表現物	限定なし	限定なし	不適当と認めるものの発表の禁止	検閲の絶対禁止

ここでは、最高裁の定義に対する学説の批判を2つ挙げておきます。

(1) 規制の目的　最高裁の定義では、「発表の禁止」が規制の主たる目的でない限り、国が発表前に表現物の内容を審査しても検閲には当たりません。しかし、このような目的による限定は、憲法21条2項の規定を無意味なものにするおそれがあります。なぜなら、現代の民主国家において、意見や情報の「発表の禁止」を“独自の使命”とするような行政機関を、国が設けるようなことは通常考えられないからです。また、後述する検閲に伴う危険や弊害は、行政機関による事前審査一般に見られるものであって、それぞれの行政機関が担っている“独自の使命”とは無関係です。したがって、行政機関による表現物の事前審査は、その機関の目的にかかわらず、憲法によって禁止されていると解すべきです。

(2) 発表前　最高裁の定義では、事前審査にいう「事前」は、意見や情報の送り手が意見や情報の“市場”に向けて発表する前の時点を意味します。しかし、このような区別はあまりに形式的です。表現の自由は、言いたいことを言う送り手の権利だけでなく、意見や情報を受け取る受け手の「知る権利」をも保護しています（第10講参照）。送り手が“市場”に向けて意見や情報を発信したとしても、国の規制により、受け手が、“市場”のなかでその意見や情報を入手できない場合もありえます。受け手の知る権利を重視するならば、このような規制に伴う内容審査もまた「事前」（この場合は「事前」は「受領前」を指します）審査というべきです。税関検査は、日本国内の“市場”を閉鎖して、一定の表現物を見たり読んだりする機会を日本の人々から奪う点で、やはり「事前」審査の性格をもっていると解されます。

3　検閲と事前抑制

◆検閲は表現の自由にとってなぜ危険か

表現の自由は、商品が流通する市場と同様に、意見や情報が自由に競争する“市場”を想定しています（本講1参照）。検閲は、事後処罰に比べて、この意見や情報の“市場”に深刻なダメージを与えるものと考えられています。検閲の危険性は4つに整理できます（参考文献①）。

⑴ **規制の広汎さ**　検閲は、性質上、表現活動に広く網をかけて規制しようとするしくみです。検閲は、出版や映画といった、“市場”につながるルートを一旦遮断し、そこを通るすべての意見や情報を国の審査の対象とします。このことは、送り手に目に見えないプレッシャーを与え、発表する気持ちを萎《な》えさせることになります（萎縮効果）。

⑵ **発表の遅延**　大量の表現物を審査するには時間がかかるために、かりに許可が得られたとしても意見や情報が“市場”に到達するのが遅れます。そのために、送り手は、発表の好機を逃したり、“市場”に出ても、意見や情報の新鮮さやインパクトが失われ、受け手の関心を惹くことができない場合もあります。

⑶ **憶測に基づく判断**　検閲官は、表現活動からどんな害悪が生ずるかを予測に基づいて判断します。ある表現物が“市場”に出回って、受け手や社会全体にどんな影響を及ぼすかは、事前には確かめようがないからです。リスクを恐れる検閲官は、慎重になりすぎるあまり、害のない表現物の発表まで禁止するかもしれません。

⑷ **手続の問題**　検閲の場合、事後処罰のような取締りや捜査のコストはかからず、検閲官は、意見や情報を“市場”に出したい人が原稿を事前に提出してくるのを待っていればよいのです。裁判で求められるような面倒な証拠調べの手続もなく、問題のありそうな表現物に“不許可”の印を押すだけで仕事は済みます。それが国民の目の届かない密室で行われるため、判断にミスがあっても、社会的な非難を受けることはありません。

◆検閲と事前抑制はどのような関係にあるか

行政機関が表現内容を事前に審査するしくみには、検閲に伴う危険がすべて当てはまります。そこで、学説でも、“憲法21条2項による検閲の禁止は、特に行政権に向けられたものである”とする立場が有力です。ただし、憲法21条2項の守備範囲を狭く理解する代わりに、“その禁止は絶対的なものである”と解します（佐藤・憲法論286頁参照。公権力一般と解する学説として、参考文献②参照)。つまり、検閲は、公共の福祉のためであっても一切許されないということです。

ただ、表現内容を事前に審査するしくみであっても、公正な審査手続を保障することによって、検閲に伴う手続の問題(前述の(4))は避けることができるかもしれません。書籍や雑誌が出版される前に、裁判所が、公正中立の立場からその内容の法律上の適否を判断するような場合です。しかし、事前審査の手続がいくら公正でも、その手続のなかで“不適格”の烙印を押された表現は、意見や情報の“市場”に到達しません。また、事前審査の性質上、その審査は憶測に基づくものになるし、結果的に発表が許されても、遅延の問題は残ります(前述の(2)(3))。

そこで、判例と学説は、国が表現内容を事前に審査するしくみ一般を「事前抑制」と呼んで、これを原則的に禁止するという立場をとっています。そして、この事前抑制の原則禁止は、憲法21条1項から導かれる表現の自由の基本原則であると解されています。検閲は、事前抑制のなかでも特に危険な規制手段とされ、2項により絶対に禁止されます。

◆裁判所による出版の差止めはどのような場合に許されるか

近年、書籍や雑誌の記事などによって名誉やプライバシーを侵害されたことを理由に、書籍や雑誌の出版の差止めを裁判所に求める事例が増えてきました。そこで、裁判所による出版の差止めは、事前抑制の原則禁止との関係でどのように考えるべきかが、問題となります。

(1) **名誉とプライバシーの保護**　名誉やプライバシーは、民法上「人格権」と呼ばれる権利のひとつです。人格権の特徴は、物権(たとえば所有権)のように、権利を侵害する行為を止めさせるよう裁判所に訴えることができる点にあります。したがって、ある出版物が、他人の名誉を毀損したり、プライバシーを侵害したりしたとき、裁判所は、人格権の侵害を理由にその出版を止めさせることができます。とくにプライバシーの侵害は事後の救済(損害賠償など)では完全に回復できないため、事前の差止めの必要性が高いといえます。

(2) **裁判所による出版差止めの要件**　判例も学説も、裁判所による出版差止めが検閲に当たるとは考えません。行政機関による表現内容の事前審査に伴う手続の問題（前述の(4)）を免れているからです。裏を返せば、出版の差止めを申し立てられた著者や出版社に対して、法廷で弁明する機会（口頭弁論手続）が与えられるなど、公正な裁判手続が保障されなければならないということです。

また、表現内容に対する事前審査に伴う危険は、裁判所による出版差止めにも残ります。裁判所による出版差止めも、事前抑制の一種である以上、例外的な場合にしか許されません。したがって、裁判所による出版の事前差止めが許される場合を厳しく絞り、その範囲を定める要件も明確にする必要があります。

(3) 北方ジャーナル事件　北海道知事の選挙を控えた政治家の名誉毀損が問題となった北方ジャーナル事件（最大判昭61・6・11民集40-4-872）において、最高裁は、出版の事前差止めが許されるための要件を示しました。①(a)出版物に含まれる表現内容が明らかに真実でないこと、または、(b)出版する人に公益を実現するという意図がまったくないこと。かつ、②被害者が、回復するのにきわめて困難な深刻な損害を受けるおそれがあること。①は、「明らかに真実でない」ことを求めており、かなり厳格な要件といえます。ただ、問題が政治家の評価にかかわる政治的言論であったことを重視すれば、より厳しい要件を定めるべきとする立場もありえます[*]。また、最高裁は、出版差止めの手続については、口頭弁論や訴えられた著者等に対する審尋を行い、「表現内容の真実性等の主張立証の機会を与えることを原則とすべき」と述べています。

＊著者が、故意に誤った情報を流したり、簡単な調査をすればすぐに誤りだとわかるのに、それを怠って誤った情報を流したりした場合にのみ、出版の差止めが許されるという立場もあります（現実の悪意の法理）。

(4) 「石に泳ぐ魚」事件　作家の友人をモデルにして彼女の私的な事柄を記述した小説の出版差止めが争われた事件（「石に泳ぐ魚」事件最判平14・9・24判時1802-60）で、最高裁は、人格権であるプライバシー権に基づいて、プライバシー侵害の行為を排除し、または将来の侵害行為を予防するために出版の差止めが許されると判断しました。差止めの要件として、①侵害行為が明らかに予測できること、②その行為によって被害者が重大な損失を受けるおそれがあること、③回復を事後に図ることが不可能または著しく困難であることを挙げました。

設問への答え

憲法は、表現の自由を一般的に保障する（21条1項）だけでなく、表現活動に対する規制の方法として、国が検閲のしくみを用いることを禁止しています（同条2項）。検閲には濫用《らんよう》の危険がつねに伴うため、意見や情報の自由な交換にとって大きな脅威になるからです。

問題は、憲法が禁止する検閲をどのように定義するかということです。最高裁は、①国の規制目的、②表現内容の審査方法、③審査の時期に関して厳しい要件を課して、検閲に当たる表現規制の範囲を狭く解しました。この限定的な定義に基づいて、最高裁は、設問の税関検査については、検閲には当たらないと判示しました。また、表現の自由の一般原則から導かれる事前抑制の原則禁止にも、税関検査は違反しないとされました。最高裁によれば、輸入される出版物は、すでに日本国外で発表済みのものであって、税関検査は発表前の審査とはいえないからです。

学説では、“税関検査は、憲法が禁ずる検閲に当たる”と解する説が有力です。学説は、規制の目的や審査方法によって検閲の概念を絞る理論的な根拠は乏しいこと、出版物を受け取る人の「知る権利」の意義を軽視していることなどを指摘し、最高裁の立場を批判しています。

＜参考文献＞

①伊藤正己『出版・言論の自由』（岩波書店、1959年）89～150頁は、事前抑制禁止の法理についてアメリカの議論を詳しく紹介しています。
②芦部信喜『憲法学Ⅲ人権各論⑴〔増補版〕』（有斐閣、2000年）359～388頁は、検閲の禁止は広く公権力一般に及ぶと主張します。
③池端忠司「表現の事前抑制と検閲」大石眞ほか編『憲法の争点』（有斐閣、2008年）116頁は、学説と判例をコンパクトに整理しています。

第12講

経済的自由権

設問

次のような営業制限を法律で定めることは憲法に反しないでしょうか。

(ア) 小売市場の開設のうち、一定の場合について、知事の許可を条件とする。その際、「小売商間の商売競争の激化→経済的基盤の弱い小売商の共倒れ」という展開を防止するため、とくに激しい商売競争になると予想されるタイプの市場を指定し、その種の市場については、すでにある市場から700メートル以内の場所での開設は許可しない。

(イ) 薬局の開設について、知事の許可を条件とする。その際、「薬局の一部地域への集中→薬局間の商売競争の激化→薬局の経営悪化→苦境しのぎのための不良品・不適切医薬品の乱売」という展開を防止するため、すでにある薬局からほぼ100メートル以内の場所での薬局開設は許可しない。

《なにが問題となるか》

設問の例では、開業の制限が問題になっています。しかし、日本国憲法の条文には「開業の自由」という言葉は見当たりません。では、開業の自由は憲法によって保障されてはいないのか、保障されているとすれば(ア)も(イ)もただちに違憲となるのか、そうはならないとすればなぜか、これらが設問のポイントです。

解説

1　職業選択の自由とその規制

◆「職業選択の自由」・その「保障」の意味

どのような仕事に就くかは、個人の生き方・人生設計にかかわる問題です。そこで、日本国憲法も基本的人権のひとつとして、22 条 1 項で「職業選択の自由」を保障しています。「職業選択」というと、“就職先を選ぶこと”をイメージする人もいるでしょうが、自分で商売・事業を始めること（＝開業）も、自営業という職業の選択です。また、自営業の選択を認めるからには、各自なりの経営のやり方を選択する余地も認めないと意味がありませんから、事業活動の進め方（＝職業遂行《すいこう》）の自由も「職業選択の自由」に含まれる、と理解されています。

ところで、憲法 22 条 1 項は、「公共の福祉」（社会全体の共同の利益）に反しない限りで職業選択の自由を保障する、としています（「公共の福祉」の意味については、第 2 講参照）。ですから、開業・職業遂行に対しても、法律で規制する（ルールを定めて制限する）ことは可能ですが、その反面で、それが「公共の福祉」のための正当な規制とは見なせないようなものであれば、違憲とされざるを得ません。

◆営業規制立法の違憲審査──「目的－手段」審査の枠組み

では、開業・職業遂行について規制している法律（営業規制立法）がある場合、それが「公共の福祉」のための正当な規制といえるかどうかについて、裁判所はどのようにして判定すべきでしょうか。この点、今日の判例・憲法学界の通説によると、次のようになります。

まず、第 1 関門として、その規制が具体的に何を実現するためのものなのか＝その規制の「立法目的」がチェックされます。この立法目的に正当性（それ相応の説得力）がなければ、その規制は違憲とされます。

しかし、立法目的の正当性が認められても、それで合憲と決まるわけではありません。続く第 2 の関門として、その規制が、当の立法目的を達成するための手段として、相応の合理性を備えているかどうか、という点がチェックされるからです。この相応の合理性を欠く場合にも、その規制は違憲とされるのです。

◆立法目的による規制の分類──消極的規制と積極的規制

このように、ある営業規制立法が違憲かどうかの判断に際しては、その立法目的が問題となるのですが、この点で重要なのが、「消極的規制」と「積極的規制」との区別です。

「消極的規制」とは、国民の生命・身体・健康に対して危険を及ぼす行為や、他人の財産を侵害したり他人をだます行為など、社会の害悪になる行為の防止を目的とする規制です（最低限の秩序を維持するためにやむを得ず行う規制だとされるので、「消極的」規制と呼ばれます）。もう一方の「積極的規制」とは、社会的・経済的弱者の保護や、国全体としての調和のとれた経済発展を目的とする規制です（弱者の保護や経済発展への国の積極的な取組みとして行う規制だとされるので、「積極的」規制と呼ばれます）。積極的規制の例としては、中小企業保護のために、大企業が行える事業活動を制限するとか、一般市民の日常生活に不可欠な物・サービスの供給がおろそかにならないように企業の事業活動に制約条件をつけておく、といった規制が挙げられます。

職業選択の自由や財産権のように、「経済的自由権」に分類される自由・権利に関しては、消極的規制だけでなく積極的規制も行える、つまり、「弱者の保護」や「調和のとれた経済発展」も規制の立法目的としての正当性を認められる、と考えられています（この点は、表現の自由などの「精神的自由権」とは異なる点です）。

さらに、最高裁判所の判例には、“営業規制立法が裁判所で合憲と認められるためにクリアしなければならない基準（違憲審査基準）は、その規制が消極的規制か積極的規制かによっても違ってくる”としているものがあるのです。

2　営業規制立法に関する違憲審査基準

◆小売市場の距離制限制

設問の例のように、すでにいる業者の営業場所から一定の距離内には同業者の新たな進出を認めない、という営業規制のやり方は、ふつう「距離制限制」と呼ばれています。

設問(ア)に挙げた、小売市場（ひとつの建物内のスペースを区切り、各スペースを小売店の店鋪用に提供するもの）の距離制限制は、「小売商業調整特別措置法」という法律に基づいて設けられているもので、この法律・それに基づく政令によると、規制の対象になる小売市場のタイプは、指定された都市内にある・小売店鋪数が10以上・そのなかに八百屋か魚屋を含む、という3条件全部に該当するものです。ただし、法律でも政令でも、「何メートル以内」という数字までは特定しておらず、その点は各都道府県が定めます（設問の「700メートル以内」という基準は大阪府の例）。

この規制が合憲かどうかが問題となったケース（最大判昭47・11・22刑集26-9-586）で、最高裁はまず、“積極的規制の場合には、裁判所がそれを違憲とできるのは、その規制が「著しく不合理であることが明白」な場合に限る”という違憲審査基準を示しました（＝「明白の原則」）。つまり、その規制が“誰が見てもあまりにもひどすぎる”という場合以外は合憲とされる、というわけです。そのうえで最高裁は、この規制について、次のように述べて合憲と判断しました。

①小売商業調整特別措置法1条に「この法律は、小売商の事業活動の機会を適正に確保し、……国民経済の健全な発展に寄与することを目的とする。」とあるとおり、この規制の立法目的は、経営基盤の弱い小売商の保護である（＝積極的規制）。この目的には「一応の合理性」がある。②規制の対象も、度を超した商売競争による小売商の共倒れがとくに心配されるような、特定のタイプの小売市場のみに限定されているから、「著しく不合理であることが明白」とまではいえない。

この判決では、問題となった規制が積極的規制であるところから、かなりゆるい違憲審査基準を用いて、規制を合憲としています。

◆薬局の距離制限制

一方、設問(イ)の薬局の距離制限制は、かつて「薬事法」という法律（現在の「医薬品、医療機器等の品質、有効性及び安全性の確保等に関する法律」の前身）のなかで定められていたものです。ただし、「何メートル以内」という数字の部分は各都道府県の決定に委ねられていました（設問の「ほぼ100メートル以内」という基準はその当時の広島県の例）。

この規制が合憲かどうかが問題となったケース（薬事法違憲判決　最大判昭50・4・30民集29-4-572）では、最高裁はまず、“一定の条件を充たした者だけに開業の許可を与える、という規制が法律で採用され、しかも、それが、ある害悪を防止するための規制（＝消極的規制）だったとする。この場合、もっと弱い規制でも同じ立法目的を十分に達成できたはずだ、といえるならば、法律で採用された実際の規制は、必要性・合理性を欠いており、違憲となる”という基準を示しました。そして、“知事の許可を薬局開業の条件とすること自体は憲法に反しない”としたのですが、距離制限制の部分については、次のような理由から違憲と判断しました。

①この規制が設けられた時の法案提案者の説明によると、規制の立法目的は、経営難におちいった薬局が不良薬品・不適切薬品の乱売に走ることによって、国民の健康に危険が生ずるのを防止する、という点にある（＝消極的規制）。②しかし、医薬品の品質・保管については法律で基準が決まっており、この基準を守らせるために役所は薬局を監督できるし、それでも法律に違反した薬局には法的制裁（刑罰・営業許可の取消し）もあるから、経営難のみに起因する乱売はまれなケースとしか思えない。③一定の地域ではそもそも開業させない、という距離制限ではなく、もっと弱い規制（薬局業務に対する役所の監視体制の強化など）によっても、乱売は防げるはずだ。④よって、この距離制限には、立法目的を達するための手段としての必要性・合理性がない。

このように、最高裁は、薬局の距離制限制が消極的規制であるところから、その必要性・合理性をやや厳しく審査し、違憲という結論を下したのです（この結果、国会は薬局の許可基準から距離制限条項を削除しました）。

◆なぜ違憲審査基準が違ってくるのか

以上の判決で、最高裁は、距離制限制の違憲審査に際して、“積極的規制ならかなりゆるい基準で審査し、消極的規制ならやや厳しい基準で審査する”という考え方を示しました。なぜでしょうか。

まず、なぜ積極的規制だとゆるい審査なのかについて、最高裁はこう説明しています。“弱者保護策・経済政策の一環として営業規制を行おうとする場合、どのような規制が望ましいか、ある規制を定めてもそれが経済政策全体とうまくかみ合うかどうか、という点の検討・評価が必要になる。しかし、本来このような仕事を適切に果たせるのは、裁判所よりも国会のはずである。”――要するに、経済政策の分野では、裁判所の審査能力は乏しいから、よほどおかしな規制でない限り、国会の決定を尊重すべきだ、というわけです。

これに対し、なぜ消極的規制だとやや厳しい審査なのかについては、最高裁はとくに説明していませんが、おそらく、“消極的規制だということ自体、「危険の防止という最低限の秩序維持のため、やむを得ずに行う規制だ」という建前の上に立っているのだから、実際にも「やむを得ない＝もっと弱い規制では目的を達成できない」ということでないと筋が通らない”という考え方によるものと見られます。

◆最高裁の判断の問題点

以上のような最高裁の判断は、従来、憲法学者の多くによっても支持されていました。しかし、以上のような説明が、消極的規制か積極的規制かで違憲審査の厳しさの程度を変えることの根拠として十分だといえるのか、疑問を示す憲法学者が近年増えてきています。また、消極的規制・積極的規制のどちらなのか、はっきり決められない場合もあり得る、ということも指摘されています。さらに、そもそも「立法目的」をどのようにして確定するのか、という問題点も指摘できるでしょう*。

もっとも、最高裁も、“消極的規制と見なして厳しく審査するか、積極的規制と見なしてかなりゆるく審査するか”という二者択一（「規制目的二分論」と呼ばれる理論）で割り切ってきたわけではありません。最高裁は、“営業規制にも、じつにさまざまな種類がある”“営業規制の違憲審査に際しては、規制の目的だけでなく、規制の内容・制限される自由の性質・制限の程度（強さ）なども考慮すべきだ”とも断っているからです（前出の最大判昭50・4・30、「要指導医薬品」の販売方法の制限に関する最判令3・3・18民集75-3-552）。その後の最高裁の判例には、職業活動規制の違憲審査に際して、その規制が消極的規制か積極的規制か（あるいは、そのどちらでもないのか）という点にはふれずに、結論を出している例も見られます（例：司法書士法が定める業務活動制限を合憲とした事例＝最判平12・2・8刑集54-2-1）。

＊この点でとくに問題になってきたのは、普通公衆浴場（銭湯）の距離制限制です。最高裁の初期の判例は、その立法目的を、「銭湯の一部地域への集中→銭湯の経営競争の激化→銭湯の経営悪化→銭湯の衛生設備の低下」という展開の防止だ、としました（これは法案審議時における提案理由そのものでした）。これは消極的規制に当たるはずですが、最高裁はこの立法目的を確認しただけで簡単に合憲と認めました（最大判昭30・1・26刑集9-1-89）。当時の判例では“消極的規制に当たる距離制限制の違憲審査はやや厳しく行う”という基準がまだ示されていなかったからです。

しかし、その後の判例でこの基準が示されるにいたると、最高裁は、銭湯の距離制限制の目的を、“自家風呂を持たない人もおり、そのためにも銭湯は不可欠の施設なので、銭湯が経営難におちいるのを防止しようとしたもの”（＝積極的規制）と説明し直したうえで、あらためて合憲としました（最判平1・1・20刑集43-1-1）。しかし、この新判決は、“銭湯の距離制限制が現時点でなにに役立っているか”という点から逆算して、立法目的を説明しているようにも見えます。

3 財産権と憲法

◆財産権の保障と規制——憲法29条1項・2項の意味

ここまでは、経済的自由権のうちでも、職業選択の自由について見てきましたが、以下では、財産権について見ておきましょう。

憲法29条は、1項で「財産権は、これを侵してはならない。」、2項で「財産権の内容は、公共の福祉に適合するやうに、法律でこれを定める。」と規定しています。ややわかりにくい条文かもしれませんが、次のような意味だと理解されています。①個人が財産を取得し保持できることを法制度として保障する（私有財産制の保障）。②法律で財産権の内容を規制できるが、その規制が明らかに「公共の福祉」に適合しないものであれば違憲になる。

その際、(a)ある財産権規制立法が違憲かどうかは、立法目的の正当性、目的－手段の合理的関連性をチェックして判断すべきだ、(b)消極的規制だけでなく積極的規制も認められる、と考えられています。ここまでは営業規制立法の場合と同じです。しかし、財産権規制立法の場合にも、積極的規制か消極的規制かで違憲審査の厳格度を変えるべきなのかどうかについては、見解が分かれます。最高裁が財産権規制立法を違憲とした実例として、森林法186条違憲判決がありますが、この判決は、積極的規制か消極的規制かによって違憲審査の厳格度を区別する見解を必ずしも採用してはいません＊。

＊森林法186条違憲判決　　民法によると、ひとつ（または、ひとまとまり）の財産を複数の人で共同所有する場合、それらの人（共有者）たちの間で、その財産の利用方法・各共有者の持分《もちぶん》（その財産に対して、所有者としての権利をどれだけの割合でもつか）を決めておいて、共有者のなかの誰からでも、各自の持分に応じて財産を分け共有状態を解消するように請求できる、というのが原則とされています（民256条）。ところが、かつての森林法186条は、共有財産が森林である場合について例外を定め、共有者のうち分割に賛成する人の持分を合計すると50％を超える、という場合にしか分割請求を認めていませんでした。これによると、たとえば、共有者が全部で4人・持分は4人とも25％ずつ、という場合には、4人中3人が賛成しないと共有林の分割はできません。

最高裁はこれについて、次のように判断しました（最大判昭62・4・22民集41-3-408）。①この規制は、制定当時の提案理由などから見て、山林経営は長い年月をかけて大規模に行わないとうまくいかないことを考慮したもので、立法目的は“森林の細分化の防止によって森林経営の安定を図ること”にある。②しかし、共有者が2人・両方とも持分はちょうど半分ずつ、という場合を考えると、2人の合意が成り立たない限り、共有森林の分割もその利用方法の決定もできず、森林はかえって荒廃するだけだから、この規制は森林経営の安定に役立たない。③森林の細分化を防止するのなら、森林の必要最低面積を定めるべきで、面積の大小と無関係に制限しているのも行き過ぎ・不合理である。

この判決は、“財産権規制にも、積極的規制から消極的規制に至るまでさまざまなものがある”としつつ、森林法の規制が積極的規制なのか消極的規制なのか（あるいは、そのどちらでもないのか）、明言していません。また、この判決における違憲審査の仕方はどちらかというと厳しいものですが、その後の判例では、財産権規制立法について、もっとゆるい審査しかしていない例もあります（例：農地の利用・処分の規制に関する事例＝最判平14・4・5刑集56-4-95）。しかし、そうした審査の厳格度の違いがなにによるのか、明言されてはいません。

◆正当な補償――憲法29条3項

憲法29条にはじつは3項まであって、3項は「私有財産は、正当な補償の下に、これを公共のために用ひることができる。」と定めています。“国は、公共の利益のために、私有財産権の剝奪・制限を（法律の規定に基づいて）行えるが、その場合には、財産権の持ち主に対して、しかるべき埋め合わせをしなくてはならない”というのが、この条文の意味です。たとえば、ダム・空港などの公共施設の建設用地の確保のために、私有地を強制的に取り上げるには、土地の所有者に対してその埋め合わせをすることが必要だ、ということです。また、この場合の「補償」とは、財産権の剝奪・制限そのものは合法（合憲）だけれども、それにより生じた損失の埋め合わせはする、という場合を指す概念です（違法な侵害から生じた損害を埋め合わせる場合の「賠償」とは違います）。

ただし、あらゆる財産権の剝奪・制限に際してつねに補償が必要なのではありません。補償が必要になるのは、その財産権の剝奪・制限が、(a)限られた特定の人だけを対象にしている場合か、(b)社会の一員として当然に我慢すべき限度を超えるほど大きな損失を負わせる場合です。これらの場合には、憲法29条3項に基づく補償請求も可能です（判例・通説）。

以上の**3**全体の話を整理すると、法律に基づく財産権の規制（制限）・剝奪にも、①そもそも違憲とされる場合、②違憲ではないが補償が必要になる場合、③違憲でないし補償の必要もない場合、という3つの場合があるわけです。

設問への答え

憲法22条1項の「職業選択の自由」には開業の自由も含まれる、と考えられています。そこで、設問のような例は開業の自由の不当な制限にならないか、という点が問題になりますが、最高裁は(ア)と同様の例を合憲、(イ)と同様の例を違憲としました。同じく開業制限（その一種である距離制限制）を定める立法でも、中小企業保護政策の一環である場合は、国会の判断をできるだけ尊重すべきだが、国民の健康に対する危険の防止を表向きの名目としている場合は、その名目に照らして必要・合理的な規制といえるかどうかをある程度厳しく審査すべきだ、という考え方からです。従来は憲法学者の多くもこれらの判断を支持してきました。しかし、こうした考え方に対しては疑問も示されていることや、財産権規制立法に関する判例の展開（❸参照）との違いにも、留意しておくべきでしょう。

＜参考文献＞

①芦部・憲法第10章は、経済的自由権について詳しく説明しています。
②高橋和之ほか編『憲法判例百選Ⅰ〔第5版〕』別冊ジュリスト（有斐閣、2007年）204～205頁［中村睦男執筆］、百選Ⅰ 196～197頁［常本照樹執筆］は、小売市場の距離制限に関する最高裁の判決の解説です。
③野坂泰司『憲法基本判例を読み直す〔第2版〕』（有斐閣、2019年）275～300頁は、薬局の距離制限に関する最高裁の判決の詳細な解説です。

第13講

生存権と社会保障制度

設問

目が不自由であったXは、その障害のために、障害福祉年金を受けながら、夫と離婚して以来、子どもを1人で育てていました。1961年になって、国は、夫と生き別れて、1人で子どもを育てている母親を助けるために児童扶養手当法を制定しました。そこで、Xは、この児童扶養手当を受け取る資格を認めるよう兵庫県知事に求めましたが、認められませんでした。法律が、障害福祉年金と児童扶養手当の二重の受け取りを禁止していたからです（併給禁止）。しかし、障害をもつXにとって、障害福祉年金だけで子どもを育てるのは経済的に難しく、家計を維持するには児童扶養手当も必要でした。併給禁止の規定は、生存権を保障する憲法に違反しないでしょうか。

《なにが問題となるか》

憲法25条は、国民に「健康で文化的な最低限度の生活を営む権利」(生存権)を保障しています。しかし、「最低限度の生活」水準が、どの程度の水準なのかを決めるためには、かなり専門的な判断が必要です。国会は、児童扶養手当法が制定された当時、“障害をもつ母親が1人で子どもを育てている場合でも、障害福祉年金を受け取っていれば、最低限度の生活水準を下回ることはない”と判断しました。そのため、児童扶養手当との併給が禁止されたのです。

しかし、この国会の判断が間違いであって、併給を禁止されたXに「最低限度の生活」を割り込むような生活を強いていたとすればどうでしょう。Xが併給を禁止する法律の規定を裁判で争うとすれば、裁判所はどこまで国会の判断を審査できるのでしょうか。

解　説

1　生存権とはどんな権利か

◆生存権と国の義務

(1)　生存権と社会問題　　日本国憲法25条1項は、「すべて国民は、健康で文化的な最低限度の生活を営む権利を有する」と規定しています。この規定が、ドイツのワイマール憲法（1919年）の規定に由来することはよく知られています。「経済生活の秩序は、すべての人に、人たるに値する生存を保障することを目ざす、正義の諸原則に適合するものでなければならない」(151条1項）と定められていました。

20世紀に入って、このような規定が憲法に盛り込まれるにいたった背景には、資本主義体制における労働者の悲惨な体験がありました。資本主義体制の下では、豊富な資金と生産のための道具をもつ人（資本家）は、労働者を雇い入れて自分の利益を最大限追求します。しかし、お金も道具ももたない人は、資本家に雇われて労働者として働く以外に生きる方法はありません。両者の力の差は歴然としています。資本家は、経済的な力にものをいわせて、危険な環境で長時間、労働者を働かせることもできます。労働者は、生活のために劣悪な条件でも働かなければなりません。また、病気や怪我、予測できない景気の悪化のために職を失い、貧困に陥る危険もあります。19世紀後半以降、このような劣悪な労働条件や失業、貧困といった社会問題を解決するために、国は積極的な役割を果たすべきだと考えられるようになり、生存権の考えが生まれてきました。社会問題に対処するための人権は社会権と総称されます。

(2)　国の積極的な義務　　国は、「生命、自由及び幸福追求に対する国民の権利」を、「立法その他の国政の上で、最大の尊重」をもって扱う義務を負っています（憲13条）。しかし、国の義務は、自由権と社会権とでは大きく異なります（第2講参照）。社会権の場合、国は、労働者の労働条件の改善や、失業や貧困などの社会問題への適切な対処を求められ、支援などの積極的な措置を講ずるよう義務づけられます。そこで、憲法25条は、1項で国民に生存権を保障し、2項で権利に対応する国の積極的な義務――「すべての生活部面について、社会福祉、社会保障及び公衆衛生の向上及び増進に努め」る義務――を規定しているのです。

◆社会保障制度と国会の役割

(1) **現在の社会保障制度**　生存権の保障という憲法上の要請に応えて、国は、年金保険や健康保険の分野で国民皆保険を実現するなど、社会保障制度の充実に努めてきました。その主要な制度は次の通りです。

ⓐ **公的扶助**　公的扶助とは、人間としての最低限度の生活水準を下回るような困窮した生活状況に陥ったとき、その原因にかかわらず、その不足分を補う範囲で支給される給付のことです。その際、給付を受ける人が、将来の生活上の困難に備えて、一定の金銭を積み立てておくことは、給付の条件ではありません。給付に要する費用は税金でまかなわれます。生活保護法が典型的な立法です。

ⓑ **社会福祉**　障害者や高齢者などは、社会生活を営むうえでさまざまなハンディキャップを抱えています。社会福祉とは、このような生活上のハンディキャップを緩和したり解消したりするために、援助や介護などの福祉サービスを提供するしくみのことです。障害者福祉や高齢者福祉、児童福祉などが含まれます。

ⓒ **社会保険**　社会保険とは、誰の身にも起こり得る、しかしいつ起こるかわからない生活上のリスク（病気や失業など）に備えて、人々が一定の保険料を支払い、その保険料を財源にして、病気にかかった人や失業した人に給付を行うしくみです。現在、健康保険や年金保険、雇用保険、労災保険、介護保険の制度があります。

(2) **国会の役割**　社会保障制度を全体としてどのようにデザインするか、また、公的扶助や社会福祉、社会保険の各制度をどのように整備するかを考えるのは、国会の仕事です。憲法は、国会に対して、「健康で文化的な最低限度の生活」水準の確保という基準を示しています。

問題は、この基準が国会の判断を枠づけるほど明確なものであるかどうかです。この問題は、裁判所による違憲審査のあり方を考えるうえでも重要です。憲法に照らして国会の判断の適否を決める裁判所にとっては、憲法が示す「最低限度の生活」水準が、ある程度確定できるといえれば、国会の判断にコントロールをかけやすくなるからです。

これまで、この点について2つの考え方が対立していました。第1説は、ある一時点を特定すれば、人が生活するのに必要な最低限の生活費の額を、経済学や栄養学、家政学などの知見を使って算出することは可能だとする説です（芦部・憲法280頁）。第2説は、「最低限度の生活」水準を決定するには、科学的に把握できる社会や経済の条件ばかりではなく、国民の感情や国の財政状況をもふまえて、意見の分かれる複雑な政策判断が必要だとする説です（判例）。第2説をとった場合、第1説に比べると、国会の判断に対する裁判所のコントロールは弱くなります。

2 堀木訴訟

◆障害福祉年金と児童扶養手当の併給禁止

設問では、堀木訴訟と呼ばれる有名な事件を取り上げました。この事件では、国民年金制度のなかの障害福祉年金と、別な法律に基づく児童扶養手当との併給禁止が問題となりました。

(1) **障害福祉年金**　国民年金制度は、老齢や障害などのために働くことができず、そのため自分で生活費を得ることのできなくなった人に、年金を支給する社会保険です。したがって、一定期間、保険料を支払っていることが給付の条件になります。制度の建前からすると、年金制度ができる前に、すでに老齢や障害などのために働くことができなくなっていた人に対しては、年金は支給されないことになります。その谷間を埋めるために、国は、保険料を納める機会のなかった障害者に対して、保険料の支払いを条件としない障害福祉年金を設けました。

(2) **児童扶養手当**　一家の働き手である夫を失った母子家庭は、厳しい生活を強いられることになります。国民年金には、夫と死に別れた母子家庭に対して年金を支給する制度がありました。しかし、生活が苦しい点では、離婚して夫と別れた母子家庭も変わりありません。そこで、国は、国民年金法とは別に児童扶養手当法を制定し、離婚して夫と別れた母子家庭にも手当を支給することにしました。

設問のXは、障害福祉年金に加えて、児童扶養手当を支給するよう県に求めましたが、手当の支給は認められませんでした。法律が、障害福祉年金と児童扶養手当との併給を禁止していたからです。Xは、低額に抑えられた障害福祉年金だけでは、障害をもつ母親が1人で子どもを育てるのは大変苦しいと訴えました。そこで、Xのように厳しい生活を強いられる障害をもつ母親に、児童扶養手当の支給を認めないことが、生存権を保障する憲法25条に違反しないかが問題となりました。

◆最高裁はどう判断したか

設問で問題にした併給禁止の合憲性が問われた堀木訴訟では、地裁（神戸地判昭47・9・20判時678-19）は違憲の判断を下しましたが、高裁（大阪高判昭50・11・10判時795-3）と最高裁（最大判昭57・7・7民集36-7-1235）は、ともに併給を禁止する規定の合憲性を肯定しました。以下では、最高裁判決の内容を整理しておくことにしましょう。

(1) 25条1項と2項との関係　まず最高裁は、憲法25条の1項と2項の関係について、「福祉国家の理念」を実現する規定として一体的に理解すべきことを確認しました*。つまり、1項は、国が達成しなければならない目標——健康で文化的な最低限度の生活保障——を宣言し、2項は、この目標を実現するために、社会福祉や社会保障などの諸制度を創設・拡充するよう国に命じているというのです。

＊控訴審の大阪高裁は、最高裁とは異なり、1項と2項とを分離する立場（1項2項峻別論）をとりました。高裁によれば、1項は、国に対して「最低限度の生活」水準の確保という強い義務を課していると解されます。この水準は「絶対的」なものであって、国には、この水準以下で暮らす人々を、その困窮した状況から救い出す施策（救貧政策）を講ずる義務があるといいます。救貧政策の典型である生活保護制度が、「最低限度の生活」水準の確保に失敗すれば、国は1項の義務に違反することになります。

これに対して、2項は、各種の年金制度や社会福祉サービスを適切に組み合わせて、国民全体の生活水準を増進・向上させるような施策（防貧政策）を講ずる義務を規定したものと解されます。防貧政策の一部をなす制度が、それだけでは、「最低限度の生活」水準を満たすのに十分でない場合も考えられます。しかし、その場合であっても、国は、ただちに

2項の義務違反を問われるわけではないとされます。

(2)　国会の判断の尊重　最高裁は、「最低限度の生活」を保障するためにどのような立法措置を講ずるかの判断は、国会の裁量に委ねられていると論じます。「最低限度の生活」水準を決定するにあたっては、複雑な専門的・政策的な判断が必要であるとの立場をとったからです(本講**1**参照)。最高裁によれば、国会は、「最低限度の生活」という大きな枠のなかで、その時々の文化の発展の程度や、社会や経済の状況、国民一般の生活状況、さらには国の財政事情を適切に見きわめたうえで、「最低限度の生活」水準を決定することになります。そのような複雑な政策判断は、国会にしかできないものだといいます。したがって、裁判所は、その国会の判断を尊重するのを建前としつつ、その判断が誰の目から見ても間違っているといわざるを得ない場合に限って、それを覆すことができるとします（明白の原則)。

(3)　併給禁止規定の合憲性　最高裁は、児童扶養手当法の制定の経緯から見れば、児童扶養手当は国民年金法を補完するためのしくみであり、障害福祉年金と同じ性格のものであると解しました。いずれの制度も、不足分の生活費を補うための所得保障が目的であるというのです。また、働くことを困難にする事情（障害と母子家庭）が重なったとしても、それに比例して所得が低下するわけではない、と判断しました。そして、このような場合に、全体として公平な社会保障の給付を実現するために、給付をどのように調整するかは、国会の裁量に委ねられた問題であるとします。結局、障害福祉年金と児童扶養手当との併給を禁止するという国会の判断には、誰の目から見ても間違っていると認められるほど明白な誤りはないとし、最高裁は合憲と結論づけました。

3　生存権保障と裁判所の役割

◆生存権は、国に直接生活費を請求できる権利か

憲法25条1項が定める「最低限度の生活」水準は、時期を特定したとしても、厳密に数値で示すことは困難です。したがって、生活に困窮

した人が、憲法25条を直接の根拠にして、国に対して具体的な金銭の支払いを裁判で求めることはできないと解されます*。判例も通説も、説明の仕方は違いますが、この点については一致しています。

＊「最低限度の生活」を明らかに割り込んでいる場合には、憲法25条を直接の根拠として金銭の給付を裁判で求めることができるとする、「ことばどおりの意味における具体的権利」説を唱える立場も主張されています（参考文献②）。

(1) 判例の立場　朝日訴訟の最高裁判決（最大判昭42・5・24民集21-5-1043）は、憲法25条1項の規定は国の「責務」を宣言したもので、個々の国民に「具体的権利」を与えたものではないと判示しました。国民が国に対して最低限度の生活を維持できるだけの金銭の支給を請求できる権利は、憲法ではなく、生活保護法のような憲法を具体化した法律によってはじめて生まれるとされました。

ただし、最高裁は、憲法25条が国会や行政の判断をコントロールする力をまったく欠いた規定であるとは考えていません。誰の目から見ても明らかな判断ミスを国が犯した場合には、裁判で違憲と評価される可能性があります。その意味で、最高裁の立場は、憲法25条を国の努力目標を定めただけとする「プログラム規定」説ではありません。

(2) 通説の立場　通説は、日本国憲法がワイマール憲法とは違って「権利」という言葉を使っていることを重視します。そして、一応は国民の生存権と国の義務とは対応関係にあると解します。ただし、生存権は、法律が制定されるまでは“休眠状態”にあると考えます。ところが、生存権は、それを具体化する法律が制定されると、“エネルギー”が充《じゅう》填《てん》されて、その法律と一体となって憲法上の権利としての力を発揮するとされます。このような考え方は「抽象的権利説」と呼ばれます。

生存権の権利としての力は、次の2つの場合に現れます。①生存権を具体化した法律が、国民に対して「最低限度の生活」を確保できるだけの給付を与えていない場合。②法律を実施するために行政が定めた給付の基準が、国民の「最低限度の生活」水準を下回っている場合。裁判所は、いずれの場合も国会や行政の判断に明らかに重大なミスがあれば、生存権の侵害を根拠に違憲と判断することができます。

(3) **立法不作為に基づく国家賠償請求訴訟**　国会が、「最低限度の生活」を確保するために必要な立法措置を講ずるのを怠っていたとしたらどうでしょう。国民は、生存権の保障を求めるデモや集会に参加したり、そのような立法措置に賛同する候補者に選挙で投票したりするなどして、民主的なプロセスを通じて、国会の怠慢を正すことができます。また、国民は、裁判により、立法措置が講じられていないことから生じた損害を国に賠償するよう求めることができると解されています（在宅投票制廃止違憲訴訟　最判昭 60・11・21 民集 39-7-1512 参照）。ただし、立法の怠慢を違憲とする判例も出てきましたが（在外日本国民選挙権訴訟　最大判平 17・9・14 民集 59-7-2087）、かなり例外的な場合に限られます。

◆裁判所はどうすれば国の判断をコントロールできるか

以上のように、生存権は、これを具体化する法のプロセスの各段階――下の図の①～③の段階――を裁判所が一定程度コントロールできる「法的権利」であるということが判例上認められてきました。

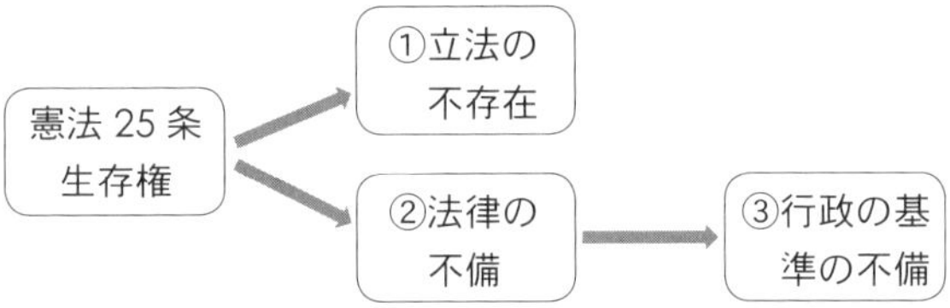

次の問題は、法律や行政の基準に示された国の判断に対して、裁判所がどの程度コントロールを利かせることができるかということです。判例によれば、「最低限度の生活」水準をどの点に定めて、社会保障制度をどのように組み立てるかを決めるのは、国会や行政の役割であって、裁判所はその判断をできるだけ尊重すべきであるとされます。そうだとすると、裁判所は、国会の明らかな判断ミスしかチェックできないことになります。そこで、学説は、生存権の保障における裁判所の役割を拡大できないかと、いろいろと解釈上の工夫を凝《こ》らしてきました。

(1) **「生存権の二段構え」の保障**　「最低限度の生活」水準は、“人間としてのぎりぎりの生活”水準と“より快適な生活”水準との2段階に分けることができます。生存権の保障の中核である“人間としてのぎりぎりの生活”水準については、経済学や家政学、栄養学などの知見に基づいて、一定の水準を確定することは可能です。そして、この水準については、裁判所は、確定された水準を手がかりに法律や行政の基準を厳しく審査すべきであるとされます。しかし、それを超えた部分については、裁判所は、原則として国会や行政の判断を尊重して、緩やかな基準を使ってその判断の合憲性を審査することになります。

(2) **生存権と平等権**　「最低限度の生活」水準を数値で示すことには、限界があります。しかし、国が定めた「最低限度の生活」水準が、あるグループに属する人については「○○○円」、別なグループに属する人については「×××円」となっている場合、裁判所は、具体的な数値を示して判断する必要はありません。この場合、法の下の平等を保障する憲法14条に基づき、2つのグループを別異に取り扱うことに筋の通った根拠（合理的理由）を説明するよう、国に求めることになります（第6講参照）。とくに、前述の“人間としてのぎりぎりの生活”の判断において差別的な取扱いが疑われる場合には、裁判所は、その取扱いの合理性を厳しく審査すべきと解されます。

(3) **制度の後退を禁止する原則**　現在、高齢化が進み国の社会保障費は年々ふくらみ、国の財政事情が悪化するなか、社会保障の給付水準が見直され、給付が切り下げられる事態が起こっています。しかし、国民の生活実態が大きく変化していないのに、“人間としてのぎりぎりの生活”にかかわる部分の給付を国が安易に切り下げることは、許されません。近時、裁判所は、国があえて給付の水準を引き下げる場合には、その引き下げの根拠を事実に即して厳しく審査すべきであるとの主張が有力です（高橋・立憲主義342頁）*。

＊生活保護において、加齢による心身の機能の低下にともない食費や光熱費などがかさむことから、70歳以上の高齢者に対して生活扶助の上乗せ（老齢加算）がありました。ところが国は、この老齢加算に見合う特別な

需要は認められないとする専門家の報告に基づき、これを段階的に減額・廃止しました。この廃止が争われた訴訟で、最高裁は、廃止を決めた国の裁量に逸脱・濫用はなかったと判断しました（最判平 24・2・28 民集 66-3-1240）。ただし、給付の切り下げにあたっては、“将来も給付が続くであろう”という受給者の期待に配慮し、急激な変更とならないような措置を講ずるよう国に求めました。

設問への答え

憲法が保障する「最低限度の生活」水準は、具体的に数値で示すことのできる基準ではありません。最高裁は、憲法のいう「最低限度の生活」水準の決定には複雑な政策判断が必要になるため、その決定は国会の役割であるといいます。裁判所は、国会の判断をできる限り尊重することを建前とし、その判断が誰の目から見ても明らかに間違いであるとされる場合に限り、法律を違憲無効とすることができるとされます。

設問では、障害福祉年金と児童扶養手当の併給を禁止する法律の規定の合憲性を問題にしました。最高裁は、堀木訴訟において、国が社会保障制度全体を通じて公平な給付を実現するため、併給禁止により給付の調整を行うことは、憲法に反する明らかな判断ミスとはいえないと判断しました。

学説は、少なくとも、“人間としてのぎりぎりの生活”水準にかかわる場合や、平等権の違反が問題となる場合には、国会の判断の合理性を厳格に判断すべきであるとして、判例を批判します。

＜参考文献＞

①中村睦男「生存と憲法」樋口陽一編『講座憲法学⑷』（日本評論社、1994 年）は、生存権をめぐる判例学説の到達点を簡潔に整理した論文です。

②棟居快行「生存権の具体的権利性」長谷部恭男編著『リーディングズ現代の憲法』（日本評論社・1995 年）は、「ことばどおりの意味における具体的権利」説を主張します。

③尾形健「生存権保障の現況」長谷部恭男編『論究憲法―憲法の過去から未来へ』（有斐閣・2017 年）は、生存権保障を政治部門と司法府との「協働」という観点から分析します。

第14講

教育を受ける権利

設　問

Xさんは手足に障害があり車椅子を利用して生活していますが、小学校のときには町立A小学校の特別支援学級に所属し、体育も含めすべての授業を普通学級の児童らと一緒に受けていました。Xさんと両親は中学校も地元の町立B中学校で学習することを願い、Y町教育委員会に要望したのですが、B中学校は階段が多く、Xさんと介助員の命の保証ができないことを理由に、特別支援学校（隣郡の県立C養護学校）へ通学するよう指定されました。けれども、Xさんらは、Xさんが心身ともに成長し身体機能や学力を向上させることができたのは、A小学校で他の児童らと共に学ぶことで、障害を克服しようとする意欲を持続し努力を続けた結果だと考えているので、B中学校での就学を強く希望しています。

Xさんと両親は、B中学校を選択する各々の権利が憲法26条の教育を受ける権利によって保障されていると主張して裁判を起こそうと考えているのですが、このような主張は認められるでしょうか。

《なにが問題となるか》

教育を受ける権利は、社会権に分類されていることから、かつては経済的配慮を国家に要求する権利として捉えられていましたが、今日では、学習権を中心とした自由権（教育に対する国家の干渉を排除する意味）としての性格も有していると理解されています。設問では、障害のある子どもがどこで教育を受けるかを選択する権利が「教育を受ける権利」の一内容として認められるか否かが問題となっています。

解　説

1　教育を受ける権利とはどのような性格の権利か

◆教育を受ける権利を保障する目的

教育は、個人の人格形成にとって必要不可欠なものです。個人の人格形成は、一定の知識・教養を身につけ、各人の能力を開花させる過程を通じて行われますが、それは同時に民主国家の存立と発展をになう健全な国民の育成過程でもあります（野中他・憲法Ⅰ 516頁）。ところが、明治憲法の時代には、わが国においても、経済的に貧しい者の子どもたちが労働力として酷使され、初等教育を受ける機会すら奪われました。それによって、ますます労働者階級の生活能力と意欲が低下し、やがては民主主義国家の必須の前提である個人の能力の発展を妨げ、健全な民主政治の運用が脅やかされる事態を招きかねません。そこで、そのような事態を事前に防ぎ、さらに国民一般の教育レベルを向上させて、健全な、民主的な政治秩序の維持・運用を図ろうとする目的で、国民の教育を受ける権利が保障されるようになったわけです（永井憲一『憲法と教育基本権』勁草書房、1970年、254～255頁参照）。

◆教育を受ける権利の内容

憲法26条1項は、「すべて国民は、法律の定めるところにより、その能力に応じて、ひとしく教育を受ける権利を有する」と規定しています。

ここでいう教育を受ける権利とは、かつての通説的見解によれば、教育の機会均等を実現するための経済的配慮を国家に要求する権利であると解されていました。たしかに、すべての国民にひとしく教育を受ける権利を保障するためには、経済的な理由で教育の機会が奪われることのないように条件整備がなされる必要があります。憲法26条2項が義務教育の無償を定めているのは、この経済的側面での条件整備要求権の最低限を具体化したもの（浦部法穂『憲法学教室〔第3版〕』日本評論社、2016年、216頁参照）といえます。

ところが、かつての通説的理解に対して教育学者から批判がなされ、今日では、教育を受ける権利は「子どもの学習権」という観念を中心に把握されるようになりました（野中他・憲法Ⅰ 517頁）。子どもの学習権とは、子どもが教育を受けて学習し、人間的に発達・成長していく権利であると解されています（野中他・憲法Ⅰ 517頁・兼子仁『教育法〔新版〕』有斐閣、1978年、231頁参照）。最高裁も、いわゆる旭川学力テスト事件判決（以下、学テ判決と略す。最大判昭51・5・21刑集30-5-615）において、「国民各自が、一個の人間として、また、一市民として、成長、発達し、自己の人格を完成、実現するために必要な学習をする固有の権利を有すること、特に、……子どもは、その学習要求を充足するための教育を自己に施すことを大人一般に対して要求する権利を有するとの観念が存在していると考えられる」と述べ、学習権を認めています。

要するに、教育を受ける権利とは、このような子どもの学習権の観念を前提として、国民が国家に対して合理的な教育制度と施設を整え、適切な教育の場を提供することを要求する権利であると捉えることができます（野中他・憲法Ⅰ 517〜518頁）。

2　教育を受ける権利と教育の自由

◆教育権の所在

そこで次に、このような国民の要求に応え、国家が、国民（とりわけ子ども）の学習権を実質的に保障するべく教育条件を整備するために、いったいなにをどの範囲までなすべきかが問題となります。

この問題については、以前は、主に「教育内容を決定するのは国か国民か」（教育権の所在）というかたちで論争されました。「国民の教育権」説によれば、教育内容を決定するのは親や教師といった国民であり、国家が教育内容に介入することは原則的に許されないとします。これに対し、「国家の教育権」説は、国家が教育内容および方法に介入することを広く認める立場です。最高裁は、前述の学テ判決のなかで、これらの学説を「いずれも極端かつ一方的」であるとし、教師に対し一定の範囲内で教授の自由を認めると同時に、国に対しても必要かつ相当と認められる範囲で教育内容について決定する権能を認めています。

◆教育の自由

このような教育内容決定権の所在をめぐる論争を通じて、教育の自由という考え方が「国民の教育権」説の側から示されました。つまり、教育の本質が子どもの学習する権利を充足することであることにかんがみると、子どもの教育を受ける権利に対応して子どもを教育する責務をになうのは親を中心とした国民全体であり、このような国民の教育の責務は国民の「教育の自由」と呼ばれるというのです（東京地判昭 45・7・17 判時 597-3　いわゆる杉本判決参照）。したがって、一口に「教育の自由」といっても、その主体は、親、教師、国民、私立学校など、さまざまです。最高裁も、学テ判決において、教師に対しては教授の自由を一定の範囲で認め、親については家庭教育の自由や学校選択の自由を、そして、私学教育の自由も一定の範囲で認めています。

ただし、気をつけなくてはならないことは、これらの「教育の自由」はあくまで、教育を受ける権利に仕える限度での自由であるということです。いいかえれば、子どもの学習権の実現とは無関係に、親の教育の自由や教師の教育（または教授）の自由が認められるわけではないということです。

3　障害のある子どもの教育を受ける権利

◆「能力に応じて、ひとしく」の意味

憲法 26 条のいう「能力に応じて、ひとしく教育を受ける権利」とは、教育の機会均等を保障する趣旨です。かつての憲法学の通説は、「能力に応じて」とは、「教育を受けるに適するかどうかの能力」に応ずる意味であると解していました。けれども、このような理解では、成績上位者により多くの教育の機会が与えられれば足りるという考え方になりがちです。つまり、能力の低い者を切り捨てるような教育がなされたとしても、それはその者の「能力に応じた」教育だと見なされてしまう危険性が大きいわけです。

そこで今日では、能力の発達のしかたに応じた教育を保障される意味であると解されるようになりました。このような理解に立てば、長い間、

教育の場から疎外されてきた障害のある子どもは「その障害を克服するために適正な教育を保障されるべき最たる権利主体」(永井憲一編『基本法コンメンタール　教育関係法』日本評論社、1992年、29頁)であると捉えられます。ところが、実際には、障害のある子どもの教育を受ける権利は大きく制約を受けています。以下では、とくに問題となっている、障害のある子どもが「どこで教育を受けるかを誰が決定するのか」という就学指定のあり方について考えてみたいと思います。

◆障害のある子どもはどこで教育を受けるか

2006年の学校教育法(以下、学教法)改正により、障害のある子どもに関する教育は「特殊教育」から「特別支援教育」へと転換が図られました。「特殊教育」においては、障害の種類や程度に応じて、盲学校、聾学校、養護学校や特殊学級といった特別な場で指導を行うことにより、手厚くきめ細かい教育を行うことに重点が置かれてきました。これに対し、「特別支援教育」*は、障害のある児童生徒らの自立や社会参加に向けた主体的な取り組みを支援するという視点に立って、教育の対象を拡大し、特別支援学校に一本化しました。現行法は、特別支援学校において「視覚障害者、聴覚障害者、知的障害者、肢体不自由者又は病弱者(身体虚弱者を含む)」(以下、視覚障害者等)に対して「幼稚園、小学校、中学校又は高等学校に準ずる教育」を施すこととし(72条)、都道府県に設置義務を課しています(80条)。また、「知的障害者、肢体不自由者、身体虚弱者、弱視者、難聴者、その他障害のある者」のために、小学校、中学校、義務教育学校、高等学校及び中等教育学校に特別支援学級を置くことができ(81条2項)、「疾病により療養中の児童及び生徒」に対して特別支援学級を設け、または教員を派遣して教育を行うことも可能であるとしています(81条3項)。このように、法制度上は、障害のある子どもが教育を受ける場として、特別支援学校のほか、普通学校の特別支援学級、施設・病院や家庭での訪問教育が用意されています。

＊特別支援教育は従来の特殊教育が対象としてきた障害だけでなく、学習障害(LD)、注意欠陥多動性障害(ADHD)、高機能自閉症などの知的障害

のない発達障害もその対象としています。

◆「どこ」で教育を受けるかを「誰がどのように」決定するのか

(1) 特別支援学校で就学する者＝認定特別支援学校就学者　そもそも学齢に達した児童生徒が「どこで教育を受けるのか」をどのように決定しているのか、一般的な流れを大まかに説明します。学校教育法施行令（以下、学校施令）によれば、市町村は、10月1日現在市町村に住所を有する者で翌年度の初めまでに満6歳に達する者について、住民基本台帳に基づき学齢簿を作成しなければなりません（1条1項・2項、2条）。その後、就学時検診（学校保健安全法11条）を経て、市町村教育委員会（以下、市町村教委）は、就学予定者のうち、「認定特別支援学校就学者」以外の者について、入学期日と就学すべき学校を、その保護者に対して指定しなければなりません（学校施令5条1項・2項）。

学校施令5条は、「認定特別支援学校就学者」を、視覚障害者、聴覚障害者、知的障害者、肢体不自由者又は病弱者（身体虚弱者を含む）で、その障害が学校施令22条の3に定める程度のもののうち、当該市町村教委が、その者の障害の状態、その者の教育上必要な支援の内容、地域における教育の体制の整備の状況、その他の事情を勘案して、特別支援学校に就学させることが適当と認める者と定義しています。「認定特別支援学校就学者」は、2013年の学校施令の一部改正により設けられました。この改正により、障害のある子どもは特別支援学校に就学させるという従来の原則が改められ、個々の障害の状況等を総合的な観点から判断して就学先を決定することになりました。

(2) 誰がどのように決めるのか　2013年の学校施令改正は、2012年に公表された中央教育審議会（以下、中教審）の「共生社会の形成に向けたインクルーシブ教育システム構築のための特別支援教育の推進」という報告を受けて行われました。本報告は「就学基準に該当する障害のある子どもは特別支援学校に原則就学するという従来の就学先決定の仕組みを改め、障害の状態、本人の教育的ニーズ、本人・保護者の意見、教育学、医学、心理学等専門的見地からの意見、学校や地域の状況等を踏まえた総合的な観点から就学先を決定する仕組みとすることが適当である。その際、市町村教育委員会が、本人・保護者に対し十分情報提供をしつつ、本人・保護者の意見を最大限尊重し、本人・保護者と市町村教委、学校等が教育的ニーズと必要な支援について合意形成を行うことを原則とし、最終的には市町村教育委員会が決定することが適当である」（傍点は筆者）と提言しています。

これまで、就学指定をめぐっては、障害のある子どもとその親が希望する就学先と市町村教委が指定する就学先が異なり、両者の見解が一致せず訴訟が提起されることもありました。今後は、どのようにして保護者の意見を最大限尊重し、その子の教育的ニーズと必要とされる支援について当事者間で合意形成を行うのか、具体的なシステムの構築が課題となります。

◆障害のある子どもの教育のあり方に関する考え方

2006年改正前の学教法は「特殊教育」と題する障害児教育に関する規定を置いていましたが、これは、障害のある子どもと障害のない子どもを別々に教育するという考え方に立つものでした。しかし、1981年の「国際障害者年」とその後の「国連・障害者の10年」（1983〜92年）、1989年の「児童の権利に関する条約」（23条参照）の採択（わが国は1994年に批准）を経て、障害児教育についても、障害のある子どもと障害のない子どもが同じ場で共に学ぶインクルーシブ教育が提唱されるようになりました。2014年にわが国が批准した「障害者の権利に関する条約」の24条にはインクルーシブ教育の理念が示されています。この条約を批准するために2011年に改正した障害者基本法16条は「可能な限り障害者である児童及び生徒が障害者でない児童及び生徒と共に教育を受けられるよう配慮しつつ」、国及び地方公共団体が障害者の教育に対する施策を講じなければならないと定め、同様に、2013年に制定された（2016年施行）「障害者差別解消法」では障害を理由とした差別の禁止と合理的配慮の提供を公立学校に対して義務づけました（私立学校は努力義務）。上述した2013年学校施令改正も含め、これらはインクルーシブ教育実現に向けた施策の一環といえるでしょう。

◆憲法上の権利としての障害のある子どもの学校選択の自由

障害のある子どもの学校選択の自由については、そもそも子どもの自由なのか、親の自由なのか、両方に認められる自由なのかという問題があります。両方に認められる自由だとした場合には、子どもと親の意見が違ったときには、どちらが優先されるべきかという問題が生じます（ここでは、話を簡単にするために、障害のある子どもと親の希望は一致していることを前提に考えます）。

さらに、学校選択の自由が憲法のどの条文を根拠に認められるかについても、さまざまな見解があります。たとえば、子どもの選択の自由の根拠として、憲法 26 条の教育を受ける権利や憲法 13 条の自己決定権が挙げられます。また、「意に反して特定の学校への就学を強制されない自由・権利」であるとして親の教育の自由だと考える立場（中川明『学校に市民社会の風を』筑摩書房、1991 年、55～56 頁）もあります。最高裁は、前述の学テ判決において、親の教育の自由として学校選択の自由を認めていますが、従来、この自由は、主に私立学校を選択する自由として理解されてきました。けれども、最高裁自身は、私立学校選択の自由に限っているわけではなく、「学校選択の自由」と述べていることからして、障害のある子どもの教育をどの学校で行うかを親が選択する自由を含むと解釈することは可能であると考えられます。

もっとも、問題は、子どもや親に対して学校選択の自由を認めた場合に、それが就学先を最終的に決定する意味まで含むかという点です。子どもの教育は、最高裁もいうように、もっぱら子どもの利益のために行われるべきものと考えられます。子どもや親の選択が、つねに子どもの最善の利益であるとは限らないことに注意が必要でしょう。

しかし、だからといって、市町村教委が子どもや親の意見も聞かずに就学先を振り分けるようなことが認められていいはずもありません。この点について、学校・学級の指定には事前の告知と意見表明の機会の付与が憲法 13 条によって要請されるとする説もあります（参考文献② 143

頁)。最終的には市町村教委が就学先を決定するにしろ、その決定過程において、子どもの学習権、子どもまたは親の学校選択の自由に配慮して、就学指定がなされるべきでしょう。学校施令18条の2は、市町村教委が視聴覚障害者等の就学指定を行うに際して、「その保護者及び教育学、医学、心理学その他の障害のある児童生徒等の就学に関する専門的知識を有する者の意見を聴くものとする」と定め、専門家のみならず、保護者からの意見聴取についても規定しています。学習権の実現という憲法上の観点からすれば、親や専門家の意見を聴いた上で、その子どもにとって最適な教育環境を選択・決定することが、この規定の下で、市町村教委には法的に義務づけられていると解すべきでしょう。

設問への答え

2006年改正前の学教法の規定の下で、普通学級か特殊学級かの学級選択の自由が問題となった裁判例があるので、最初にそれを参考に考えてみましょう（留萌特殊学級入級処分取消事件　旭川地判平5・10・26判時1490-49、札幌高判平6・5・24判時1519-67)。この事件では、旭川地裁はまず、憲法26条1項は、子どもに対し、自己に施されるべき教育の環境ないし教育内容を自ら決定する権能まで付与したものではないと述べ、子どもの選択の自由を否定しています。また、親の教育の自由については、家庭教育等学校外における教育や学校選択の自由以外の領域においては、憲法26条が、親に対して子女の教育の内容を決定する権能を付与しているものと解することはできないとして、学級選択の自由を否定しています（札幌高裁はこのような地裁の判断を維持しました)。

設問のモデルとなった事件は2006年改正後のものですが、仮の義務付け（行訴37条の5第1項）という暫定的な救済を求めた事案に対する判断であり、あまり一般化できませんが、旭川地裁とは異なる立場から次のような判断を行っています。すなわち、Y町の主張は「いずれも抽象的な危険のおそれをいうにすぎず、近年の障害のある生徒の自立や社会参加に向けた取組を支援するという特別支援教育の理念に反するものといわざるを得」ない。「すなわち、認定就学者*の該当性の判断に当たっては、生徒自身が何ができないかとの観点のみから判断するのではなく、どのような能力が残され、何ができるのかとの観点から将来の可能性を信じ、生徒及び保護者の意向を踏まえて判断するのが、教育一般の、また、特別支援教育の理念に沿うものであるというべきである」（奈良地決平21・6・26判例地方自治328-21）。

すでに述べたように、子どもや親の学校選択の自由が憲法上保障されてもその意思がつねに優先されるわけではないのと同時に、市町村教委の専断が許されるわけでもありません。たとえば、子どもや親が十分な根拠を示して合理的な希望を示しているときに、市町村教委がそれを聴くことなく一方的に就学指定を行った場合や、子どもや親の意見を聴く機会は持ったものの、それらに対する十分な検討をすることなく市町村教委の就学指定が行われた場合には、子どもの教育を受ける権利が侵害されたと評価できることになるでしょう。

＊認定就学者　　市町村教委によって「特別の事情」があると認められて普通学校に就学する障害のある子どものことです。2013年学校施令改正によって廃止されました。

＜参考文献＞

①大石眞＝石川健治編『憲法の争点』（有斐閣、2008年）所収の大島佳代子「教育を受ける権利」（176～177頁）、内野正幸「教育の自由」（144～145頁）は、各テーマについて簡潔にまとめてあり参考になります。

②障害児の教育を受ける権利については、米沢広一『憲法と教育15講〔第4版〕』（北樹出版、2016年）139～155頁が参考になります。

③柘植雅義ほか『はじめての特別支援教育〔改訂版〕』（有斐閣、2014年）、柳本雄次＝河合康編著『特別支援教育〔第3版〕』（福村出版、2019年）は、特別支援教育の理念とシステムを分かりやすく説明した入門書です。

第15講

刑罰・刑事手続と憲法

設問

「F県青少年保護育成条例」は、「青少年」に対する「淫行《いんこう》」を禁止し、違反者は「2年以下の懲役又は10万円以下の罰金に処する」と規定していましたが、「青少年」については「小学校就学始期から満18歳未満の者（婚姻している者は除く）」と定義していたのに対して、「淫行」を定義する規定はありませんでした。

Y（当時26歳の男性）は、A子が当時16歳の高校1年生であると知りながら、F県内のホテルの部屋でA子と性交しました。その際Yは、A子をおどした・だましたとか、見返りの金品をA子に渡した、というわけではありませんが、この行為は上記の条例に違反するとされて、起訴されました。これに対し、Yは裁判で、「『淫行』というだけでは不明確すぎる。こんな漠然とした罰則は違憲・無効だ」と主張し、無罪判決を求めました。

Yのこの言い分は裁判所で認められるでしょうか？

《なにが問題となるか》

国語辞典によると、「淫行」とは「みだらな行為」、「淫《みだ》ら」とは「性的に乱れていること」という意味です（三省堂『スーパー大辞林3.0』）。たしかに、これだけでは明確でないようにも思えます。それにしても、そもそも「不明確で漠然としている」という理由で罰則を違憲・無効とする主張が認められる余地はあるのか、その余地はあるとしても設問の罰則はただちに違憲・無効になるのか、ならないとすればなぜか、これらが設問のポイントです。

解　説

1　刑罰と憲法

◆「犯罪」と「刑罰」

たとえば自動車運転中に誤って他人を負傷させてしまった場合、(ア)懲役刑、禁錮《きんこ》刑、あるいは罰金刑を科されたり、(イ)被害者に対して損害賠償金を払わなければならなくなったり、(ウ)運転免許の取消し・免許の効力の停止を受けたりします。このうち、「刑」に当たるのは(ア)だけです((イ)は民事責任、(ウ)は行政処分です)。法律用語では、「刑罰」とは「刑」だけを指し、「犯罪」・「罪」とは「刑を科されるべき行為」だけを指します（罪になる行為が、つねに民事責任を生じるとは限りませんし、つねに行政処分の対象になるとも限りません)。

現在の日本の法律では、刑の種類は、①死刑、②懲役、③禁錮、④拘《こう》留《りゅう》、⑤罰金、⑥科《か》料《りょう》、⑦没収の７つです（刑９条)。②〜④は監禁して自由を奪う刑、⑤・⑥は金銭を国に払わせる刑、⑦は犯行に使われた凶器などを取り上げるものです（刑12〜17条、19条参照)。この点、憲法は「残虐な刑罰」を絶対的に禁じていますが（36条)、最高裁判所の判例は死刑について、(i)憲法31条は「生命」を奪う「刑罰」をも想定しており、死刑もただちに違憲とはいえない、(ii)ただし、処刑方法が非人道的なものである場合（例：火あぶり・はりつけ・釜ゆで）は「残虐な刑罰」に当たるが、現行の絞首刑の方法（刑11条１項）はこれには当たらない、としています（最大判昭23・3・12刑集2-3-191)。

また、“ある人が犯罪に当たる行為をしたかどうか、したのであれば、具体的にどれだけの刑を科すべきか”を決めるには、そのための裁判＝刑事裁判が必要です（憲32条、37条１項)。刑事裁判の手《て》続《つづき》は、原則として、国の公務員である検察官が、犯罪をしたと疑われる人を「被告人《にん》」として裁判所に訴える（＝起訴する）ことによって、開始されます。

◆憲法31条と罪刑法定主義

憲法31条は、「何人《なんぴと》も、法律の定める手続によらなければ、その生命若《も》しくは自由を奪はれ、又はその他の刑罰を科せられない」と規定しています。ここでは、刑罰を科すには「法律」で定める「手続」に基づくことが必要だ、とされています。この場合の「法律」とは、国会が議決した制定法のことで、ここでいう「手続」は、「前提として必要になる条件」というような意味に理解されています。こうして憲法31条は、“どのような行為が犯罪とされるのか、それに対してどのような内容の・どの程度の重さの刑を科せるのか、これらはあらかじめ国会制定法で決めておかなければならない”という原則を定めている、とされます。

この原則は「罪刑法定主義」と呼ばれ、刑罰法規（罰則規定）のあり方に関する根本原則とされるものです。この原則は、①犯罪となる行為・それに科される刑が事前に指定されていないと、自分がいつ処罰されるか、国民には予測もつかなくなる、②刑罰法規の内容は国民の重大な利害にかかわるので、国民の代表である国会で決定する必要がある、という考慮に基づくものです。

◆罪刑法定主義の内容

このように、罪刑法定主義は、犯罪となる行為・それに科される刑について、①法律で・②あらかじめ・③指定（特定）する、ということが必要だとするものです。

このうち、①の「法律で」決めなければならないという点は、「法律主義」と呼ばれます。また、②の点は憲法39条でも念押しされています。「何人も、実行の時に適法であつた行為……については、刑事上の責任を問はれない」という39条の規定の意味は、“ある行為をした時点ではそれを犯罪とする罰則がなかったのに、その後にできた罰則を根拠にして処罰してはいけない”というものだからです（事後法の禁止）。さらに、③の帰結として、“あるケースに対して直接に当てはめることのできる罰則がない限り、そのケースを刑罰の対象とすることはできない”とされます。似たようなケースに当てはめることのできる罰則があっても、それを使って罰することは許されません（類推解釈の禁止）。

◆法律主義の例外

以上のうち、法律主義については、じつは次の２つの例外があります。

第１は、国の行政機関の定める制定法（＝命令）への「罰則の委任」の場合です（憲 73 条６号参照）。つまり、法律の条文中で“罰則の詳細な内容の具体化については、命令の規定に委ねる”と特別に明言している場合は、命令のなかに罰則を設けてもよい、ということです。“国会の決定には時間もかかるので、細かい点については、行政機関に委ねる余地も認めよう”というものですが、これを無条件に許すと、罪刑法定主義は骨抜きになるので、罰則の委任に際しては、科される刑の種類・上限や罪になる行為の範囲の大枠を、法律のなかで指定しておくことが必要だ、とされています（以上の点について、詳しくは第 17 講参照）。

第２は、「条例」で罰則を設ける場合です。「条例」とは、地方公共団体（都道府県や市町村）の議会が各地域独自の法的ルールとして定める制定法のことです（第 21 講参照）。憲法には、条例で罰則を設けてもよい、とは明記されていませんが、「地方自治法」という法律はこれを認めています（14 条３項）。ただし、条例が国の法令に反しないことを条件とし、条例で科せる刑の種類・上限（２年以下の懲役・禁錮、100 万円以下の罰金、拘留・科料・没収）も指定しています。この地方自治法の規定は合憲だと考えられていますが、それは、“条例は、地方公共団体の議会（その議員は住民が直接選挙する）によって民主的な手続を経て制定され、公布されるものだから、法律に準ずるものと見なせる”という理由からです。

◆刑罰法規そのものの適正さに関する原則

このように法律主義の例外が許容される反面、今日では、“刑罰法規そのものが適正なものでなければならない”ということも憲法 31 条によって要求される、と考えられるようになっています。その具体的な内容は、次の２つの原則に表されます。

第１は、刑罰法規の明確性の原則です。これは、「刑罰法規の内容（とりわけ犯罪とされる行為の内容）は具体的かつ明確に規定されなければならないとする原則」です（参考文献① 91 頁）。もともと罪刑法定主義のねらいのひとつは、“どのような行為が刑罰の対象になるか、国民が前もって予測できるようにする”という点にありますから、その趣旨を徹底させるものといえるでしょう。

第2は、刑罰法規の内容の適正の原則です。これは、「刑罰法規は、処罰する合理的な根拠のある行為のみを処罰の対象とし、かつ犯罪の重さとバランスのとれた刑を規定しなければならないとする原則」です(参考文献① 91 頁)。たとえ国会や地方公共団体の議会の定めた罰則であっても、処罰の対象を不当に広げすぎているもの・不当に重い刑を定めるものは、国民の人権を害することになるからです。

こうして、刑罰法規の明確性の原則・内容の適正の原則に反すると断定される罰則は憲法 31 条違反になる、と考えられているのです。

2 「淫行」処罰規定と明確性の原則

◆福岡県青少年保護育成条例事件

設問に挙げた例は、実際に起きた事件で、「福岡県青少年保護育成条例事件」として知られるものです。

最高裁判所は、次のように論じてYの言い分をしりぞけました（最大判昭 60・10・23 刑集 39-6-413)。①本条例（この事件当時の福岡県青少年保護育成条例）にいう「淫行」とは、性行為のうちでも、(ア)青少年を誘惑する・おどす・だます・困らせるなど、その未成熟につけこむ不当な手段を用いた場合、(イ)青少年を単に自己の性欲を満たすための対象として扱ったとしか認められない場合を指す。②婚約中の青少年・これに準ずる真剣な交際関係にある青少年との性行為は、本条例の「淫行」には含まれない。③以上のように解釈すれば、処罰の範囲は不明確ではない(不当に広すぎるともともいえない)。④本件のYの行為は①の(イ)に該当する（＝有罪)。

その際、①・②のように解釈すべき理由として、最高裁は以下の点を挙げています。(a)「淫行」＝「性行為一般」と解釈するのは、「淫らな」性行為を指す「淫行」の語自体にそぐわない。(b)本条例の制定目的は、青少年の健全な育成・そのための青少年保護であると明記されているから（本条例1条1項）、青少年との性行為のうちでも、青少年の育成を阻害するおそれがあり、社会的にも非難されるべきものだけを処罰の対象としている、と見るべきだ。(c)上記①・②の解釈は「通常の判断能力を有する一般人の理解」にも適合する。

◆最高裁の判断はどのような前提に立っているか

以上に見た最高裁の判断におけるキーワードは、じつは、「通常の判断能力を有する一般人の理解」です。

というのは、最高裁は、すでにこの判決以前の判例で、ある罰則が刑罰法規の明確性の原則に反するかどうかは「通常の判断能力を有する一般人の理解」を基準として判断すべきだ、としていたからです。つまり、“ある具体的ケースにおける行為がその罰則によって処罰される範囲内なのかどうか、ふつうの判断能力・理解力をもつ人なら、その罰則の条文から読みとれる”という場合は、その罰則を明確性の原則に反するとは断定できない、ということです。“条文のことばによる表現力には限界があるから、罰則にも絶対的な明確性までは要求できない”というのです（徳島市公安条例事件判決　最大判昭50・9・10刑集29-8-489）。

最高裁は、福岡県青少年保護育成条例事件の判決でも、以上の基準を前提にしていたと見られます。つまり、“真剣な交際関係にある青少年との性行為は「淫行」に含めるべきではないが、相手をおどす等のように不当な手段を用いた場合や、性欲を満たすための対象としてしか相手を扱っていない場合は、「淫行」に当たると見てよい。これらの点は、「淫行」という表現そのものや、本条例中に明記されている制定目的を見ても、ふつうの判断力・理解力をもつ人ならわかるはずだ”――最高裁はそう判断した、と理解できるでしょう。

◆最高裁の多数意見に対する批判

福岡県条例の「淫行」処罰規定を合憲とする、以上に紹介した判決は、じつは、最高裁の裁判官15名中12名の多数意見によるものでした。それに対して、3名の裁判官（伊藤正己、谷口正孝、島谷六郎の各裁判官）

が反対意見を書いていて、“この規定は、刑罰法規の明確性の原則に反しており、違憲だから、被告人は無罪とされるべきだ”としています。

この3名の裁判官も、「通常の判断能力を有する一般人の理解」を罰則の明確性の判断基準としており、その点では多数意見と同じです。しかし、福岡県条例の規定がこの基準をクリアしているかどうかについて、多数意見が“クリアしている”とするのに対して、3名の裁判官は“クリアしていない”とするのです。すでに見たとおり、多数意見は、「淫行」＝(ア)「青少年をおどす等の不当な手段で行う性行為」＋(イ)「青少年を単なる性欲充足のための対象として扱う性行為」と解釈し、こうした解釈は「一般人の理解」にも適合する、としていました。それに対して反対意見は、“このような解釈を「淫行」ということばから読みとるなどということは、むしろ「一般人の理解」では無理だ”と批判します。“(ア)・(イ)のように、用いる手段や行為の動機を限定して処罰対象にする場合、そのことが罰則に明記されるのがふつうであるし、明記すべきことのはずだ”（谷口裁判官）というわけです。

憲法学界では、こうした反対意見の立場を支持する見解が優勢です。

＊刑罰法規の不明確性が問題になった事例としては、これ以前にも、徳島市公安条例のケースがありました。この条例は、デモ行進の際に守るべき事項のひとつとして「交通秩序を維持すること」を挙げ、これに違反したデモの主催者に対する罰則を設けていました。これについて最高裁は、次のように論じて違憲ではないとしました（最大判昭50・9・10＝前出の徳島市公安条例事件判決）。①この条例にいう「交通秩序を維持すること」とは、“ことさらに交通秩序を阻害する行為はしないこと”の意味に解釈すべきだ。②たとえば、ジグザグ行進・すわり込み・道路いっぱいを占拠する行進などが“ことさらに交通秩序を阻害する行為”に当たることは、一般人の理解でも容易にわかる。――しかし、この判決に対しても、憲法学者の多くは批判的です。

3　適正な刑事手続の保障

◆実体《じったい》法と手続法

法的ルールの分類の仕方のひとつに、「実体法－手続法」の区別があります。「実体法」とは、法的な権利・義務の内容を定めるルール、「手続法」とは、法的な権利・義務の内容にかかわるトラブル・事件の処理に際して、どのような手続を経るべきかについて定めるルールです。たとえば、“どのような行為が刑罰を受けるべき犯罪となるのか”について定めるルールは「実体法」に当たり、“刑事裁判の手続を開始するためには、どの裁判所に・どのような書類を提出することが必要か”について定めるルールは「手続法」に当たります。

ここまでは、犯罪・刑罰に関する実体法の問題を見てきましたが、以下では、刑罰を科す際の手続法の問題を見ておくことにします。

◆刑事手続に関する憲法の規定

「刑罰を科すための手続」には、裁判所における刑事裁判手続（およびそれに続く判決の執行手続）だけでなく、その前の段階の手続（警察などによる捜査の手続・検察官による起訴の手続）も含まれ、これらの全体を指して「刑事手続」と呼びます。刑事手続の対象となる人は、検察官の起訴後は「被告人」と呼ばれますが、起訴前は「被疑者」（日常用語でいう「容疑者」）と呼ばれます。

憲法は、33条から39条にわたって、刑事手続において守るべきルールを非常に詳しく定めています*。刑事手続について憲法でこれだけ詳しく定めたのは、明治憲法の下で行われたような、捜査機関による人身の自由の過酷な制限を徹底的に排除しようとしたものです。

＊次のような規定が置かれています。①被疑者の逮捕、捜査のための強制的な住居立入り・捜索《そうさく》（人・証拠物等を探すための強制調査）・押収《おうしゅう》（証拠物等の強制的な取得・保管）には、原則として、裁判官の発する令状が必要であること（33条・35条）。②逮捕に続く拘束の際にただちにその理由の告知を受け弁護人に依頼する権利、起訴後の拘束継続の際にその正当な理由を公開法廷で示すよう要求できる権利の保障（34条）。③拷問の絶対的禁止（36条）。④被告人の権利として、公平な裁判所の迅速な公開裁判を受ける権利、証人に法廷で詳しく問いただす権利、必要な証人の呼出しを求める権利、国費で弁護人を付けてもらう権利の保障（37条）。⑤黙秘権の保障、強要による自白・その疑いのある自白を証拠とすること

の禁止、本人の自白だけを証拠にして有罪とすることの禁止（38条）。⑥確定した無罪判決をくつがえして有罪にすることの禁止、同じ行為をあらためて別の罪として処罰することの禁止（39条）。

このうち、④の「迅速な裁判」を受ける権利に関連して、15年も審理が中断して異常な長期裁判になったのはこの権利の侵害に当たるとして、有罪・無罪の結論を出さずに刑事裁判手続を打ち切る判決（免訴判決）を下した例があります（高田事件判決　最大判昭47・12・20刑集26-10-631）。また、①に関連して、裁判官の令状に基づかないGPS捜査が問題となった事例については、この講のトピックス3を参照してください。

◆憲法31条による適正手続の保障

さて、ここでもう一度、話を憲法31条に戻しましょう。この条文は「何人も、法律の定める手続によらなければ、……刑罰を科せられない」と規定しています。これは、犯罪・刑罰に関する実体法だけでなく、刑罰を科す際の手続法も「法律」（＝国会制定法）で定めなければならない、ということを表しています。ただ、憲法は別の条文で、訴訟手続に関する規則の制定権を最高裁判所に与えているので（77条1項）、少なくとも、刑事手続に関する細かい事項は最高裁判所規則で定めても憲法に反しない、と考えられています（実際にも、基本事項は「刑事訴訟法」という法律で、細かい点は最高裁判所が制定した「刑事訴訟規則」で規定されています）。もちろん、法律も規則も、憲法33条〜39条の規定に反する手続を定めるものであってはなりません。

さらに、①憲法31条は“法の定める刑事手続は適正な手続（デュー・プロセス）でなければならない”という趣旨も含んでいると見るべきだ、②憲法33条〜39条には明記されていない手続であっても、適正な手続として必要不可欠なものは憲法31条によって保障される、とも考えられています（判例・多数説）。そして、31条によって保障される内容としては、「告知と聴聞《ちょうもん》」の原則＝“国家権力が国民に対して刑罰その他の不利益な処分をするには、あらかじめ当事者にそのことを告知し、処分確定前の段階で、当事者に聴聞の機会（弁明を聞く機会）を与えなければならない”という原則が挙げられています*。

＊この点に関する判例として、下級裁判所が、外国向けの密輸未遂の罪を犯した被告人Aに対して、密輸品没収の刑を言い渡したものの、この密輸品のなかには第三者Bの所有物も混じっていた、というケースについて、"Bに対して告知・弁解の機会を与えることが必要であり、Bにその機会を与えないままAに没収を言い渡したのは憲法31条違反である"とした最高裁の判決があります（第三者所有物没収事件　最大判昭37・11・28刑集16-11-1593）。

設問への答え

憲法31条は、刑罰を科すには適正な法定手続を経なければならないことを定めた規定である（❸参照）と同時に、罪刑法定主義・刑罰法規の明確性の原則をも定めた規定だ、と理解されています。そこで、設問の罰則は明確性の原則に反しないか、という点が問題になりますが、最高裁の判決（多数意見）は、設問と同様の事例で、この罰則が明確性の原則に反するとは断定できない、と判断しました。「淫行」という語のニュアンス・社会常識などから考えて、なにが罰せられる行為なのかの基準が一般人に読みとれる、というのがその理由です。しかし、最高裁のなかの少数意見は、"「淫行」というだけでは、罰せられる行為の基準が一般人には読みとれず、この罰則は違憲だ"としており、憲法学界の多数説も同様の立場です。このように、最高裁の判決に対しては強い批判があることも、ふまえておきましょう。

＜参考文献＞

①井田良『基礎から学ぶ刑事法〔第6版〕』（有斐閣、2017年）。「犯罪と刑罰に関係する法的なルールをまとめて刑事法と呼ぶ」（同書3頁）のですが、同書は、タイトルのとおり、刑事法の入門書です。
②芦部・憲法第11章は、人身の自由に関する基本原則、被疑者・被告人の権利について、詳しく解説しています。
③中村睦男『論点憲法教室』（有斐閣、1990年）170〜185頁は、法定手続の保障と明確性の原則について、詳しく解説しています。
④佐伯仁志＝橋爪隆編『刑法判例百選Ⅰ〔第8版〕』別冊ジュリスト（有斐閣、2020年）6〜7頁［佐伯仁志執筆］は、福岡県青少年保護育成条例事件に関する最高裁の判決の解説です。

トピックス3　最高裁GPS捜査判決

(1)　憲法35条の内容　　憲法35条は、「住居、書類及び所持品について、侵入、捜索及び押収を受けることのない権利」は侵されない、としています（1項）。その反面で、この権利に対する例外として、次の場合には捜索・押収が行える、とも規定しています。第1は、憲法33条に規定されている場合（裁判官の令状による逮捕・現行犯の場合）です（1項）。第2は、「権限を有する司法官憲」（＝裁判所ないし裁判官）が発する令状に基づいて捜索・押収を行う場合です（2項）。ただし、その令状には、正当な理由（根拠）があって、捜索する場所・押収する物が明示されていることが必要です（1項）。また、この令状は「各別」に出されることも必要とされますが（2項）、これは、個々の捜索・押収それぞれについて令状が必要だ、という意味です。

(2)　GPS捜査とは　　では、警察が捜査のために、相手の同意も裁判官の令状も得ずに、誰かの自動車やバイクにGPSの受信器をひそかに取り付けて、その人の足取りを追い続けることは、憲法35条の下で許されるのでしょうか。

GPSとは、Global Positioning System（グローバル・ポジショニング・システム、全地球測位システム）のことで、複数の人工衛星が発する電波を、GPS用の受信器で受信し、受信器に電波が到達するまでの時間の計測をもとに、受信器が地球上のどの位置にあるかを正確に割り出すシステムです。現在では、GPS受信器はカー・ナビゲーションやスマートフォンにも内蔵されていて、位置情報を知るのに利用されています。GPS受信器を容疑者の自動車やバイクに取り付け、インターネット経由で受信器の位置のチェックを続ければ、捜査員が実際に尾行しなくても、容疑者の足取りを正確に把握できるため、捜査の手段として利用されるようにもなってきました。この捜査手法が「GPS捜査」と呼ばれるものです。

(3)　令状を得ずに行えるか　　この問題について、最高裁判所は、次のように指摘して、相手の同意も裁判官の令状も得ずにGPS捜査を行うことは許されない、と判断しました（最大判平29・3・15刑集71-3-13）。

①GPS捜査は、一般道路上を移動している間に限らず、対象となる車

両・その使用者の居場所・移動状況の把握を可能にするもので、これにより、捜査対象となる個人の行動は、まるごと何でも継続的に把握されることになるから、公権力（国家権力）による私的領域への侵入になる。②憲法 35 条の規定の保障対象には、「住居、書類及び所持品」だけでなく、「これらに準ずる私的領域」に「侵入」されることのない権利も含まれる。③そうすると、GPS 捜査は、その対象となる個人の意思に反するだろうと考えるのが合理的であるのに、有無を言わさず「憲法の保障する重要な法的利益を侵害するもの」であり、「強制処分」（強制捜査）に当たるから、裁判官の令状に基づかなければ行えない。

(4)　令状を得たうえで行えるか　ただし、最高裁は以上の判決で、「裁判官の令状を得たうえで GPS 捜査を行うのであれば、問題はない」と述べているわけではありません。

憲法 31 条により、刑事手続については「法律」で規定することが必要であり、これを受けて、法律である刑事訴訟法は、捜査の方法について、「強制の処分は、この法律に特別の定《さだめ》のある場合でなければ、これをすることができない」（197 条 1 項ただし書）と規定していて、いくつかの強制処分について、一定の条件の下に、令状を得て行うことを認めています。しかし、刑事訴訟法には、GPS 捜査そのものを直接に認める規定はありません。この点について最高裁は上記の判決で、次のように指摘しました。

④ GPS 捜査には、刑事訴訟法が強制処分のひとつとして認める「検証」（特定の場所・物の状態を調べるための処分）との共通点もあるものの、「検証」では捉えきれない性質もある。⑤ GPS 捜査は、刑事訴訟法が定める他の強制処分とも捉えられず、現行の刑事訴訟法の下で、令状を得て行えるものと見なすには疑問があり、GPS 捜査を今後も用いるのであれば、憲法の定める原則を踏まえつつ、立法措置を講じる（刑事訴訟法の改正や新たな法律の制定によって、GPS 捜査の手続についての規定を置く）のが望ましい。

最高裁の以上の判決を受け、立法措置が検討課題となっています（2022〔令和 4〕年 10 月現在）。

第16講

選挙権の平等と選挙制度

設問

1994年、衆議院議員選挙に小選挙区比例代表並立制が導入されました。小選挙区選出議員については、各都道府県に定数1をあらかじめ配分し、残る定数を人口に比例して各都道府県に配分するという基準に従い選挙区割が行われるという一人別枠方式が採用されました。この結果、人口が最も少ない選挙区と人口が最も多い選挙区との間における1票の重みの最大較差は1対2を超える状態が続いています。さらに、新制度導入後最初の衆議院議員選挙から10年以上経過した2009年に2002年改定の選挙区割に基づいて選挙が実施された時点では、最大較差は1対2.304になり、人口が最少の選挙区との1票の重みの較差が2倍以上になる選挙区の数も増加していました。そこで、選挙人Xは、選挙区の間で1票の重みに不平等が生じていると主張して、選挙無効訴訟を起こしました。一人別枠方式と区割規定の合憲性を裁判所はどのように審査すべきでしょうか。

《なにが問題となるか》

国会議員（衆議院議員および参議院議員）は全国民の代表として選挙されます（憲43条1項）。国会は、選挙制度の具体的しくみを法律で決定できますが、憲法が要求する選挙法の原則に従わなければなりません。この講においては、選挙区割という選挙制度によって生じた1票の重みのアンバランスが投票価値の平等という憲法の要求に反して違憲であることが疑われる場合、裁判所がどのように審査すべきかを考えます。

解　説

1　選挙法の原則と選挙制度

◆選挙の意味

日常用語では、選挙は「多人数の中から投票などにより適任者をえらびだすこと」（広辞苑）とされています。ただし、憲法において「選挙」という場合、その意味は日常用語より限定されます。選挙とは、選挙人（有権者。選挙権をもつ人）が国会議員などの公務を担当する者を選定する目的のために選挙人団を構成し、選挙人団全体の意思表明を通じて公務担当者を選定することなのです。

憲法が国会議員を「全国民を代表する選挙された議員」と規定するように（43条1項）、選挙は代表民主制と密接にかかわる制度です。憲法は、国民の代表者（国民代表）が国民に代わって国の政治を行う体制である代表民主制を採用しています（前文1項、43条1項。終講参照）。代表民主制の下で国民は、自身で国民代表を選挙することを通じて、国民代表が国政を行うことを認めます。他方、国民個人には、「公務員を選定罷免する国民固有の権利」（憲15条1項）として、①選挙人団の一員として選挙に参加できる資格または地位である〈選挙権〉*と②選挙による選定を承諾して公職に就く資格である〈被選挙権〉が保障されます。

＊選挙権を憲法上「保障する」ためには、選挙人が実際に投票する機会を保障しなければなりません。この点、外国に居住して国内に住所がない日本国民である在外国民が国会議員選挙において投票できないことが問題となりました。最高裁は、選挙権の行使を制限するためには「やむを得ない事由」が必要であり、やむを得ない事由があるのは「選挙の公正を確保しつつ選挙の行使を認めることが事実上不能ないし著しく困難であると認められる場合」に限られるとして、① 1996年10月20日に実施された衆議院議員選挙の時点で、在外国民に選挙権の行使を認める在外選挙制度を公職選挙法が設けていなかったこと、②在外選挙制度を設けた公職選挙法改正（1998年）のうち、在外選挙の対象を当分の間衆参両院の比例代表選出議員選挙に限定する部分のいずれについても、投票を制限するやむを得ない事由があるとはいえず、憲法15条1項および3項、43条1項並びに44条但書に反し違憲であると判断しました（在外日本国

民選挙権訴訟　最大判平17・9・14民集59-7-2087)。この判決を受けて2006年に法改正が行われ、在外国民は現在、国会議員選挙のすべてにおいて投票できるようになりました。

◆選挙法の原則

憲法が選挙に対して要求する原則は、近代立憲国家の選挙制度に共通する内容に照らして確立されています。これを選挙法の原則といい、その多くが選挙権の行使に関係するので、選挙権の要件ともいいます。一般に、①普通選挙、②平等選挙（本講❷参照)、③秘密投票、④自由選挙が挙げられます。普通選挙は、選挙権をもつ資格に関する原則です。狭い意味では、選挙権をもつ資格を納税額・財産など財力の有無で制限しない選挙の保障です。広い意味では、選挙権をもつ資格を、財力のみならず、性別や人種、血筋、職業などで制限しない選挙の保障です（憲15条3項、44条但書)。秘密投票は、選挙人が誰に投票したかを選挙人以外の者に知られないことの保障です（憲15条4項)。自由選挙は、自らの意思で投票する自由および選挙運動の自由の保障です。

◆選挙制度法定主義

選挙の方法は多種多様です。国会は、議員定数、選挙権、被選挙権、選挙区、投票方法など選挙制度の具体的しくみを法律（公職選挙法）で定めることができます（選挙制度法定主義。憲43条2項、44条、47条)。衆議院については、各選挙区から3人から5人の議員を単記投票で選出する〈中選挙区制〉を長年にわたり採用してきました。1994年の法改正以降は、各選挙区から1人の議員を選出する〈小選挙区制〉と、当選順位を付けた候補者名簿に投票し、政党の得票数に比例した数の議員を選出する〈拘束名簿式比例代表制〉とを組み合わせ、小選挙区と比例代表の投票を別々に集計して議員を選出する〈小選挙区比例代表並立制〉が採用されています。

参議院については、衆議院と異なり、3年ごとに総議員の半数ずつを改選します（憲46条但書)。発足当初（1947年）の選挙制度は、日本全国を1選挙区とする「全国区」と各都道府県を選挙区とする「地方区」を設け、全国区と地方区それぞれから配分された改選定数の議員を単記投票で選出するという2本立てを採用していました。ただし、選挙区(2000年に地方区から名称変更)の一部は現在、2つの県を1選挙区とする合区《ごうく》が採用されます(トピックス3参照)。全国区は比例区となり、当選順位を付けない候補者名簿に投票する〈非拘束名簿式比例代表制〉が基本です。ただし、政党等が候補者名簿に特定枠を設けたときは、特定枠の候補者は拘束名簿式比例代表制により優先して選出されます。

そこで、国会が制定した法律に含まれる選挙制度の具体的しくみが選挙法の原則という憲法の要求に反することが疑われる場合、裁判所はどのように審査すべきかが問題となります。

2 投票価値の平等と議員定数不均衡

◆平等選挙と投票価値の平等

平等選挙は、選挙権の平等ともいわれ、選挙権の内容に関する原則です。平等選挙とは元来、投票数の平等である一人一票の原則を意味します(公選36条)。この原則から、①複数選挙(選挙資格によって投票数が異なる選挙)および②等級選挙(選挙資格に応じて階級を区別し階級ごとに行う選挙)が禁止されます。さらに現代の民主政国家においては、一人一票の原則に加えて投票価値の平等も平等選挙の内容に含まれると解されます。投票価値の平等とは、選挙人の各投票が選挙結果に及ぼす影響力、すなわち1票の重み(=選挙区に配分された議員定数÷選挙区の選挙人数または人口)の平等です。判例も、投票価値の平等が憲法14条1項、15条1項・3項、44条但書を根拠として選挙権の平等に含まれ、憲法上要求されるとしています(最大判昭51・4・14民集30-3-223)。

◆議員定数不均衡という憲法問題

(1) **問題の所在**　国会議員の選挙区割と議員定数は公職選挙法が規定します(定数配分規定。別表第一[衆議院小選挙区]・別表第二[衆議院比例区]・別表第三[参議院選挙区])。選挙人団を2以上の選挙区(選挙人団を分ける基準となる区域を「選挙区」といいます）に分けて、選挙区ごとに配分された定数の議員を選出する制度を採用する場合、投票価値の平等に従うと、各選挙区の議員定数は、選挙人数または人口に比例するように配分されなければなりません。それにもかかわらず、議員定数が比例配分されない——不均衡がある——と、その選挙制度は合憲であるかが問題となります。これが議員定数不均衡です。議員定数不均衡は、衆議院の小選挙区比例代表並立制や参議院の選挙区選出議員においても生じ得ます。ただし、これまで最も議論されてきたのは衆議院の中選挙区制についてです。判例および学説の基本的な考え方もそこで示されています。

⑵ **中選挙区制における議員定数不均衡**　衆議院議員の選挙制度は、1947年に衆議院議員選挙法が改正され、中選挙区制に復帰するとともに議員定数の配分が行われ、公職選挙法（1950年制定）もこれを受け継ぎました。当時の定数は1946年4月26日現在の人口調査に基づき配分され、議員1人あたりの選挙人数の最多選挙区と最少選挙区との較差である〈最大較差〉は1対1.5程度でした。言い換えると、最少選挙区の1票の重みは最多選挙区のそれと比べて1.5倍程度にとどまっていました。しかし、日本においては公職選挙法制定後まもなく、疎開からの復帰や戦地からの復員・引き揚げのほか、経済成長による産業および社会構造の変化にともない、都市への人口集中と農村の過疎化という大きな人口移動が生じました。この結果、都市部選挙区と農村部選挙区との間で選挙人数のアンバランスが生じたのです。

当時の別表第一は「本表は、この法律施行の日から五年ごとに、直近に行われた国勢調査の結果によって、更正するのを例とする」と規定していました。1955年10月の国勢調査結果が明らかになると（議員1人あたりの人口は東京都の約30万人に対して、鳥取県は約15万人）、議員定数不均衡は違憲であると指摘されるようになり、定数配分の是正がたびたび政治問題となりました。もっとも、法律改正による定数配分の是正は、1976年に最高裁大法廷が判決を下すまでの間、1964年および75年の2回だけであり、最大較差は拡大しました。

◆昭和51（1976）年最高裁大法廷判決

1972年12月10日に実施された衆議院議員選挙の時点において、最大較差は1対4.99に至りました（394,950人［大阪府第3区］対79,172人［兵庫県第5区］）。千葉県第1区の選挙人は、自らの選挙区の選挙無効訴訟（公選204条）を提起しました。1976年、最高裁は、憲法が投票価値の平等を要求することを初めて明確にして、議員定数不均衡に対する違憲審査のあり方を確立しました（最大判昭51・4・14民集30-3-223）。この判決（15名のうち8名の裁判官による多数意見）は、定数配分規定全体を違憲と判断して、千葉県第1区における選挙が違法であると主文で宣言しましたが、選挙は無効にしませんでした。

(1) 投票価値の平等と選挙制度に関する国会の決定　最高裁は、投票価値の平等が憲法上要求される一方、「国会は、衆議院及び参議院それぞれについて他にしんしやくすることのできる事項をも考慮して、公正かつ効果的な代表という目標を実現するために適切な選挙制度を具体的に決定することができる」とします。この結果、最高裁は、選挙制度を違憲審査する場合、その具体的しくみとして法律に表れた国会の決定に合理性がある限り、その決定を尊重します。したがって、選挙制度において生じた投票価値の不平等は、「国会が正当に考慮することのできる重要な政策的目的ないしは理由に基づく結果として合理的に是認することができる」ものである限り、合憲と判断されます。

(2) 合憲性判断枠組み　最高裁は、定数配分規定が「合理的に是認することができる」かの判断について、①定数配分によって生じた較差の合理性、②合理的期間内の定数配分是正の有無という2つの段階を設けて、いずれの段階でも違憲と判断された場合に初めて、定数配分規定は違憲となるとします。

第1段階では、最高裁は国会の決定を相当程度尊重します。衆議院議員選挙における選挙区割および定数配分に際しては、人口と配分議員定数との比率の平等（人口的要素）が「最も重要かつ基本的な基準」です。他方、国会は、都道府県などの「極めて多種多様で、複雑微妙な政策的及び技術的考慮要素」（非人口的要素）も考慮できます。したがって、選挙区割と議員定数配分によって生じた投票価値の不平等は、「国会において通常考慮しうる諸般の要素をしんしゃくしてもなお、一般的に合理性を有するものとはとうてい考えられない程度に達しているとき」、原則として違憲と判断されます。この訴訟については、「約5対1」という最大較差は「一般的に合理性を有するものとはとうてい考えられない程度に達しているばかりでなく、これを更に超えるに至ってい」ます。最高裁は、投票価値の平等に反しない最大較差の限度を具体的数値で示しません。これは、国会の合理的決定と認められない較差を数値だけで示すことはできないという考えに立つものです。

第2段階では、人口の変動を考慮しつつ憲法上要求される合理的期間内における定数配分の是正が行われていないと判断されると、定数配分規定は違憲となります。第1段階に加えて、第2段階として合理的期間の審査を設ける根拠として、最高裁は、①事情が徐々に変化した結果として法律が違憲になった場合、どの時点で法律が違憲になったと判断すべきかには慎重な考慮が必要であること、②議員定数不均衡の場合、選挙区における人口と議員定数との比率が絶えず変動するのに対して、定数配分規定を頻繁に変更することは必ずしも実際的でなく相当でもないことを挙げています。この訴訟については、1964年改正から1972年選挙時まで「8年余」定数配分規定は何ら改正されておらず、「憲法上要求される合理的期間内における是正がされなかつたものと認めざるをえない」ことになります。

(3)　違憲の定数配分規定に基づく選挙の効力　最高裁は、違憲の定数配分規定に基づく選挙は全ての選挙区において違憲であるとします。しかし、選挙全体を無効にすると、①この選挙によって選出された議員が組織する衆議院の議決を経た法律などの効力が問題となる、②定数是正を含めて今後の衆議院の活動が不可能になるという「明らかに憲法の所期しない結果」が生じます。そこで、最高裁は、このような不当な結果を避けるために、事情判決の法理（行訴31条）に含まれる「法の基本原則の適用により」、選挙無効の判決を求める請求を棄却するとともに、選挙は違法であると主文で宣言する判決（事情判決）を下したのです。

3　衆議院小選挙区選挙における投票価値の平等

◆問題の所在

昭和51年判決以後も衆議院議員選挙のたび、投票価値の平等という憲法上の要求を厳格に解して定数配分規定の違憲を主張する選挙無効訴訟が多数提起され、一連の最高裁判決が下されています。

設問は、衆議院の小選挙区比例代表並立制のうち小選挙区における議員定数不均衡を取り上げています。この問題を考える際は、中選挙区制と異なる次の2点に留意すべきです。第1に、小選挙区制の場合、選挙区の定数が1人であるため、不均衡は選挙区割の適正の問題として現れます。小選挙区制は、選挙区の区画のみを考慮すればよい点で、ひとつの選挙区に異なる数の議員を配分する中選挙区制に比べて人口比例による区割りが容易とされます。そこで、小選挙区制における不均衡を中選挙区制よりも厳しい合憲性判断枠組みで判断すべきかが問題となります。第2に、導入当初の制度では、人口較差が2倍未満となることを基本とする（衆議院議員選挙区画定審議会設置法3条1項）一方、すべての都道府県に議員定数各1（計47）を配分した後、人口比例を基本として残りの定数を配分する〈一人別枠方式〉が採用されました（設置法旧3条2項）。中選挙区制の下では定数配分の基準を法律で明示せず、定数配分規定と人口変動の「結果」生じた較差の合憲性を問題としてきました。これに対して、衆議院小選挙区選挙については、結果として生じた較差に加えて、一人別枠方式という区割（定数配分）「基準」の合憲性がそもそも問題となります。さらに、小選挙区においては2014年以前、選挙時の最大較差が1対2を下回ることはありませんでした（図1参照）。判例と憲法学説は、その主な要因が一人別枠方式にあると考えています。

◆一人別枠方式の合憲性

(1)　**平成11（1999）年判決**　　判例は、昭和51年判決以降中選挙区制の下で形成された合憲性判断枠組みを「変更する要をみない」として、小選挙区制における議員定数不均衡に適用します。平成11年判決（最

図 1　衆議院議員定数不均衡の推移と判例

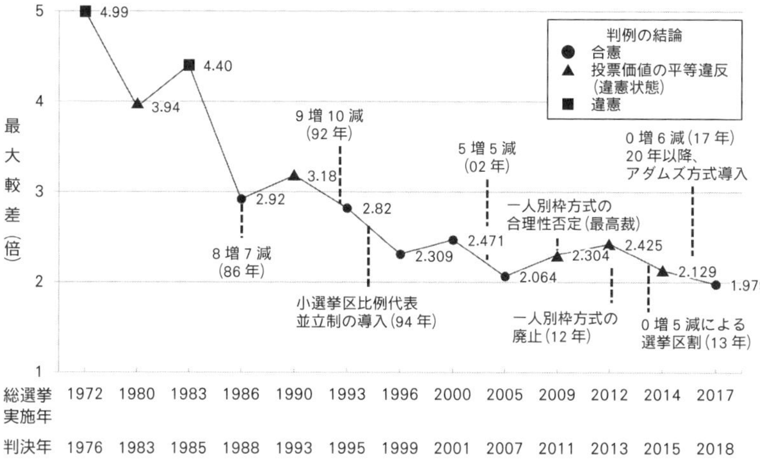

大判平 11・11・10 民集 53-8-1441、民集 53-8-1704）は、一人別枠方式について、「人口の少ない県に居住する国民の意見をも十分に国政に反映させることができるようにする」ことが目的であり、過疎化への配慮も「国会において考慮することができる要素」であるから、「投票価値の平等との関係において国会の裁量の範囲を逸脱するということはできない」と合憲判断しました。

(2)　平成 23（2011）年判決　　最高裁（最大判平 23・3・23 民集 65-2-755）は、従来の基本的な判断枠組みを維持しながらも平成 11 年判決と異なり、次のように判示して、一人別枠方式が投票価値の平等の要求に反するとします。①相対的に人口の少ない地域への配慮という一人別枠方式の目的は、全国民の代表である小選挙区選出議員が全国的視野から法律制定等の活動を行うにあたり考慮されるべき事柄であり、投票価値の不平等を生じさせるだけの合理性があるとはいい難い。②一人別枠方式は、新しい選挙制度を導入するにあたり、国政における安定性、連続性の確保への配慮なくしては改革の実現自体が困難であったと認められる状況の下で採られた方策である。その合理性には時間的限界がある。2009 年選挙時において小選挙区比例代表並立制は定着し、安定した運用がされるようになっていたと評価できるから、もはや立法時の合理性は失われていた。③一人別枠方式は、遅くとも09年選挙時には、立法時の合理性が失われたにもかかわらず投票価値の平等とあいいれない作用を及ぼすものとして、投票価値の平等の要求に反する。

◆許される較差の厳格な審査

平成23年判決によれば、一人別枠方式に基づき定められ選挙時に最大較差1対2.304となった選挙区割も投票価値の平等の要求に反します。さらに、最高裁はこの判決以降、昭和51年判決が示す第1段階の判断枠組み（本講**2**参照）において「選挙時における投票価値の較差の状況やその要因となっていた事情などを総合考慮」するなか、許される投票価値の較差も厳格に審査するようになります。平成27（2015）年判決（最大判平27・11・25民集69-7-2035）では、0増5減に基づく2013年改定（経緯について次項参照）後の選挙区割による14年選挙時の最大較差が1対2.129、較差2倍を超える選挙区が12あることが問題になりました。最高裁は、①定数削減の対象となる5県以外の都道府県では、一人別枠方式があった当時の区割基準に基づく配分議員定数を見直していないことや、②選挙時に投票価値の較差が生じた主な要因は①の事情にあり、この較差は全体として一人別枠方式廃止後の趣旨に沿った選挙制度の整備を実現していないことの表れであることを考慮して、選挙区割が投票価値の平等の要求に反するとします。これを受け、国会は2016年から17年にかけて、ⓐ20年国勢調査結果に基づく選挙区割の改定以降、小選挙区数の都道府県への配分について、人口に比例して配分する方式の一つであるアダムズ方式による定期的見直しを新たに導入し、ⓑアダムズ方式による定数配分が行われるまでの較差是正として選挙区割を改定しました。平成30（2018）年判決（最大判平30・12・19民集72-6-1240）は、ⓑの改定後の選挙区割に基づく17年選挙時の最大較差1対1.979を投票価値の平等に反しない状態と判断します。結果として、現在の判例においては、最大較差1対2未満が許される目安となっています。

◆較差是正をめぐる国会の対応と合理的期間論の再構成

(1) 平成 23 年判決と国会の対応　平成 23 年判決は、以前の判例が一人別枠方式を合憲判断していたことを考慮して、合理的期間内に是正しなかったとはいえないとし、区割規定（公選 13 条 1 項・別表第一）は合憲と結論します。ただし、「できるだけ速やかに」一人別枠方式の廃止など投票価値の平等にかなう立法措置を講ずる必要があると述べます。ところが、国会の対応は異例の展開をたどります。判決から約 1 年 9 か月の間、与野党は較差是正をはじめ選挙制度改革を合意できず、法律（設置法 4 条 1 項）が求める国勢調査に基づく選挙区割改定案の勧告期限も過ぎてしまいました。結局、衆議院解散と同日（2012 年 11 月 16 日）に一人別枠方式を廃止し、人口の少ない 5 県の選挙区を 1 ずつ削減する（0 増 5 減）改正法が成立しました。しかし 12 年選挙は、平成 23 年判決が投票価値の平等に反するとした 2002 年改定の選挙区割のままで実施されました。

(2) 平成 25（2013）年判決　最高裁（最大判平 25・11・20 民集 67-8-1503）は、選挙区割が投票価値の平等の要求に反すると再び判断しました。ただし、昭和 51 年判決が示す第 2 段階の判断枠組みである合理的期間論（本講**2**参照）について次のように示します。①「憲法が予定している司法権と立法権の関係」に照らすと、最高裁が投票価値の平等に反すると判断したとき、国会は較差是正を行う責務を負う。②憲法上要求される合理的期間内における是正の有無を判断するにあたっては「単に期間の長短のみならず」、是正のために採るべき措置の内容、検討を要する事項、実際に必要となる手続や作業など諸般の事情を総合考慮して、国会における是正実現に向けた取組が「司法の判断の趣旨を踏まえた立法裁量権の行使として相当」であるかという観点から評価すべきである。この判示は、最高裁が合理的期間論を、〈期間の経過〉を考慮する判断枠組みから国会の較差是正という〈行為〉の合憲性を判断する枠組みに再構成したと解されます。そこで、平成 23 年判決から合理的期間を起算し、2013 年 7 月までに 0 増 5 減に基づく選挙区割を改定したという選挙後の事情も含めた諸事情を総合的に考慮して、国会における取組は 12 年選挙前の時点において是正実現に向けた一定の前進と評価でき、合理的期間内に較差是正しなかったとはいえないと判断するのです。また平成 27 年判決も、同じ判断枠組みを用いて区割規定を合憲とします。

◆学説

多数説は、判例の合憲性判断枠組みが投票価値の平等という憲法の要求よりも選挙制度の具体的しくみに関する国会の判断権（裁量）を重視しすぎていると批判します。代表的学説は、① 1 対 2 以上の最大較差は投票価値の平等に反する、②非人口的要素は原則として 1 対 2 以上の較差を正当化できない、③ 1 対 2 以上の較差を正当化する特別の理由は国が立証しなければならないと主張します（芦部・憲法 144～145 頁参照）。理由は次のとおりです。①投票価値の平等は民主政を支える重要な原則であり、厳格な司法審査が必要である。②選挙法においては選挙人の個性を全く問わないのが原則であるから、選挙権の平等は通常の平等原則（詳しくは、第 6 講参照）よりはるかに絶対的平等である。③ 1 対 2 以上の較差を認めることは、最多選挙区の選挙人との比較において最少選挙区の選挙人に 2 票以上の投票を認めることと同じ結果となる。さらに最近は、最大較差 1 対 2 未満の定数配分規定であっても、較差を正当化する理由がないならば違憲となると解する説が増えています。

設問への答え

設問は、①区割基準である一人別枠方式の合憲性と、②区割規定、すなわち区割りの結果生じている議員定数不均衡の合憲性を検討する必要があります。憲法は、投票価値の平等を要求しています。選挙制度の具体的しくみの決定に関する国会の決定を尊重する判例によると、投票価値の平等との関係で選挙区割における国会の決定をどの程度重視して違憲審査するかにより、結論に違いが生じます。投票価値の平等を重視する平成 23 年判決以降の判例に従うならば、一人別枠方式の目的は、導入後最初の選挙から 10 年以上を経過した時点では、国会の決定を尊重してもなお合理性が失われており、選挙時に最大較差が1対2.304となり、較差が2倍以上になる選挙区の数も増加している区割規定は投票価値の平等に反する状態にあると解されます。この場合は次に、一人別枠方式の廃止などの投票価値の較差是正が合理的期間内になされたか、平成25年判決以降の判例に従うならば、司法の判断の趣旨を踏まえた立法裁量権の行使として相当であるかを検討して、区割規定の合憲性を判断します。他方、多数説によると、最大較差1対2以上の定数配分規定は特別の理由がない限り違憲であるという判断基準によって、①1対2を超える最大較差は小選挙区比例代表並立制の導入当初から違憲であり、②較差の原因となる一人別枠方式という区割基準も違憲と解されます。なお現在は、一人別枠方式は廃止されていることに留意してください（本講**3**参照）。

＜参考文献＞

①芦部信喜『憲法学Ⅱ　人権総論』（有斐閣、1994年）65～83頁は、中選挙区制の下における議員定数不均衡の合憲性に関する判例および学説を詳しく検討しています。

②佐々木雅寿『対話的違憲審査の理論』（三省堂、2013年）79～112頁および同「衆議院『投票価値の較差』判例の転換点」論究ジュリスト29号（2019年）36頁以下は、議員定数不均衡をめぐる判例の内容と国会の対応とを、裁判所と国会の「対話」という観点から詳しく検討しています。

トピックス4　参議院議員選挙における議員定数不均衡

(1)　投票価値の平等と参議院の独自性　参議院選挙区選出議員選挙においても、議員定数不均衡が生じています。参議院発足にあたり、各選挙区の議員定数は、1946年当時の各都道府県人口に比例する形で2から8までの偶数ずつ配分されたとされます。当初の最大較差は1対2.62でした。その後94年に至るまで、72年に沖縄県選挙区の定数2が付加されたことを除いて、定数配分規定は改正されませんでした。

参議院議員選挙についても投票価値の平等が憲法上要求されると解する

（判例・多数説）ならば、衆議院に比べて大きな較差を生じている定数配分規定は違憲となりそうです。ただし、国会が投票価値の平等をどの程度重視して参議院の定数配分規定を定めるべきかについては見解が分かれます。なぜなら、両院制（第17講参照）の下、参議院が衆議院と異なる独自の役割や機能を果たすために、衆議院とは違う参議院議員の選出方法を採用することも憲法上正当であるからです。ここで、投票価値の平等と参議院の独自性ないし特殊性とをどのように調和するかが問題となります。

(2) 昭和58（1983）年判決　最高裁は、77年選挙時に最大較差1対5.26となり、選挙人数が少ない選挙区に選挙人数が多い選挙区よりも多い議員定数を配分する結果となる「逆転現象」が生じていた参議院地方選出議員の定数配分規定を合憲と判断しました（最大判昭58・4・27民集37-3-345）。この判決は、衆議院の議員定数不均衡に関する昭和51年判決（本講**2**参照）に依拠しながらも、参議院の独自性を考慮して、衆議院よりも緩やかな合憲性判断枠組みを次のように示します。①投票価値の平等が憲法上の要求である一方、どのような選挙制度が国民の利害や意見を公正かつ効果的に国会に反映させることになるかの決定については、国会の「極めて広い裁量」が認められる。国会が定めた選挙制度のしくみが国会の裁量行使として合理性が是認される限り「投票価値の平等が損なわれることになっても、やむをえない」。②現行の参議院議員選挙制度は、衆参両院がそれぞれ特色のある機能を発揮することによって、国会を公正かつ効果的に国民を代表する機関にしようとする両院制の趣旨から、参議院議員の選出方法を衆議院と異ならせることによってその代表の実質的内容ないし機能に独特の要素をもたせようとする意図に基づく。都道府県を構成する住民の意思を集約的に反映させるという意義ないし機能を加味しようとする地方選出議員の選挙制度は、国民の利害や意見を公正かつ効果的に国会に代表させるための方法として合理性を欠くとはいえず、憲法上は許される。③地方選出議員選挙制度の合理性が認められる以上、投票価値の平等の要求は「一定の譲歩、後退」を免れない。したがって、定数配分規定は、投票価値の平等の重要性に照らして到底看過することができないと認められる程度の投票価値の著しい不平等状態を生じ、かつ、それが相当期間継続しているにもかかわらずこれを是正する措置を講じないことが国会の裁量権の限界を超える場合に違憲となる。

(3)　判例の変化　判例はこの後、昭和58年判決が示した合憲性判断枠組みを踏襲します。92年選挙時の最大較差1対6.59を「違憲の問題が生ずる程度の著しい不平等状態」とすることもありました（最大判平8・9・11民集50-8-2283）が、定数配分規定を違憲とは一度も判断しませんでした。国会の裁量と参議院の独自性を尊重する判例を受けて、参議院は一部の選挙区の配分定数の増減という最小限の較差是正に終始しました。この結果94年の定数配分規定改正以降、最大較差1対5前後が常態となりました。他方、89年選挙以降、衆参両院において過半数の議席を占める政党がなくなり、参議院が衆議院と同等の権能と遜色のない政治的影響力をもつことが注目されるようになりました。これらを背景に判例は、参議院の議員定数不均衡についても、従来の判断枠組みを基本的に維持する一方、投票価値の平等の観点からより厳しく違憲審査するように変化してきました（最大判平16・1・14民集58-1-56、最大判平18・10・4民集60-8-2696、最大判平21・9・30民集63-7-1520）。

(4)　「制度と社会の状況の変化」と選挙制度見直しの必要性　平成24（2012）年判決（最大判平24・10・17民集66-10-3357）は判例の変化を象徴するものです。最高裁は、投票価値の平等と具体的選挙制度の決定との調和について国会の裁量権が合理的に行使されたかを検討するにあたり、①衆参両院の選挙制度が似通ってきた、②国政の運営における参議院の役割が大きくなっている、③衆議院議員選挙においては選挙区間の人口較差2倍未満という区割基準が制定されているという「制度と社会の状況の変化」を考慮すべきであるとの立場をはじめて明らかにしました。この観点から、現在では参議院議員選挙であること自体から、直ちに投票価値の平等の要求が後退してよいと解すべき理由は見いだしがたいとします。とくに都道府県を単位とする選挙区制は憲法上の要請ではなく、投票価値の大きな不平等が長期間継続している状況では、このしくみ自体を見直す必要があるとの認識を示します。したがって、2010年選挙が06年の4増4減後2回目の選挙であることを勘案しても、最大較差1対5.00は「違憲の問題が生ずる程度の著しい不平等状態に至っていた」と判断します。

平成26（2014）年判決（最大判平26・11・26民集68-9-1363）は、12年の4増4減後はじめて実施された13年選挙時の最大較差1対4.77も違憲の問題が生ずる程度の著しい不平等状態であるとし、次のとおり平成

24年判決の趣旨を明確にします。①一部の選挙区の配分定数の増減にとどまらず、都道府県単位の選挙区制自体を見直さない限り、違憲の問題が生ずる程度の著しい不平等状態は解消されない。②選挙までの期間内に違憲状態にある参議院の定数較差を是正しないことが国会の裁量権の限界を超えるか否かについても、衆議院に関して平成25年判決が示した枠組み（本講❸参照）から評価すべきである。

(5) 国会による選挙制度の見直しと最高裁の判断　これら両判決を受け、参議院においては選挙制度改革が議論され、選挙区への配分定数の増減にとどまらない見直しに重い腰を上げます。15年改正法は、鳥取県と島根県、徳島県と高知県について選挙区をはじめて合区し、配分定数を10増10減します。この定数配分規定に基づく16年選挙時の最大較差は1対3.08でした。最高裁（最大判平29・9・27民集71-7-1139）は、「都道府県を各選挙区の単位とする選挙制度の仕組みを改めて、長年にわたり選挙区間における大きな投票価値の不均衡が継続してきた状態から脱せしめるとともに、更なる較差の是正を指向するものと評価することができる」として、選挙時の投票価値の不均衡は違憲の問題が生ずる程度の著しい不平等状態とはいえないと合憲判断します。

さらに18年には、合区の解消を求める強い意見がある一方、投票価値の較差を拡大させないため、比例区に特定枠を設ける（本講❶参照）とともに、選挙区選出議員の定数を2人増員して埼玉県選挙区に配分する改正法が成立します。最高裁（最大判令2・11・18民集74-8-2111）は、次の①および②の事情を総合すれば、違憲の問題が生ずる程度の著しい不平等状態でないと改めて合憲判断しています。①18年改正は、従来の選挙制度の基本的しくみ自体を変更するものでないが、19年選挙時の最大較差1対3.00は前回選挙から僅かだがさらに縮小した。②今後も不断に人口変動が生ずることが見込まれるなか、立法府には、投票価値の較差のさらなる是正を図るとともに、これを再び拡大させずに持続していくために必要となる方策などを議論し、取組を進めることが求められる。18年改正においてこうした取組が大きな進展を見せているとはいえない一方、その実現は漸進的にならざるを得ない面があり、立法府の検討過程において較差の是正を指向する姿勢が失われるに至ったと断ずることはできない。

現在、参議院は自らの将来像の基本を示す決定を迫られています。

第17講

国会と立法権

設　問

国家公務員法という法律は、国家公務員が「人事院規則で定める政治的行為をしてはならない」こと、この禁止に違反した者に刑罰が科せられることを規定し、政治的行為の具体的内容に関する定めを人事院規則に委任しています。このような規律の形式について適当な憲法上の評価を以下から選んでください。

①憲法は法律が規律すべき事項の決定を他の法形式に委任することを認めていないから、人事院規則へ委任すること自体が違憲である。

②罰則の対象となる政治的行為の範囲が明確でない白紙委任であるから、この委任は違憲である。

③罰則の対象となる政治的行為の範囲は合理的解釈によって限定できるから、この委任は合憲である。

《なにが問題となるか》

国会は「唯一の立法機関」として立法権を行使します（憲 41 条）。ただし、国会が「立法」するとはどのような意味か、国会が「唯一の」立法機関であることからどのような原則が導かれるか、法律と国会以外の機関が制定する成文法とはどのような関係にあるかは、解釈に委ねられた問題です。この講においては、立法の委任を素材にこれらの問題を考えます。

解　説

1　国会が「唯一の立法機関」であることの意味

◆「立法」の意味

憲法は「国会は……国の唯一の立法機関である」と規定します（41 条）。権力分立の原理によると、国家が行う活動の内容は、法の定立（決定し確立すること）と執行において、「立法」、「行政」（憲 65 条。第 18 講参照）および「司法」（憲 76 条 1 項。第 19 講参照）に区分されます。41 条の「立法」は、この区分における「立法」に対応するものです。

(1)　実質的意味の立法　立法とは、簡単に定義するならば、「法律」という成文法（第 0 講参照）を制定することです。ただし、憲法 41 条にいう「立法」の意味については、国会が法律の制定を通じて最初に規律できる事項の範囲や規律のしかたの違いに応じて 2 つの考え方があります。ひとつの考え方は、41 条の「立法」とは、国会が衆参両議院の議決という憲法に定められた手続（59 条 1 項）を経て法律を制定することを指すというものです（〈形式的意味の立法〉説）。これに対して、41 条の「立法」とは、国会が一定の内容ないし特質を備えた成文法（実質的意味の法律）を制定することを指すという考え方もあります（〈実質的意味の立法〉説）。通説は、41 条の「立法」とは実質的意味の立法であると解します。なぜなら、41 条の立法を形式的意味の立法と解すると、41 条は、国会は法律という成文法を制定する機関であり、法律とは国会が制定する成文法であるという意味になり、同じ意味を繰り返しているに過ぎなくなるからです。

(2)　実質的意味の法律が備えるべき内容および特質　実質的意味の法律としてどのような内容ないし特質を備える成文法を国会が制定すべきかについては、学説における見解は一致していません。現在の主要な学説は、①一般性および抽象性という特質をもつ成文法とする説と②法規とする説とにまとめられます。

現在の多数説である①説によると、国会が立法するとは、たとえば「AさんとBさんの離婚を認める」といった具体的な法的取扱いでなく、不特定多数の人や事実に適用される基準となるルールを定めることです。41条は、一般的・抽象的な成文法は法律という形式で国会が制定しなければならないことを定める規定とします。ただし、①説に立つ代表的見解は、特定の事件や人を対象に規律する〈措置法律〉の制定であっても、当該法律が平等原則に違反せず、議会と行政府との憲法上の関係を決定的に破壊するものでない限り、41条に反しないと解します（芦部・憲法306～307頁注参照）。実際、国会が制定した「特例法」や「特別措置法」といった名称の法律には措置法律と解しうるものが多くあります。

伝統的学説である②説によると、国会が立法するとは、国民に新たに義務を課す、または国民の権利を新たに制限する成文法を制定することです。このような成文法を②説のモデルとなった19世紀ドイツの学説にならい〈法規〉と呼びます。したがって、たとえば、国が国民に与える勲章・表彰の制度を定める場合、それは法規にあたらないので、法律の制定は必ずしも必要ないことになります。実際の運用はこの説に依拠しています（内11条）。

◆国会中心立法・単独立法の原則

国会が「唯一の」立法機関であることから、①国会中心立法の原則と②国会単独立法の原則が導かれます（芦部・憲法307頁、佐藤・憲法論473頁参照）。

(1) 国会中心立法の原則　国会中心立法の原則とは、国会以外の機関による実質的意味の立法は憲法が認める例外を除いて許されないという立法権の配分に関する原則です。憲法が定める例外は、①衆議院および参議院の「会議その他の手続及び内部の規律」に関する議院規則制定権（58条2項）および②「訴訟に関する手続、弁護士、裁判所の内部規律及び司法事務処理」に関する最高裁判所の規則制定権（77条1項）です。

行政機関が制定する成文法（命令）については、法律との関係から次の4種類に区別できます。①法律の規定を執行するために必要な細則を定める〈執行命令〉。②法律が委任した事項を定める〈委任命令〉。③法律が規定しない事項を定める〈独立命令〉。④既存の法律に取って代わる内容を定める〈代行命令〉。このうち、国会中心立法の原則の下では、独立命令および代行命令の制定が禁止され、執行命令および委任命令の制定のみが認められます。

(2) **国会単独立法の原則**　国会単独立法の原則とは、形式的意味の法律は国会以外の機関の関与を必要とせずに成立するという法律制定手続に関する原則です（憲59条1項）。ただし、憲法が定める例外として、「一の地方公共団体のみに適用される特別法」（地方特別法）は、その地方公共団体の住民投票において過半数の同意を得なければ制定できません（憲95条）。

2　立法の委任

◆立法の委任と委任立法

設問のモデルとなった国家公務員法102条1項、111条の2第2号および人事院規則14-7は〈委任立法〉の代表例であり、〈立法の委任〉が問題となります。立法の委任とは、立法機関（国会）がその権能に本来属する事項を自ら決定せず、立法機関の意思によって他の機関（行政機関）に決定を委ねることです。そして、①立法の委任を行う法律である〈授権法律〉（設問の場合、国家公務員法）と②〈委任命令〉（設問の場合、人事院規則）を委任立法と総称しています。

◆立法の委任の根拠

(1) **立法の委任と国会中心立法の原則**　そもそも憲法は立法の委任を認めているのでしょうか。というのは、立法の委任は、憲法が定める立法権の分配を多かれ少なかれ変更するものであり、国会中心立法の原則を厳格に解釈するならば、憲法の例外がない以上、行政機関は委任命令を制定できないようにも思われるからです。憲法史を繙くと、「委任された権限はこれを他に委任できない」という法格言の通り、憲法典において立法権が国民から信託された権能として議会に分配された以上、「立法権の委任」は禁止されるという原則があります。

(2) **立法の委任と憲法73条6号但書**　憲法は、国会中心立法の原則の下で委任命令の制定、すなわち立法の委任を認めています。ここではその根拠を理解することが重要です。ひとつの手がかりは、「政令には、特にその法律の委任がある場合を除いては、罰則を設けることができない」と規定する73条6号但書です。従来は、この規定が委任命令の制定を前提にしており、憲法が立法の委任を認める根拠規定であると解されてきました（最大判昭25・2・1刑集4-2-73、最大判昭33・7・9刑集12-11-2407）。ただし、73条6号但書は罰則の政令への委任のみを定めています。この規定からは、内閣以外の行政機関が罰則以外にも委任命令を制定できるかは必ずしも明らかでありません。したがって、憲法が立法の委任を認めているかは、73条6号但書のみを根拠とするのではなく、国会中心立法の原則との関係から解釈しなければなりません。

(3) 現代国家における委任立法の必要性　ところで、現代国家においては、国家が行うべき仕事は格段に増加して専門的かつ複雑になっていることから、行政機関が命令を制定することは不可避であるという事情があります。この理由は次のようにまとめられます（芦部・憲法307～308頁注参照）。①専門的・技術的事項に関する立法の要求が著しく増大した。②これにともない、事情の変化に即応して機敏に適応することが要求される事項に関する立法分野が拡大した。③抽象的な法律の規定では地方の特殊事情を規律することが困難な場合が多い。④客観的公正が特に望まれる事項に関する立法など、国会が全面的に処理することが必ずしも適切でない立法分野もある。実際、現在の日本においては、成文法の75％強を行政機関が制定する命令が占めています*。

＊ e-Gov法令検索（総務省行政管理局）＜https://elaws.e-gov.go.jp/＞に現行法令として登録された法令（2021（令和3）年5月現在）の内訳は、憲法と法律を合わせて2,056件であるのに対して、政令が2,209件、内閣府令・省令が4,233件です。

(4) 現代国家の特質と国会中心立法の原則との調整　そこで、「委任立法を……現代国家における不可避の現象として認めながら、しかも……国会を唯一の立法機関とする憲法の建前との調和を実現させることを重要視する」（芦部信喜『憲法と議会政』（東京大学出版会、1971年）496頁参照）ことが肝要です。すなわち、「立法の委任」の意味を、国会の立法権自体を法律の委任に基づき行政機関に授権することでなく、法律の存在を前提として法律に基づく一定の基準の下で、①法律事項の範囲内で細目的・補充的・解釈的に規律する、②法律を改廃する効力をもたない法的ルールの制定を行政機関に認めることと限定します。その上で、憲法は国会中心立法の原則の下で立法の委任を許容していると解するのです。学説において、「立法の委任が実際の必要から条理上容認される」などと説かれるのは、このような解釈を前提としています。また、委任命令制定権に関する諸規定（憲73条6号、内11条）についても、この条項があるから立法の委任が認められるわけでなく、前述した解釈を確認していると解すべきでしょう。

◆委任命令の種類

(1)　委任命令と執行命令　委任命令は、執行命令、すなわち「憲法及び法律の規定を実施するため」の命令（憲73条6号本文）と区別されます。両者の違いは、執行命令を制定する場合、個別の授権法律が不要であるのに対して（行組12条1項）、委任命令を制定する場合、個別の授権法律による委任が必要であることです。ただし、実際に制定された命令が執行命令または委任命令のどちらにあたるかというレベルにおいて、両者の区別は必ずしも明確でありません。

(2)　制定主体による分類　委任命令は内閣以外の行政機関も制定できます。政令（憲73条6号、内11条）のほか、制定主体に応じて次のように分類できます。①内閣総理大臣が制定する内閣官房令（内25条3項）および内閣府令（内閣府設置法7条3項）、②各省大臣が制定する省令（行組12条1項）、③委員会および庁（内閣府または各省の外局）の長が制定する規則（内閣府設置法58条4項、行組13条1項）、④人事院が制定する人事院規則（国公16条）、⑤会計検査院が制定する会計検査院規則（会検38条）。

3 委任立法の限界

◆立法の委任の問題点

(1) **権力分立との衝突**　憲法が立法の委任を認めているとしても、無制限にそれを認めることはできません。なぜなら、立法の委任には、権力分立や法の支配（第19講参照）の観点から次の問題点を指摘できるからです。①日本においては、国家総動員法（1938年施行）などの戦時体制が「命令の支配」を通じて確立されたという経緯に照らして、委任立法が民主政および議会政を根底から揺るがしかねないという歴史的・政治的懸念がある。②内閣提出法律案（憲72条、内5条）の場合、立法の委任を多く規定することは自ら立案した法律案の中に具体的内容の決定を自らに委ねる規定を置くこととなり、法律制定による行政府の統制が形骸化する。③委任立法が多用されると、議会における法律案審議において議員がその具体的内容を捉えにくくなり、法律案の内容に関わる実質審議が困難となる。要するに、立法の委任が日常的に行われることにより、国会の立法権について「ひさしを貸して母屋を取られる」状況が生じ、国会中心立法の原則が無になってしまうおそれがあるのです。

(2) **委任立法の統制**　以上の問題点を考慮するならば、立法の委任をめぐる憲法論の主な課題は委任立法の統制にあります。委任立法を統制する仕組みには、①司法審査による統制、②議会による統制、③行政府内部における手続統制があります。日本における委任立法の統制は現在、司法審査を中心に行われます。以下では、司法審査を通じた委任立法の内容の統制である委任立法の限界を検討します。

◆授権法律における委任の限界

委任立法の限界には、①授権法律における委任の限界、②委任命令の授権法律適合性という2つの問題があります。憲法解釈として主に問題になるのは①の問題です。

授権法律における委任の限界については一般に、国会中心立法の原則、罪刑法定主義（憲31条）などに照らして、一般的・包括的な白紙委任が禁止され、個別的・具体的委任だけが認められます（通説。なお最判昭27・5・13 刑集 6-5-744、最大判昭 27・12・24 刑集 6-11-1346）。国会は、法律制定を通じて政策の基本決定を行う必要があり、立法の委任はそのための手段でなければならないのです（佐藤・憲法論 477 頁参照）。

授権法律が個別的・具体的委任か否かの主な判断基準は、①委任の範囲および②委任命令の制定機関が依拠すべき基準の有無です。第1に、委任の範囲について、委任が法律の範囲内で行われることはもちろん、この前提として、委任の範囲は明確でなければなりません。また、委任の範囲が広汎にすぎてもいけません。つまり、明治憲法下における国家総動員法のような包括的委任立法（政府が「国家総動員上必要アルトキハ勅令ノ定ムル所ニ依リ」広く多方面にわたり統制できることを規定していました）は認められません。第2に、委任の基準については、法律において、①規律の目的や基本方針を明示すること、②委任命令の法形式および委任された権限行使の手続などを示すことが必要です。このほか、限界の判断に際しては、①委任事項の内容（たとえば、人権など個人の権利を直接規制するか否か）、②委任命令制定機関の性格、③委任命令の制定手続、④国会と行政府のいずれが問題解決に適した機関かなど、さまざまな要素が考慮されます。

◆人事院規則への罰則の委任

罰則（犯罪構成要件および刑を定める成文法）の委任については、罪刑法定主義とりわけ犯罪構成要件の明確性という要請から、限界が厳格に解されます。学説は、罰則を委任する場合、犯罪構成要件の大枠および科される刑罰の種類などを法律で示すべきであると主張します。判例においてこの限界が争われたのが、設問の国公法 102 条 1 項です。

(1) 判例　第1に、102 条 1 項については、禁止する政治的行為の内容と範囲を定めずに人事院規則に委任することは白紙委任でないかがそもそも問題となります。判例は、102 条 1 項が白紙委任でないことを前提として、人事院規則は国公法によって委任された範囲を逸脱せず違法でないとします（最判昭 33・5・1 刑集 12-7-1272）。さらに、猿払《さるふつ》事件最高裁判決（最大判昭49・11・6刑集28-9-393）は、102条1項が「公務員の政治的中立性を損うおそれのある行動類型に属する政治的行為を具体的に定めることを委任するものであることは、同条項の合理的な解釈により理解しうる」と判断しました。

第2に、たとえ102条1項が通常の立法の委任として合憲であるとしても、罰則の委任として憲法上認められるかが問題となります。政治的行為を行った公務員は、懲戒処分（国公82条）および刑罰という2種類の制裁が科せられる可能性があります。両者には、懲戒処分が国家と公務員という特別の法律関係における制裁であるのに対して、刑罰は国家と個人との関係における制裁であるという、禁止の目的・根拠・性質および効果の違いがあります。そこで、両者の対象となる政治的行為を区別せずに委任することは違憲になるかがポイントになります。

猿払事件においては、この点で多数意見と反対意見との結論が正反対になりました。多数意見は、前述したような合理的に解釈される政治的行為は懲戒処分とともに刑罰を科す根拠となるだけの違法性がある行為であるから、102条1項が懲戒処分と刑罰の対象となる政治的行為の定めを区別せずに委任しても、憲法が認める委任の限度を超えないと判断しました。これに対して、反対意見は次のように解して、102条1項が罰則を委任した部分は憲法違反であると判断しました。①政治活動の自由は「憲法上極めて重大な権利」であるから、公務員の政治的行為に対する刑罰は「政治的自由の利益に明らかに優越する重大な国家的、社会的利益を守るために真にやむをえない場合で、かつ、その内容が真に必要やむをえない最小限の範囲にとどまるかぎりにおいてのみ、憲法上容認される」。②したがって、刑罰の対象となる政治的行為の委任は、懲戒処分の場合とは異なる「より厳格な基準ないしは考慮要素」に従って指示すべきである。③しかし、102条1項は、懲戒処分と刑罰の対象になる政治的行為を「一律一体として人事院規則に委任」し、罰則の対象となる禁止行為の内容に関する特段の基準を示さず、可能な限りの合理的解釈によっても「格別の基準の指示」を見出すことはできない。

(2) 学説　多数説は、102条1項は、少なくとも罰則の委任として

(第2の問題点でのレベルで) は包括的な白紙委任の疑いが強く違憲であると解しています (芦部・憲法308頁注参照)。理由として、① 102条1項前段の例示が委任の範囲を限定しているかは疑問であること、②条文が地方公務員に対する政治活動の規制 (地公36条) に比べても不明確であること、③公務員の政治的中立性を損なう政治的行為という程度の限定では、政治的活動の自由という人権制約を委任する基準としては認められないこと、④人事院という規則制定機関の性格 (政治的中立性) と委任の限界の判断との関連は必ずしも明らかでないことなどが挙げられます。

4 国会の組織と権能

最後に、国会と衆参両議院の制度の概要を確認しておきましょう。

◆国会の地位

国会は憲法上、①国民代表機関 (第16講参照)、②国権の最高機関および③唯一の立法機関 (本講1参照) と位置づけられます。国会が国権の最高機関である (憲41条) とは、国会が、選挙を通じて主権者である国民と結びついていることから、最も重要な国家機関であることを意味し、特別な法的意味はありません (政治的美称説。通説)。

◆国会の組織と活動

(1) **両院制**　両院制とは、議会が2つの会議体から組織される機関であることです。憲法は、国会が衆議院および参議院から組織されることを規定し (42条)、両院制を採用します。国会の両院制には、①衆参両院の議員がともに国民による選挙を通じて選出される (民主的第二院型。憲43条1項)、②両院の議決が一致しないとき、一定の要件の下で衆議院の議決の優位が認められる (衆議院の優越。憲59条2項~4項、60条、61条、67条2項) という特徴があります。このような両院制を採用する意義として、①参議院の良識に期待して、多数決を活動原則とする衆議院の衝動的な活動を精査抑制すること、②国民の多様な意見や利益を多角的かつ公正に国会に反映させることが挙げられます。

両院間においては議員の任期や改選方法が異なります。衆議院議員の任期は4年ですが、衆議院の解散による任期終了があります（憲45条）。参議院議員の任期は6年であり、3年ごとに総議員の半数ずつ改選されます（半数改選制。憲46条）。また、議員の被選挙権や定数、選挙制度（第16講参照）も異なります。両院議員の兼職は禁止されます（憲48条）。

⑵　**国会議員の特権**　国会議員には、①法律の定める場合を除いて、国会の会期中逮捕されない〈不逮捕特権〉（憲50条）および②議院で行った演説、討論または表決について、院外で法的責任（たとえば、民事および刑事責任）を問われない〈発言表決免責特権〉（憲51条）が保障されます。これらの特権は、議院の自律性を確保するために他の国家機関からの干渉を排除するとともに、国民代表である議員の身体的自由ないし言論の自由を保障するために認められます。

⑶　**会期制**　国会は、原則として〈会期〉という期間のみ活動できます。憲法は、①常会、②臨時会、③特別会を区別し（憲52条～54条）、会期制を予定しています。

◆国会の権能

「国会の権能」は、原則として両院の議決が一致する場合に行使できる権能です。国会の権能は憲法および法律が定めます。憲法が定める権能として、①法律案の議決、すなわち「立法」（本講❶参照）、②条約の承認（73条3号）、③憲法改正の発議（96条1項）、④財政の統制（83条以下）、⑤内閣総理大臣の指名（67条1項）、⑥弾劾裁判所の設置（64条）があります。

◆国政調査権

「議院の権能」は、衆参各議院が単独の議決により行使できる権能です。憲法上重要な議院の権能として、議院規則制定権や議員懲罰権（憲58条2項）に代表される、議院が内閣・裁判所など他の国家機関や他方の議院から監督や干渉を受けることなく、内部組織および運営を自主的に決定できる権能である〈議院自律権〉のほか、〈国政調査権〉が挙げられます。

国政調査権は、「議院に与えられた権能を実効的に行使するために認められた補助的な権能」（芦部・憲法329頁参照）です（補助的権能説。通説）。憲法は、議院が調査手段として証人喚問権および文書提出要求権をもつことを認めています（62条）。国政調査権の行使には、①司法権の独立、②検察権、③証人の人権保護との関係で限界があります（詳しくは、木下和朗「国政調査権の意義と限界」大石＝石川編・争点202頁以下所収参照）。

設問への答え

憲法は、国会中心立法の原則と現代国家の特質との調整を図って、立法の委任を認めています。したがって、国公法が人事院規則に政治的行為の具体的定めを委任すること自体は憲法上禁止されません。問題は、国公法の委任がその限界を超えているか否かです。この点については、設問の選択肢②のように、罰則の委任の範囲が明確であるかという要素を重視するか、または、選択肢③のように、その他の考慮要素（人事院の政治的中立性など）を重視するかによって結論が分かれます。多数説は②の立場をとりますが、判例は③の立場をとっています。なお、国公法102条1項および人事院規則14-7には、委任の限界のほか、公務員の政治活動の自由（憲15条2項、21条）との関係での合憲性という重要な憲法問題が含まれており、最近の判例（最判平24・12・7刑集66-12-1337）が新たな判断を示していることに留意してください。

＜参考文献＞

①芦部信喜『演習憲法〔新版〕』（有斐閣、1988年）249〜252頁、263〜270頁は、「唯一の立法機関」の意味および立法の委任に関する代表的な憲法学説です。

②この講の内容（立法の意味、立法の委任）は、行政法で学習する内容（法律の留保、行政立法）に密接に関連します。畠山武道＝下井康史編著『はじめての行政法〔第3版〕』（三省堂、2016年）は、行政法の基礎をわかりやすく解説する入門書です。

第18講

議院内閣制と衆議院の解散

設問

日本国憲法の下において、衆議院議員選挙と参議院議員選挙を同じ日に実施することを意図して内閣が衆議院の解散を決定することは違憲でしょうか。

《なにが問題となるか》

衆議院の解散とは、すべての衆議院議員の資格を任期が満了する前に失わせることです（憲45条但書）。内閣は、衆議院が不信任決議を行ったとき衆議院の解散を決定できます（憲69条）。ただし、①内閣が憲法69条に定める場合以外にも衆議院の解散を決定する権能（解散権）を有するか、その憲法上の根拠はなにか、②内閣の解散権行使に一定の要件があるかは、憲法に明確な規定がなく、解釈に委ねられた問題です。また、衆議院の解散は、議会と政府との関係を示す統治形態である議院内閣制に密接に関連する制度です。したがって、これらの問題を解釈する際、議院内閣制に関する理解が有益な枠組みを提供します。この講においてはまず、議院内閣制とはなにかを確認します。続いて、議院内閣制の理解との関連に留意しつつ、解散権の憲法上の根拠と解散権行使の要件を考えます。

解　説

1　議院内閣制

議院内閣制は、憲法が定める統治のしくみにおいて議会と政府はどのような関係にあるかを解明する理論モデルです。以下では、①大統領制との対比、②議院内閣制の本質、③代表民主制における議院内閣制の運用という3つの観点から、議院内閣制を説明します。

◆議院内閣制と大統領制

議院内閣制は大統領制（アメリカ合衆国が代表例）と対比される統治形態です。両者は、代表民主制を採用する国家における議会と政府との関係を権力分立の観点から分類した代表的モデルです。

(1)　**議院内閣制と大統領制との相違**　主なものは次の4点にまとめられます。第1に、行政権の帰属主体です。議院内閣制においては、内閣という合議制機関に行政権が帰属するのに対して、大統領制においては、大統領という一人からなる機関に帰属します。第2に、国民および議会と政府の構成員との関係です。議院内閣制においては、国民は議員のみを選挙を通じて選出します。内閣総理大臣（首相）は議会から選出されます。大統領制においては、国民が議員と大統領を別個の選挙を通じて選出します。また、議員と政府の構成員との兼職について、議院内閣制においては認められるのに対して、大統領制においては認められません。第3に、議会および政府の権能行使のあり方です。議院内閣制においては、議会と内閣は協力してそれぞれの権能を行使し、内閣は議会に連帯責任を負います。これに対して、大統領制においては、議会と政府は独立してそれぞれの権能を行使し、相互の抑制均衡が重視されます。具体的には、議院内閣制においては①法律案および予算などの議案提出権を政府が有し、②政府構成員の議院への出席発言権が認められるのに対して、大統領制においてはいずれも認められません。第4に、内閣不信任決議権および解散権の有無です。議院内閣制においては、議会（下院）が内閣不信任決議権、内閣が下院の解散権を有します。これに対して大統領制においてはいずれもありません。

(2) 日本国憲法における議院内閣制　憲法は、議会（国会）と政府（内閣）との関係を詳しく規定しています（65条、66条1項、67条1項、68条1項、66条3項、63条、72条、91条、69条、7条3号、70条など。条項の内容を確認しておきましょう）。これらの規定を前述の相違に照らすと、憲法は議院内閣制を採用しているといえます。この点に関連して、憲法の成立当初から、国民が内閣総理大臣を選挙により選ぶ制度である首相公選制の導入がたびたび主張されます（首相公選論）。ただし、日本国憲法の下において首相公選制を導入しようとする場合、憲法改正（憲96条。第23講参照）が必要です（通説）。

◆議院内閣制の本質

議院内閣制は、そのモデルとなったイギリスにおいて歴史的に形成され、また、ヨーロッパ大陸諸国（フランスなど）においても、19世紀以降代表民主制が確立する過程で各国の事情に応じて形成されました。この結果、「議院内閣制」に分類される統治形態の構造は時代ないし国ごとにさまざまです。学説においては従来、議院内閣制を他の統治形態から区別する基本的特徴（本質）は何かが問題とされてきました。現在の通説は、①議会と政府が一応分立していること、②内閣が議会（主に下院）に連帯責任を負うことを議院内閣制の本質と解します（責任本質説。芦部・憲法342〜343頁参照）。日本国憲法が詳しく規定する議院内閣制がこれらの責任の本質を備えていることは異論ありません。

◆代表民主制における議院内閣制の運用

(1) 議院内閣制の民主的構造と機能条件　普通選挙（第16講参照）および政党政治が確立した代表民主制における議院内閣制の特徴は、以下のようにまとめられます。

第1に、政府が存立する正統性の根拠が議会を通じて国民の意思（民意）に求められるという構造をとります。すなわち、議院内閣制においては、国民による選挙を通じて形成された議会多数派（与党）の支持を得て内閣が形成され、内閣が国政の遂行において議会多数派の信任を失うならば、内閣不信任決議または下院の解散という形で国民の支持の回復が図られます。

第2に、議院内閣制のあり方は、たとえ同じ構造であっても、政党数の違い（2党制または多党制か）、政党組織、選挙制度、与党と政府の関係、内閣における首相の地位、大臣と官僚の関係など、さまざまな要因（機能条件）の影響を受けて異なってきます。歴史上、構造面では議院内閣制に同じく分類される政治制度であっても、国政の決定について、①議会優位型（第3・第4共和政フランスが代表例）と②内閣優位型（19世紀後半以降のイギリスが代表例）とに分かれるのはこの現れです。

近時の学説においては、議会と政府との関係に加えて、両機関と国民（選挙人）との関係を視野に入れた上で、代表民主制を機能させるメカニズムとして議院内閣制をどのように運用すべきかを考察する傾向が強くなっています。この点で注目される学説が「国民内閣制」論です。

(2) 国民内閣制論　現代における代表民主制の課題は、選挙を通じて国民の多数派が支持する政策体系を国政に反映させることです。この理念を実現するための議院内閣制の運用として、①議会中心構想と②内閣中心構想を考えることができます。議会中心構想とは、国政の基本となるべき政策の立案と決定の中心を議会にみて、民意をできる限り忠実に議会に反映し、その議会における審議を通じて基本政策が決定され、内閣が基本政策を執行することにより、国民の意思が国政に反映されることを期待する構想です。これに対して、内閣中心構想とは、国の基本政策の立案と決定の中心を内閣にみて、選挙を通じて選挙人の多数派に支持された内閣の形成を実現しようとする構想です。

国民内閣制論によると、「内閣が統治し、議会がコントロールする」という図式で理解される現代の政治に民意を反映するためには、内閣中心構想が望ましいとされます。この構想の下、国の基本政策体系とその遂行責任者である内閣総理大臣を、国民が国会議員の選挙を通じて事実上直接選択し、内閣が政治責任を国民に直接負うような形での議院内閣制の運用、すなわち「国民内閣制」が実現されます。さらに、国民内閣制として機能するための制度として、①小選挙区制度、②2党制、③首相が閣内において強いリーダーシップを発揮し、内閣の解散権と下院の不信任決議権との均衡をはかる議院内閣制の運用が必要となります。

ただし、従来の学説においては、議会中心構想を支持して、憲法が採用する議院内閣制は国会優位であるという理解が主流です。統治ーコントロール図式と内閣中心構想に基づく国民内閣制論において示される選挙、内閣および議会の機能ならびにそれらの相互関係が妥当かについては批判があります（芦部・憲法344〜345頁注参照）。

2　衆議院の解散

◆問題の所在

憲法は、衆議院の解散について、①解散が天皇の国事行為として行われること（7条3号）、②「内閣は、衆議院で不信任の決議案を可決し、又は信任の決議案を否決したときは、十日以内に衆議院が解散されない限り、総辞職をしなければならない」こと（69条）、③解散後の手続など（54条）を規定しています。ただし、天皇の国事行為である解散は、解散詔書（天皇の意思を表示する公文書）を発布して、衆議院を解散することを外部に示す行為にすぎません。つまり、解散を決定する権能（解散権）は天皇にありません。また、憲法69条も解散権の所在を正面から規定していません。したがって、解散権をどの国家機関がどのような憲法上の根拠に基づき行使するかについては明確な規定がなく、憲法解釈の問題となります。

◆解散権の所在に関する憲法上の根拠

(1)　解散権論争　　日本国憲法の下、衆議院の解散は2021（令和3）年10月14日の解散（第1次岸田文雄内閣）まで25回行われています。解散権に関する解釈は、第1回（第2次吉田茂内閣・1948（昭和23）年12月23日）および第2回解散（第3次吉田内閣・1952（昭和27）年8月23日）の過程において早速政治問題になりました。内閣は憲法69条に定める場合以外にも解散権を行使できるかについて見解が対立したのです。これを受けて学説においても、解散権の主体および憲法上の根拠をめぐり活発な論争が展開されました（解散権論争）。今日の学説も当時の論争を基礎としています。現在、内閣のみが解散権を有することにほぼ異論はありません（報道などで解散は首相の専権事項であるという記述がありますが、法的な解散「権」は「内閣」にあります）。ただし、内閣の解散権の憲法上の根拠に関して、① 7 条説、② 69 条説および③制度説に分かれます。

⑵ 7条説　内閣は、「内閣の助言と承認」（憲 7 条）を根拠として、憲法 69 条の場合以外にも解散を決定できるとします（通説）。理由として、①天皇が衆議院の解散を形式的行為として行うためには天皇以外の国家機関がその内容を決定しなければならないから、内閣の助言と承認が国事行為に関する実質的決定権を含む場合もあること、② 69 条は解散権のあり方について何も述べておらず、解散権を限定する趣旨の規定でないこと、③内閣の解散権行使を限定することは解散の民主的機能をむしろ阻害することを挙げています。

実際の運用も 7 条説に依拠しています。第 2 回解散以降、内閣不信任による解散（第 3 回〔第 4 次吉田内閣・1953（昭和 28）年 3 月 14 日〕、第 12 回〔第 2 次大平正芳内閣・1980（昭和 55）年 5 月 19 日〕、第 16 回〔宮沢喜一内閣・1993（平成 5）年 6 月 18 日〕）を含めて、解散詔書は 7 条解散の形式がとられています。

⑶ 69条説　天皇の国事行為は、憲法 4 条 1 項が「国事に関する行為」と「国政に関する権能」とを区別していることから形式的・儀礼的行為と解される以上、内閣の助言と承認から国事行為に関する実質的決定権は認められないと 7 条説を批判します。したがって、憲法は解散権の根拠規定を欠いているので、内閣に解散権があることを推認し得る 69 条に定める場合に限り、内閣は解散を決定できるとします（小嶋和司『憲法学講話』（有斐閣、1982 年）146 頁以下参照）。

⑷ 両説の対立点——象徴天皇制の解釈　7 条説と 69 条説は、①〈内閣は 69 条に定める場合以外にも解散権を行使できるか〉という本来の論点を解釈する前提として、②〈内閣の助言と承認は国事行為に関する実質的決定権を含むか〉という、象徴天皇制の解釈にむしろかかわる

論点において対立しています。②の論点に関しては、7条説の弱点を指摘できます。7条説は、衆議院の解散のように憲法が決定権の所在を別に規定していない国事行為についてのみ、内閣の助言と承認から実質的決定権を認めるので、「内閣の助言と承認」には実質的決定権を含む場合と含まない場合とがあることになり、解釈の整合性に欠けるのです。

そこで、②の論点では69条説と同じ立場をとりつつ、①の論点では7条説と同じく、内閣は69条に定める場合以外にも解散権を行使できると解する説が現れることになります。これが制度説です。

(5) 制度説　69条説と同じく、内閣の助言と承認から国事行為に関する決定権は認められず、憲法は解散権の根拠規定を欠いていると解します。しかし、議院内閣制をはじめとする憲法が定める統治構造全体の趣旨から、内閣は69条に定める場合以外にも解散を決定できるとします。制度説は、現在の学説において有力な支持を得ています。

◆議院内閣制と解散の民主的機能――制度説と7条説の背景

解釈論としての構成はともかく、〈内閣は69条に定める場合以外にも解散を決定できる権能を有する〉というのが、現在の大多数の見解であり実際の運用です。ここでは、技巧的に見える解釈の背景にある実質的理由を理解することが重要です。

この点、制度説が内閣の解散権を認める根拠として「議院内閣制の趣旨」を挙げることが手がかりとなります。日本国憲法が定める統治機構の下においては、解散とそれに続く選挙による衆議院および内閣の再編成を通じて、①衆議院と内閣との対立を国民が審判する、②重要な政策課題に関して民意を表明・確認する手段となるなどの機能を果たすことが期待されています。そうであるならば、解散権の行使を69条の場合に限定することは、議会多数派から内閣が構成される議院内閣制において内閣不信任決議の成立が稀である以上、解散が機能する場面を著しく限定することになります。したがって、衆議院の解散が果たし得る民主的機能を考慮して、69条の場合に限定されない内閣の解散権が認められると解されるのです。

また、7条説も、以上のような解散の民主的機能を考慮して、内閣の「解散権の所在を憲法上確実に根拠づける」（芦部・憲法50頁参照）ことをねらう解釈論と理解すべきでしょう。

3 解散権行使の要件

◆問題の所在

現在、解散権の行使をめぐる論点は、〈内閣による解散権行使が69条に定める場合以外にも認められるとして、解散権行使の具体的要件は何か〉にあります。設問もこのように問題を設定しないと解答できません。

◆議院内閣制の運用と解散権行使の要件

7条説・制度説いずれの立場をとるにせよ、内閣が69条の場合以外にも解散権を行使できるという解釈は、議院内閣制における衆議院の解散の機能を考慮しています。そうであるならば、解散権行使の要件はこの機能の位置づけによって幅が生じ得ることになります。この点、学説は2つの考え方に区別できます。

第1に、解散権の行使は内閣の判断に委ねられ無制約であるとする説です。アプローチとしては、①内閣中心構想をとる国民内閣制論において、衆議院の不信任決議権と内閣の解散権との均衡を通じて、国会と内閣がたえず民意に近づこうとする可能性を重視する説、②解散が民意表明の手段となることを重視する説が挙げられます。

第2に、解散権行使には、制度の歴史および機能に照らして、以下の憲法習律*上の要件があり、これをみたさない行使は原則として認められないとする説です（深瀬忠一「衆議院の解散」宮沢俊義先生還暦記念『日本国憲法体系第4巻　統治の機構Ⅰ』（有斐閣、1962年）127頁以下、204〜206頁、参考文献②「解散制度と国民主権」92〜93頁参照）。①内閣と衆議院との意思が衝突した場合。②前内閣が政党関係の変動等によって総辞職し後継内閣が成立するなど、内閣の政治的基本性格が変わった場合。③総選挙の時に国民の承認を得ていない重要な政策（立法・条約締結など）を新たに実施する場合。④(i)選挙制度が大改正される、(ii)国勢調査の結果、住民の大変動が認められる、(iii)補欠選挙・通常選挙・地方選挙の結果、選挙人に大きな意思の変化が生じたことが認められるなど、国民の意思表明に変化があると解される場合。⑤任期満了時期の接近の場合。

＊憲法習律とは、裁判所が解釈適用するという意味の裁判規範ではありませんが、慣行の蓄積と内閣・国会・国民の規範意識とが備わることにより法律とほぼ同様の拘束力があるとされる憲法規範です。

◆衆参同日選挙を意図する解散

(1) **制度および実例**　両院制の下において衆参各議院の議員選挙は別個に実施されます（第17講参照）。参議院議員については、任期が6年と固定され、3年ごとに半数が改選されるので、参議院議員選挙の期日はあらかじめ分かります（憲46条、公選32条）。したがって、内閣は、衆参両院の議員選挙を同日に実施するタイミングで衆議院の解散を決定することが可能となります。これが衆参同日選挙を意図する解散です。実例として、第14回解散（中曽根康弘内閣・1986（昭和61）年6月2日）による同日選挙（7月6日）があります。なお、内閣不信任による第12回解散は、結果として同日選挙（1980（昭和55）年6月22日）になりました。

(2) **解散理由と憲法習律上の行使要件**　①代表の多角性の確保という両院制の意義が損なわれること、②参議院の緊急集会（憲54条2項）が困難となることを理由に、衆参同日選挙を意図する解散の合憲性を疑う説があります。しかし、これらの理由のみでは必ずしも合憲性を判断できません。なぜなら、①両院制の下において両議院の勢力配置のあり方にはさまざまな評価があり得るからであり、②緊急集会の困難を理由とすると参議院の通常選挙そのものも違憲となり得るからです。衆参同日選挙を意図する解散の合憲性は、それが解散権行使に関する憲法習律上の要件に反するかによって判断されます。つまり、解散の結果衆参同日選挙が実施されるという事実だけでは違憲と解されず、解散に至る状況や解散の理由が問われるのです。第14回解散については、衆議院の議員定数不均衡（第16講参照）の解消が解散の理由に挙げられています。この理由が客観的に認定できるならば、解散は合憲と解されます。

4　内閣の組織と権能

最後に、内閣制度の概要を確認しておきましょう。

◆内閣の組織

内閣は、内閣総理大臣およびその他の国務大臣によって組織される合議体です（憲66条1項）。内閣総理大臣は、国会議員のなかから国会の議決で指名し、天皇が任命します（憲67条、6条1項）。国務大臣は総理大臣が任命します。ただし、その過半数は国会議員のなかから選ばなくてはなりません（憲68条1項）。また、総理大臣および国務大臣の資格として「文民」であることが求められます（憲66条2項）。文民の意味について、学説の見解が分かれる一方、実際の運用は、国の武力組織に職業上の地位を有しない者と解しています。

◆内閣の権能

(1)　行政権　　憲法は「行政権は、内閣に属する」と規定します（65条）。通説である控除説によると、行政権とは、国家が行う活動の内容のすべてから「立法」（第17講参照）と「司法」（第19講参照）を除いた残りです。つまり、控除説は、行政権の本質を示すことを断念し、「引き算」で定義するのです。ただし、控除説には、①行政府の多様な活動を余さずに含みうる、②君主に専属していた権能から立法権および司法権が分離した後、君主に残された権能を行政権とした歴史に合致するという理論的利点があります。

(2)　憲法が規定する権能　　憲法は、他の一般行政事務のほか、①法律の誠実な執行および国務の総理、②外交関係の処理、③条約の締結、④官吏に関する事務の掌《しょう》理《り》、⑤予算の作成および国会への提出、⑥政令の制定、⑦恩赦の決定という内閣の権能を列挙しています（73条）。また、他の国家機関との関係における内閣の権能についても、憲法は個別に規定しています（6条2項、53条、54条2項但書、79条、80条1項、87条、90条、91条）。

◆内閣総理大臣と国務大臣の関係

内閣総理大臣は、内閣の「首長」（憲 66 条 1 項）として、国務大臣の上位にあり、内閣を統率、代表します。この首長性から、総理大臣は、国務大臣の任免権（憲 68 条 2 項）のほか、「内閣を代表して議案を国会に提出し、一般国務及び外交について国会に報告し、並びに行政各部を指揮監督する」権能（憲 72 条）などを有します。国務大臣は、内閣の構成員であるとともに、通常、主任の大臣として行政事務を分担管理し、行政各部の長となります（内 3 条 1 項、行組 5 条 1 項。なお憲 74 条参照）。

合議体である内閣は、閣議によってその職権を行います（内 4 条 1 項）。閣議決定は慣行により全会一致制をとります。内閣の権能行使において内閣総理大臣と国務大臣がどのような関係あるかについては、次の 2 点が注目されます。第 1 に、内閣の機能と内閣総理大臣のリーダーシップは一体として強化すべきであると主張する有力な学説があります。1999（平成 11）年の内閣法改正は、この有力説と同様の考えに立ち、閣内における総理大臣の指導性を明確にする趣旨から、閣議の主宰《しゅさい》権をもつ総理大臣の権限として「内閣の重要政策に関する基本的な方針その他の案件を発議すること」（内 4 条 2 項）を明記しました。第 2 に、官僚ないし公務員を主体とする行政各部への指揮監督について、判例（最大判平 7・2・22 刑集 49-2-1）は、内閣総理大臣は、閣議にかけて決定した方針（内 6 条）がない場合であっても、内閣の明示の意思に反しない限り、行政各部に対し、随時、その所掌事務について一定の方向で処理するよう指導、助言等の指示を与える権限を有するとします。

◆内閣の責任

内閣は、行政権の行使について国会に対して連帯責任を負います（憲 66 条 3 項）。内閣の連帯責任は議院内閣制の本質です（本講❶参照）。この責任とは、①衆参両院における審議や国政調査などを通じて大臣が説明し、場合によっては是正措置などの対応を行う責任を負うこと、②衆議院の内閣不信任決議（憲 69 条）を核心として、国会、とくに衆議院の信任に依拠することを意味します。また、内閣の連帯責任に加えて、国務大臣は、個人的事項（たとえば、汚職）や主任大臣としての所管事項について個別責任を負うと解されます。

設問への答え

現在の大多数の見解および実際の運用は、内閣が69条に定める場合以外にも衆議院の解散を決定できる権能を有すると解します。ただし、内閣の解散権の憲法上の根拠について、①内閣の助言と承認に求める7条説と②議院内閣制など憲法が定める統治構造全体の趣旨に求める制度説に分かれます。両説の違いは、内閣の助言と承認は国事行為に関する実質的決定権を含むかという論点の解釈にあります（含むのが7条説。含まないのが制度説）。

解散権の行使については、7条説、制度説のいずれに立っても、解散の民主的機能の位置づけにより、①制約なしとする見解と②憲法習律に基づく一定の限界があるとする見解に分かれます。衆参同日選挙を意図する解散の合憲性は、後者をとってはじめて問題となります（前者では合憲）。この場合、解散の結果衆参同日選挙が実施されたという事実だけでは違憲と解されません。解散に至る状況や解散の客観的理由が憲法習律上の要件をみたすか否かを解して、解散権行使の合憲性を判断します。

どのような結論を導くにせよ、説得力ある解答をするためには、議院内閣制の構造および機能を十分に理解することが不可欠です。

＜参考文献＞

①高橋・立憲主義356〜360頁は、国民内閣制論を展開する学説です。

②高見勝利「解散制度と国民主権」奥平康弘＝杉原泰雄編『憲法学4　統治機構の基本問題Ⅰ』（有斐閣、1976年）82頁以下、および中村睦男「内閣の衆議院解散権」佐藤幸治＝中村睦男＝野中俊彦『ファンダメンタル憲法』（有斐閣、1994年）208頁以下は、衆議院の解散をめぐる論点を整理、検討しています。

第19講

裁判所と司法権

設　問

裁判所は、以下のような争いを解決するために、判断を下すことができるでしょうか。

①ある国家試験で不合格となった者がその評価の変更を求めて国と争っている場合。

②国立大学の期末試験で単位を認定してもらえなかった者がそれについて大学と争っている場合。

③自衛隊は憲法 9 条に違反すると考える者が、国民を代表して、自衛隊の装備のために国が公金を支出することの禁止を国に対し求めて、裁判所に訴えた場合。

《なにが問題となるか》

憲法 76 条は、裁判所の主要な役割は「司法権」の行使であると規定し、裁判所法 3 条は、「法律上の争訟《そうしょう》」を裁判することが司法権の行使に当たると定めています。したがって、裁判所の役割の範囲を見定めるためには、司法権の内容、すなわち、法律上の争訟とはなにかを解明する必要があります。そこで本講では、法律上の争訟の具体的要素を明らかにして、司法権の内容とその限界を探ってみます。

解　説

1　裁判所と司法権

◆裁判所

まず、司法権を行使する裁判所について簡単に見てみましょう。

(1)　**裁判所の種類**　　憲法 76 条 1 項は、「司法権」が「最高裁判所」と「下級裁判所」に属すると規定しています。最高裁判所は、憲法が直接規定する最上級の裁判所です。下級裁判所には、高等裁判所、地方裁判所、家庭裁判所、簡易裁判所の 4 種があります。

(2)　**三審制**　　下級裁判所のなかでは、地方裁判所が第 1 審裁判所となることが最も多いのですが、事件によっては家庭裁判所や簡易裁判所が第 1 審となる場合もあります。そして、選挙または当選の効力に関する訴訟（公選 203 条、204 条、207 条、208 条）などのように、ごく例外的に高等裁判所が第 1 審裁判所となることもあります。第 1 審判決に不服のある訴訟当事者は、上級の裁判所に上訴することができ（審級制）、現行制度は、原則として三審制がとられています。

◆裁判所の仕事内容を決める必要性

裁判所の仕事内容を明確にすることは、憲法を学ぶうえでとても大切なことです。なぜなら、裁判所の役割は、裁判を受ける権利、三権分立、法の支配といった憲法上の権利や原理と深くかかわっているからです。

(1)　**裁判を受ける権利**　　憲法 32 条が保障する裁判を受ける権利は、政治権力から独立した公平な裁判所により、公正な判断をしてもらう権利を意味します。この裁判を受ける権利は、裁判の種類によって多少意味が異なります。

ⓐ　**民事事件・行政事件**　　民法などの私法によって規律される対等な私人間の身分上または経済上の生活関係に関する民事事件や、行政庁が公権力を行使した行為に対し国民が不服などをとなえる行政事件では、自己の権利や利益が不法に侵害されたときに、裁判所によって損害を救済してもらう権利が裁判を受ける権利の主な内容となります。つまり、

裁判所によって、私人間の紛争や、私人と行政との間の紛争を解決し、侵害された権利を救済してもらう権利が裁判を受ける権利なのです。これを裁判所の側からいうと、裁判所には紛争を解決する義務があるのです。しかし、裁判所は、対立する二当事者が対決するための特別な手続（対審的手続）に従い、法律の専門家である裁判官が、法的な問題を解決する場です。そのため、裁判所が判断し、解決できる問題は、そのような裁判所の役割に適したもの、すなわち、司法権の対象に限られます。つまり、裁判を受ける権利は、裁判所の判断に適した紛争の解決を求める権利といえます。このように、裁判を受ける権利と裁判所の役割を決める司法権には密接な関係があるのです。

ⓑ **刑事事件**　ある人が犯罪を行ったかどうかを決める刑事事件では、公平、迅速かつ公開された裁判所の裁判によらなければ刑罰を科せられないことが、裁判を受ける権利の重要な内容となります（憲 37 条参照）。したがって、刑事事件を公正に判断することは裁判所の重要な義務といえます。国民に不当な刑罰が科せられないためには、裁判所の仕事内容とそれを行う際の適正な手続を明らかにする必要があります。

＊裁判を受ける権利とならんで、憲法 17 条が保障する公務員の不法行為に対して損害賠償を請求する権利は、基本的人権を確保するための大切な権利といえます。最高裁は、かつての郵便法 68 条と 73 条の規定のうち、書留郵便物について、郵便業務従事者の故意または重大な過失によって損害が発生した場合に、不法行為に基づく国の損害賠償責任を免除または制限している部分は、憲法 17 条に違反し、無効であると判断しました（最大判平 14・9・11 民集 56-7-1439）。

(2) **三権分立**　憲法は、立法権を国会に（41 条）、行政権を内閣に（65 条）、そして、司法権を裁判所に与え（76 条）、それぞれの機関が、与えられた仕事をして、他の機関の権限を侵害しないよう注意しつつ、お互いの活動をチェックしあう、三権分立の原理を採用しています。たとえば、例外もありますが原則として、裁判所は司法権のみを行使し、司法権を行使できるのは裁判所だけです。さらに、他の機関は裁判所の権限を侵害することは許されません。そこで、司法権の内容や範囲を決めることは、三権の仕事内容を明確にするためにも必要となります。

(3) 法の支配　法の支配とは、国や都道府県・市町村などの地方公共団体の勝手気ままな権力の行使や活動を禁止し、公権力の内容とその行使の仕方を法によってコントロールし、それによって、国民の権利や自由を守ることを目的とする原理です。この原理の重要な点は、権力の行使が法に従っているかどうかを最終的に判断する役割が裁判所に委ねられている、ということです。ですから、法の支配の下では、裁判所は、権力行使を法によってコントロールする役割を適切に果たす義務があります。しかし、裁判所は万能ではなく、裁判所の権限、手続、そして裁判官の能力に適した役割しかできないのです。そして裁判所の適切な役割を決めるのが、司法権の内容なのです。

2　裁判所の権限＝司法権

◆司法権の定義

憲法には司法権を定義している規定はありません。しかし一般に、「司法とは、具体的な争訟について、法を適用し、宣言することによって、これを裁定する国家の作用」と理解されています。より詳細な定義を試みる学説は、司法権を、「当事者間に、具体的事件に関する紛争がある場合において、当事者からの争訟の提起を前提として、独立の裁判所が統治権に基づき、一定の争訟手続によって、紛争解決の為に、何が法であるかの判断をなし、正しい法の適用を保障する作用」と定義しています。そして、司法権を構成する重要な要素として、①「具体的な争訟」が存在すること、②適正な手続に従うこと、③独立して裁判がなされること、④正しい法の適用を保障する作用であること、を挙げます（芦部・憲法347～348頁参照)。①の「具体的な争訟」の存在という要件は、一般に「事件性の要件」と呼ばれ、司法権の本質的内容と考えられています。

◆司法権の範囲

司法権が扱う事件の範囲は国により異なっていますが、日本国憲法の下では、民事事件と刑事事件に加え、行政事件も司法権の判断対象に含まれています。

◆司法権の本質的内容＝事件性の要件＝法律上の争訟

裁判所法3条1項は、裁判所が行使できる権限として、「法律上の争訟」を裁判する権限と、「その他法律において特に定める権限」を挙げています。この「法律上の争訟」は、司法権の本質的内容と考えられている「事件性の要件」を備えた紛争で、司法権が判断すべき対象を具体化したものと理解されています。つまり、法律上の争訟を裁判することが司法権の行使そのものなのです。

判例・通説によると法律上の争訟とは、当事者間の具体的な権利義務ないし法律関係の存否に関する紛争で、かつ、それが法令の適用により終局的に解決することができるものです。つまり、①当事者自身の、②権利または法律によって保護されている利益が、③実際に具体的に侵害されている問題で、かつ、④法令を当てはめることによってその問題を最終的に解決することができる紛争が、法律上の争訟なのです。裁判所は、原則として、このような性質を備えた紛争に対してのみ判断を下し、解決することができるのです。たとえば、貸したお金の返還を求める訴えや、医療ミスによって損害を被った者が病院に対して損害賠償を求める請求はもちろん、ある人が犯罪を行ったかどうかを決める刑事事件も、裁判所の判断対象となります。

◆法律上の争訟に当たらないもの

法律上の争訟に当たらない問題を裁判所に提起すると、裁判所は、問題の内容について判断することなく、訴えを退ける却下判決を下します(門前払い)。法律上の争訟に当たらない事柄として、以下のものが挙げられます。

(1)　権利侵害がない場合に法令の解釈等を争うこと　　ひとつめは、特定個人の権利が具体的に侵害されていない段階で、ある法令の解釈や効力について争うことです。警察予備隊違憲訴訟で、原告は、自分の権利が具体的に侵害されていないけれども、自衛隊の前身である警察予備隊が憲法9条に違反すると主張して、直接最高裁判所に出訴しました。しかし、最高裁は、特定の者の権利や利益が具体的に侵害されていない場合は、裁判所は司法権を行使できないと述べて、訴えを却下しました（最大判昭27・10・8民集6-9-783）。

＜例外：客観訴訟＞　ただし、行政が違法な活動をしている場合、行政が法律などに従うことを求めるための特別な裁判は、法律が認めていれば、自分の権利や利益が実際に侵害されていない者でも提起することができます。通常、このような特別な裁判は客観訴訟と呼ばれています。国や地方公共団体の違法な行為の是正を求めるために、自分自身の権利や利益にかかわらない資格で訴えることのできる民衆訴訟（行訴5条）はその代表的なものです。

しかし、このような客観訴訟は、法律上の争訟ではなく、法律で例外的に認められた特別の裁判であるため、法律が認めていない場合は、そのような訴えを提起することはできません（行訴42条）。

⑵　学問上の論争など　次に、個人の単なる意見または感情に基づく精神的不満、学問上、技術上の論争などは、具体的な権利義務に関する紛争ではなく、また、法令の適用により終局的に解決することができるものでもないため、法律上の争訟ではありません。技術士国家試験における不合格判定の変更を求めた事件で、最高裁は、国家試験の合否判定は学問または技術上の知識、能力などの優劣の判断であるから、裁判所が法令を適用して解決することのできる問題ではないと判断しました（最判昭41・2・8民集20-2-196）。

⑶　宗教上の問題　さらに、純然たる宗教上の問題は、具体的な法律関係に関する紛争ではなく、法令の適用によって終局的に解決できる問題でもないため、法律上の争訟に当たりません（「板まんだら」事件判決　最判昭56・4・7民集35-3-443等参照）。たとえば、ある宗教のご本尊が本物かどうかとか、宗教上の異なる教義のうちどちらが正しいかといった争いは、裁判所が判断することはできません（法律上の争訟の背景に宗教上の問題がある場合については、上記「板まんだら」事件判決参照）。

◆司法権の限界

(1) 憲法上の限界　裁判所は「一切の法律上の争訟」を裁判する権限をもっていますが、それには国会議員の資格争訟の裁判（憲55条）、裁判官の弾劾裁判（憲64条）のように憲法が認める例外があります。また、法律を制定する議事手続のように衆参両院それぞれの自律権に属する行為（警察法改正無効事件判決　最大判昭37・3・7民集16-3-445）や、内閣総理大臣による国務大臣の任免（憲68条）など内閣の自律に委ねられている事項は、裁判所の判断対象とはなりません。

(2) 部分社会の法理　それ以外に、最高裁は、自律的な法規範（決まり）をもつ団体内部の紛争に関しては、その内部規律の問題にとどまる限りその自治的な判断に任せ、それについて裁判所は判断できないという、「部分社会の法理」と呼ばれる理論を展開してきました。たとえば、①県議会の議長が議員に対して行った発言の取消命令を取り消すべきかどうかは、社会の一般的な法秩序と直接関係せず、議会の自主的、自律的な解決に委ねるべきであるため、裁判所は判断することはできません（最判平30・4・26判時2377-10）が、②村や市の議会が行った議員に対する出席停止または除名の懲罰が違法かどうかについては、裁判所が判断することができます（最大判昭35・10・19民集14-12-2633参照、市議会議員出席停止事件判決　最大判令2・11・25判時2476-5）。また、(a)社会の一般的な法秩序と直接関係のない大学の内部問題は裁判所が判断すべきではないため、大学での単位認定行為は原則的に裁判所が判断すべき事柄ではありませんが、(b)大学の内部問題が社会の一般的な法秩序と直接関係する特段の事情がある場合は例外的に裁判所の判断が許されるため、大学の卒業認定などは裁判所が判断することができます（富山大学単位不認定事件判決　最判昭52・3・15民集31-2-234・280）。

この部分社会の法理には、団体の内部問題を裁判所が判断できない理由が不明確であることや、団体構成員の裁判を受ける権利を制限することになるといった問題があります。

3　裁判の公正さを支える制度

最後に、司法権を行使する裁判所が、公正な裁判を行うことができるための制度を確認してみましょう。

◆司法権の独立

まずは、裁判に対するさまざまな圧力や干渉を排除し、裁判が法にのみ基づいて行われるための司法権の独立が挙げられます。これには3つの要素があります。

(1)　**裁判官の職権の独立**　　ひとつめは、裁判官が法以外のなにものにも拘束されずにその仕事を行うことを求める裁判官の職権の独立（憲76条3項）です。これにより、裁判官は、国会や内閣はもちろん同僚の裁判官からも、自分が担当している裁判について圧力や干渉を受けることがないのです。

(2)　**裁判官の身分保障**　　2つめは、裁判官の身分保障（憲78条、79条6項、80条2項）です。憲法は、さまざまな形で裁判官の身分をあつく保護しています。ですから、裁判官は、自分が下す判決の結果により裁判官の身分を失うのではないか、といった不安を感じることなく、裁判をすることができるのです。

(3)　**司法府の独立**　　最後は、全体としての裁判機構（司法府）を立法・行政といった他の権力機構から分離・独立させ、裁判機構の運用をできる限り司法府の自主性に委ねることを要請する司法府の独立（憲77条、78条後段、80条、憲法第6章全体の趣旨）です。

これら3つのうち、裁判官の職権の独立が司法権の独立の中核的要素で、裁判官の身分保障と司法府の独立はそのための不可欠の条件と考えられています。

◆裁判の公開

裁判の公正さを支えるもうひとつの制度は、裁判の公開です（憲82条）。これは、裁判をガラス張りにすることにより裁判の公正さを守ろうという考えです。これにより国民は自由に裁判を傍聴することができます。

設問への答え

裁判所が判断できるのは、原則として、①当事者自身の、②権利または法律によって保護されている利益が、③現実に侵害されている場合で、かつ、④法令を当てはめることによってその問題を最終的に解決することができる性質の紛争に限られます。

設問①の国家試験の合否判定は、判例によると、学問上または技術上の判断であり、裁判所が法令を適用して解決することのできる問題ではないため、裁判所が判断を下すことはできません。しかし、合否決定の手続に問題があったり、事実を誤認して合否を決定した場合などには、裁判所がその点を判断すべきであるという学説や下級裁判所の判決もあります。

設問②の大学の単位認定の問題は、判例によると、卒業に直接影響のない単位認定であれば、大学の内部問題として裁判所が口を出すことはできませんが、卒業に直接関係がある単位であれば、裁判所が判断することができます。ただ、学生を救済するために裁判所が判断すべきであると主張する学説もあります。

設問③の憲法に違反する国の公金支出を禁止する訴えは、訴えている者の権利や利益が直接侵害されていないため、法律上の争訟とはいえません（名古屋地判昭49・10・3判時767-25参照）。もしそのような訴訟を法律が明文で認めていれば、法律で認められた者が訴えることは可能かもしれません。しかし、現在、国の違法な公金支出を禁止する特別の訴訟は法律で認められていないため、このような訴えを裁判所が判断することはできません。

ところが、国の違憲・違法な行為を法によりコントロールする裁判所の役割を重視する法の支配の原理からすると、違憲・違法な国家の活動を是正するための法的な方法がないのは問題です。ですから、法の支配の原理に照らすと、たとえば、国の違憲・違法な公金支出を禁止する訴訟や国の行為が憲法に違反しないかどうかを確認する訴訟など、国の違憲・違法な活動を是正するためのなんらかの方法を整備する必要があるといえます。

＜参考文献＞

小島武司編『裁判キーワード〔新版補訂版〕』(有斐閣、2000年)、市川正人他『現代の裁判〔第7版〕』(有斐閣、2017年)、小島武司編『ブリッジブック裁判法〔第2版〕』(信山社、2010年) などは、裁判に関する事柄をわかりやすく説明しています。

トピックス5 裁判員制度

「裁判員の参加する刑事裁判に関する法律」(以下「裁判員法」といいます。)は、2004年5月21日に成立し、2009年5月21日から施行され、「裁判員制度」がスタートしました。

裁判員制度とは、法律の専門家ではない一般の国民が裁判員として刑事裁判に参加して、被告人が有罪かどうか、有罪の場合どのような刑にするか(「量刑」といいます。)を裁判官と一緒に決める制度です。このように一般の国民が裁判に参加することを「国民の司法参加」といいます。国民の司法参加は、アメリカ、イギリス、フランス、ドイツなどの国々でも行われています。わが国にも、1923年に制定された「陪審法」により、刑事の陪審制度が採用され、国民が司法参加した歴史はありますが、陪審制度が実際に施行されたのは、1928年から1943年の間にすぎません。ですから、今回の裁判員制度の導入には、わが国における本格的な「国民の司法参加」への期待が込められています。

裁判員制度によって国民が刑事裁判に参加することにより、①国民の視点や感覚が裁判の内容に反映されることになり、その結果、裁判が身近になり、国民の司法に対する理解と信頼が深まることと、②国民が、自分を取り巻く社会やそのなかの法的な問題について考えるきっかけとなることなどが期待されています。しかし、国民の司法参加には、公平な手続に従って法を適用するという公正な裁判の性格をゆがめてはならない、という限界があることも忘れてはなりません。

裁判員は、選挙人名簿をもとにつくられた裁判員候補者名簿のなかから、ひとつの事件ごとに、裁判所によってくじにより選ばれます。裁判員が参加する裁判では、通常、裁判官 3 名と裁判員 6 名で裁判を行いますが、例外的に、裁判官 1 名と裁判員 4 名で裁判を行う場合もあります。

裁判員が参加する裁判の対象となる事件は、法定刑に死刑または無期刑を含む重大な犯罪です。たとえば、①人を殺した場合（殺人）、②強盗が、人にけがをさせ、あるいは、死亡させた場合（強盗致死傷）、③ひどく酒に酔った状態で自動車を運転して人をひき、死亡させた場合（危険運転致死）、④子どもに食事を与えず、放置して、死亡させた場合（保護責任者遺棄致死）などです。

裁判員は、まず、裁判官と一緒に、公開の法廷で行われる刑事事件の審理（「公判」といいます。）に出席します。公判では、証拠を取り調べたり、証人や被告人に質問したりしますが、裁判員が証人等に質問することもできます。次に、裁判員は、被告人が有罪か無罪か、有罪の場合の量刑をどうすべきかを、裁判官と一緒に非公開の場で評議し、評決を下します。評議において全員一致の結論が得られない場合、評決は多数決で行われますが、有罪であると判断するためには、裁判官と裁判員のそれぞれ 1 名以上を含む過半数の賛成が必要です。最後に、公開の法廷で判決が言い渡されますが、裁判員の仕事はこれで終了します。

裁判員制度の憲法適合性に関しては、それを合憲とする有力な学説と違憲とする学説の両方が主張されています。この点、最高裁は、全員一致の意見で、以下のように同制度を合憲と判断しました（最大判平 23・11・16 刑集 65-8-1285）。すなわち、①憲法は、「適正手続の保障、裁判を受ける権利、令状主義、公平な裁判所の迅速な公開裁判を受ける権利、証人審問権及び証人喚問権、弁護人依頼権、自己負罪拒否の特権、強制による自白の排除、刑罰不遡及の原則、一事不再理など、適正な刑事裁判を実現するための諸原則」を定め、「刑事裁判の基本的な担い手として裁判官を想定している」が、「国民の司法参加と適正な刑事裁判を実現するための諸原則とは、十分調和させることが可能であり」、「憲法は、一般的には国民の司法参加を許容しており、これを採用する場合には、上記の諸原則が確保されている限り、陪審制とするか参審制とするかを含め、その内容を立法政策に委ねている」、②裁判員制度は、「公平な『裁判所』における法と証拠に基づく適正な裁判」が制度的に十分保障されている上、「裁判官は刑事裁判の基本的な担い手」とされており、「憲法が定める刑事裁判の諸原則を確保する上での支障はない」ため、憲法31条（適正手続の保障）、32条（裁判所において裁判を受ける権利）、37条1項（公平な裁判所の裁判を受ける権利）、76条1項（司法権・裁判所）、80条1項（下級裁判所の裁判官の任命等）に違反しない（裁判員制度と憲法32条、37条との関係は、最判平24・1・13刑集66-1-1参照）、③憲法に適合する裁判員法が規定する評決制度の下で、裁判官が時に自らの意見と異なる結論に従わざるを得ない場合があるとしても、それは憲法に適合する法律に拘束される結果であるから、憲法76条3項（裁判官の職権の独立）に違反しない、④裁判員制度による裁判体は、地方裁判所に属し、その判決に対しては、高等裁判所への控訴及び最高裁判所への上告が認められており、裁判官と裁判員とで構成された裁判体が特別裁判所に当たらないため、裁判員制度は憲法76条2項（特別裁判所の禁止）に違反しない、⑤裁判員の職務により「国民に一定の負担が生ずることは否定できない」が、裁判員の職務は、「司法権の行使に対する国民の参加という点で参政権と同様の権限を国民に付与するものであり、これを『苦役』ということは必ずしも適切」ではなく、国民の負担を過重にしないという観点から、辞退事由を定める政令は、個々人の事情を踏まえて、裁判員の職務を行うことにより自己又は第三者に身体上、精神上又は経済上の重大な不利益が生ずると認めるに足りる相当な理由がある場合には辞退を認めるなど、辞退に関し柔軟な制度を設けていることなどを考慮すれば、裁判員の職務は、憲法18条後段が禁ずる「苦役」に当たらない。

＜参考文献＞

池田修他『解説裁判員法〔第3版〕』（弘文堂、2016年）、裁判所のホームページにある裁判員制度の説明（https://www.saibanin.courts.go.jp/index.html）、法務省の裁判員制度の説明（http://www.moj.go.jp/keiji1/saibanin_index.html）、日本弁護士連合会の裁判員制度の説明（https://www.nichibenren.or.jp/ja/citizen_judge/index.html）等。

第20講

違憲立法審査制

設　問

“自衛隊の設置を認めている自衛隊法は、「戦力」の保持を禁じている憲法９条２項に違反する”と主張する、S党という政党があったとします。そして、S党党首のX衆議院議員が、S党の主張を裁判所で認めてもらうため、国を相手どって、“自衛隊法は憲法に違反しており無効である”という判決を求める訴えを、最高裁判所に提起したとします。この場合、最高裁判所はどのような判断を下すと予想されるでしょうか。次のなかから選んでください。

① Xの主張を認め、“自衛隊法は憲法に違反しており無効である”という判決を下す。

②“自衛隊法は憲法に違反してはいない”と判断して、Xの訴えをしりぞける。

③“Xの訴えには、そもそも裁判所で取り上げてもらえるだけの資格がない”という理由から、自衛隊法が憲法に反しないかどうかについて裁判所自身の判断を示さないまま、門前払いにする。

《なにが問題となるか》

“議会の定めた立法が憲法に違反するかどうかについて審査・判定する権限を、裁判所（またはそれに準ずる裁判機関）に与える”――このような制度を違憲立法審査制（または法令審査制）と呼びます。現在の日本もこの制度をとっていますが、その具体的な仕組みの特徴が設問のポイントです。

解　説

1　違憲立法審査制の 2 類型

◆はじめに

違憲立法審査制は、どの国でも採用されているというわけではありません。たとえばイギリスでは、法典としての憲法がそもそも制定されておらず、“主権は議会にあり、主権者である議会の決定を裁判所はくつがえせない”と考えられてきたので、現在でも違憲立法審査制を採用していません。しかし、今日では、かなりの数の国が違憲立法審査制を採用しています。その際、ひとくちに違憲立法審査制といっても、じつは制度の具体的な仕組みは国によって違っています。この点、諸外国の例を見ると、大きく分ければ 2 つのタイプに区別できます。すなわち、司法裁判所型（代表例はアメリカ）と憲法裁判所型（代表例はドイツ）です。以下では、この両者を 3 つの観点から比較してみます。

◆司法裁判所型と憲法裁判所型――制度の仕組みの対比

(1)　**どの裁判所が審査権をもつか**　　この点について、司法裁判所型では、司法権をもつ裁判所のすべてに審査権がある（最高裁判所だけでなく、下級裁判所にも審査権がある）、という仕組みになっています。ある事件や紛争について裁判を申し立てようとする場合、最初にどの裁判所に申し立てなければならないか（第 1 審となる裁判所）は、事件や紛争の種類などに応じて、法律で決められていますが、第 1 審となるのは、最高裁判所ではなく下級裁判所ですから、違憲審査を求めるときも、まず第 1 審となる下級裁判所に申し立てなければならず、第 1 審の裁判で敗れた場合は、さらに上のランクの裁判所に裁判のやり直しを求めていく、という流れになります（詳しくは第 19 講参照）。これに対して、憲法裁判所型では、ふつうの事件・紛争の裁判を担当する裁判所とは別に、憲法問題の裁判を専門的に扱う「憲法裁判所」と呼ばれる別格の裁判所がひとつだけ置かれ、法律を違憲と判定する権限はこの憲法裁判所のみに与えられる、というシステムになっています。

(2)　どのような形で審査を求めることができるか　この点について、司法裁判所型が付随的審査と呼ばれる形をとっているのに対して、憲法裁判所型は抽象的審査と呼ばれる形をとり入れている、という違いがあります。

ⓐ　付随的審査　これは、“個々の具体的な裁判上の事件に付随して行われる審査”という意味です（裁判上の事件には、刑事事件・民事事件・行政事件の3種類があります。第19講参照）。この「個々の具体的な裁判上の事件」とは、“裁判の当事者自身の明確な具体的利害（具体的な権利・利益）にかかわる事件・紛争”を意味します。そして、その事件と直接に関係する法律の規定について、審査が行われるのです。

では、付随的審査はどのような形で求められるものなのか、具体例を挙げておきましょう。

① 刑事事件の例　特定の行為をしたために罰則にふれたとして起訴されたAが、裁判では“この罰則は憲法違反であって無効だから、それに基づいて自分を処罰することは憲法上許されない”と主張して、無罪判決を求める場合。

② 民事事件の例　A−Bという私人どうしの紛争で、Bが、Aを相手どって訴訟を起こし、法律の規定を根拠として一定の請求をしたのに対して、Aの側が、“その法律の規定自体が違憲・無効なのだから、Bの請求には正当な法的根拠がない”という反論を展開し、Bからの請求をしりぞける判決を求める場合。

③ 行政事件の例　Aが、自分に対する具体的な行政決定（例：業務停止命令・営業不許可決定）について、“この決定の根拠とされた法律の規定は憲法違反だ”と主張し、その決定の取消し・やり直しを求めて訴訟を起こす場合。

付随的審査の仕組みでは、①〜③の例におけるAのような立場の人（＝その法律のせいで個人的に具体的実害を被っている人）でなければ、違憲審査を求めることはできません。

ⓑ　抽象的審査　こちらは、“個々の具体的な裁判上の事件とは無関係に、法律の規定そのものの憲法適合性について審査する”という仕

組みです（「具体的な」裁判上の事件の解決とは無関係に行われる審査なので、「抽象的」審査と呼ばれます）。付随的審査の仕組みでは、ある問題について具体的な個人的利害関係のない人には、その件に関して裁判所の違憲審査を求める権利はないのですが、抽象的審査の仕組みでは、一定の国家機関には、特別の個人的な利害関係がなくても、法律が憲法に違反していないかどうかの審査を求める申立《もうしたて》権が認められているのです。たとえばドイツの憲法では、そのような申立権を、連邦政府（＝内閣）・州政府（＝地方政府）・4分の1以上の連邦議会議員に与えています（ドイツ連邦共和国基本法93条1項2号）*。

＊なお、憲法裁判所型の国でも、個々の具体的な裁判上の事件に関連して上記の①～③の例にあるような事態が発生することは考えられます。その場合、抽象的審査の制度とは別に、次のような審査の仕組みが定められています。すなわち、その事件の裁判を担当する通常の裁判所が、事件の裁判の手続きを一時中断して、その法律が合憲か違憲かという点についてだけ、憲法裁判所の判定をあおぐ、というものです（「具体的規範統制」の制度）。

(3)　**違憲とされた法律はその後どうなるか**　この点でも、司法裁判所型と憲法裁判所型との間には違いがあります。司法裁判所型では、裁判所で違憲とされた法律の規定は裁判の基準として使えなくなるのですが、その法律の規定そのものが正式に廃止されるわけではありません。それに対して憲法裁判所型では、憲法裁判所がある法律の規定を違憲とする判決を下せば、その法律の規定そのものが自動的に消去・廃止されることになります。

2　わが国の違憲立法審査制の性格

◆問題の所在

明治憲法の下では違憲立法審査制は採用されていませんでした。これに対し、日本国憲法81条は「最高裁判所は、一切《いっさい》の法律、命令、規則又は処分が憲法に適合するかしないかを決定する権限を有する終審裁判所である。」と定め、明文で最高裁判所に違憲立法審査権を与えています。しかし、この条文からは、“誰が・どのような形で審査を求めることができるのか”とか、“最高裁が「終審」だということはわかるけれども、下級裁判所にはまったく審査権がないのか”といった点については、必ずしもはっきりとは読みとれません。この点、日本国憲法を制定する際の審議の過程で、憲法案の提案者であった政府は、“81条は抽象的審査を定める趣旨ではない”と説明していました。そして実際上も、日本国憲法が施行されると、わが国の違憲立法審査制は、司法裁判所型の制度としてスタートしたのです。

◆警察予備隊違憲訴訟

そのようななかで、日本国憲法が定める違憲立法審査制の性格を真正面から問題としたのが、警察予備隊違憲訴訟です。この訴訟は次のようなものでした。

1950（昭和25）年8月に警察予備隊が設置されました（自衛隊の前身のそのまた前身です。詳しくは第22講❶参照）。予備隊は「警察力を補うため」の存在とされていましたが、これに対して、“予備隊の実態・規模はむしろ軍事力に近いもので、憲法9条の禁ずる「戦力」に当たる”という立場から、日本社会党（当時）を代表して同党委員長の鈴木茂《も》三《さぶ》郎《ろう》衆議院議員が原告となり、国を相手どって、“国がした、警察予備隊の設置・維持に関するいっさいの行為は無効である”という判決を求める訴えを、最高裁に提起したのです。

このケースでは、予備隊の設置・維持によって、原告が個人として明確な具体的実害を受けたわけではありません。しかも、原告は、下級裁判所を経ずに、いきなり最高裁に訴えているわけです。ということは、憲法81条の定める違憲立法審査制が司法裁判所型の制度だという前提に立つ限り、このような訴えは付随的審査を求める申立てには該当しませんから、原告には違憲審査を求める権利はない、ということになります。ところが原告は、“憲法81条は憲法裁判所型の抽象的審査を認めており、（自分自身の個人的な利害にからむ）具体的な裁判上の事件においてでなくとも、直接に最高裁に訴えを起こして、法令・処分が違憲かどうかを争えるのだ”という解釈を主張して、訴訟を起こしたのです。

これに対して最高裁は、“日本国憲法が認めている違憲立法審査は、あくまでも、個々の具体的な紛争・事件を前提として行われる審査であって、抽象的審査は認められていない”という趣旨の判断を下しました（最大判昭27・10・8民集6-9-783)。要するに、審査の方式として認められているのは付随的審査だけだ、というわけです。その際、最高裁は“付随的審査を行う権限は下級裁判所にもある”ということも述べています。つまり、わが国の違憲立法審査制は司法裁判所型の制度だ、というわけです。こうして最高裁は結局、このケースでは原告にはそもそも違憲審査を求める資格がないとして、予備隊の設置・維持が合憲か違憲かの判定にはいっさい立ち入らず、いわゆる“門前払い”（法律用語でいう「却下」）としたのです。

◆判例の趣旨と憲法学界の反応

以上のような最高裁の判断を支えている考え方は、次のように説明できます――“抽象的審査の方式を認めると、数多くの違憲審査の申立てが最高裁にもちこまれて、最高裁に権力が集中してしまうおそれが高い。なぜなら、国会では法律案に反対したが多数決で負けてしまった少数派の議員たちが、いったんできあがった法律をすぐにつぶすために、いつでも最高裁に申し立てることが可能になり、国会よりも最高裁のほうが国政の主役だ、ということになりかねないからである。このように考えると、抽象的審査権は重大な権限であり、これを最高裁に認めるかどうかで話は大きく違ってくる。それだけに、抽象的審査の方式は、もし採用するのであれば、憲法の条文に明記することが必要なはずで、現に、憲法裁判所型の制度をとる国では、この審査方式について、憲法の条文自体で詳しく定めている。ところが、それほど重要なはずの制度について、これをはっきりと認める規定が日本国憲法には見当たらない以上、抽象的審査の方式を認めるわけにはいかない”。

そして憲法学界においても、大多数の学者がやはり同様の理由から、違憲立法審査権の性格については、この最高裁の判決の立場を支持してきました。こうして、わが国の違憲立法審査制は司法裁判所型に当たるものとして運用されてきているのです（なお、これに対する批判については、参考文献②参照）。

3　付随的審査制の構造と特質

◆付随的審査における3つの関門

(1)　事件性の要件　以上のように、司法裁判所型の付随的審査の仕組みでは、個々の具体的な裁判上の事件における利害当事者からの違憲審査の申立てでなければ、門前払いとなり、裁判所の憲法判断（合憲か違憲かの明示的な判断）はしてもらえません。このハードルを「事件性の要件」といいます。しかし、これは、付随的審査の仕組みの下で裁判所の憲法判断にこぎつけるための第1関門にすぎません。第2・第3の関門がこれに続くのです。

(2)　憲法判断回避の準則　第2関門は、“その法律が合憲か違憲かによって、その具体的ケースに対する裁判の結論は違ってくるか？”というハードルです。さきに、刑事事件で付随的審査を求める場合の例として、罰則にふれたとされて起訴されたAが、裁判で“この罰則自体が違憲・無効のはずだから、自分は無罪だ”と主張した、という例を挙げました。このAの主張に対して、裁判官が“この罰則規定を厳密に解釈すれば、この事件におけるAの行為は、そもそも罰則の定める犯罪行為類型に該当しない”という判断に達したとします。すると、その罰則が違憲でも合憲でも、裁判の結論としては“Aは無罪”ということになります。このように、その法律が合憲だと仮定しても違憲だと仮定しても、そのケースの裁判の結論には変わりがない、という場合、付随的審査の仕組みでは、裁判所が憲法判断をあえて下す必要はない、とされるのです。このルールは「憲法判断回避の準則」と呼ばれるもので、“裁判所がいったん「憲法の内容はこうだ」と判定すれば、その影響は大きいので、違憲立法審査権はできるだけ慎重に行使すべきだ”という考え方に基づいています。

(3)　司法権の限界　さらに、第3関門として、“争いの的になっている国会や政府などの決定が、裁判所の審査になじまない性質の問題に該当していないか？”というものがあります。この種の問題は「司法権の限界」の問題と呼ばれています。司法権の限界にもいくつかの種類がありますが（第19講❷参照）、そのなかでも最も重大な意味をもつのが、「裁判所の審査になじまないほど高度に政治的な決定」に該当するものです。このような「高度に政治的な決定」は「統治行為」と呼ばれ、その例としては、国家の存立にかかわるような政治的決定、外交関係上の政治的決定などが挙げられてきました。「統治行為」という言葉は、法学者が使っている用語で、憲法の条文には出てきませんが、“裁判所の審査権が及ばない「統治行為」というものもある”というのが、従来は、裁判所や法学者の間での一般的な考え方であったといえます。“高度に政治的な決定についても裁判所が最終的に白黒をつける、というのでは、裁判官の権力があまりにも強大なものになる。また、その種の政治的決定の合法性があとから裁判で否定されると、重大な混乱を招く。だから、高度に政治的な決定に問題点があるとしても、裁判ではなく、政治の場で解決していくべきだ”と考えられてきたのです。ただし、この考え方の中でも、なにがこの「統治行為」の範囲に含まれるのかについては、見解の対立があります*。

以上のように、付随的審査の仕組みでは、裁判所の憲法判断にたどり着くまでに、事件性の要件・憲法判断回避の準則・司法権の限界という、3つの関門をクリアしなければならないのです**。

＊最高裁がこれまでに「高度の政治性」を理由として、裁判所の審査権が及ばないとしているのは、①日米安全保障条約（砂川事件判決　最大判昭34・12・16刑集13-13-3225）、②衆議院解散の決定（苫米地《とまべち》事件判決　最大判昭35・6・8民集14-7-1206）です。ただし、このうち①では、条約が「一見極めて明白に違憲無効」かどうかの審査はできるとしたうえで、日米安保条約は「一見極めて明白に違憲無効」とはいえない、としています。なお、自衛隊の設置・維持については、違憲か合憲か、それとも統治行為なのか、いまのところ最高裁は判断を下しておらず、裁判の場では未決着のままになっています。

＊＊なお、事件性の要件には例外もあることについて、第19講❷参照。た

だし、とくに個人的な利害関係がない人でも裁判を起こせるという、事件性の要件の例外に当たる制度を法律で設ける場合であっても、"〇〇法の規定は無効（違憲）"とか"〇〇法を実施するためのいっさいの行為は無効（違憲）"という判決を求めるための制度は、抽象的審査の制度に当たるからやはり許されない、というのが一般的な理解です。

◆ 2 類型における発想の違い・機能の違い

ここまでは、司法裁判所型・憲法裁判所型それぞれの仕組みがどのようなものなのかを、見てきました。以下では、それぞれの仕組みを支えている発想、それぞれの仕組みの長所・短所を、さらに比較しておきたいと思います。

(1) **発想の違い**　司法裁判所型は、"違憲立法審査権は、もともと司法権の一部分だ"という発想を出発点にしています。そこで、①すべての裁判所が司法権をもつから、違憲立法審査権は下級裁判所にもある、②伝統的な定義によると、「司法権」とは「個々の具体的な裁判上の事件についての裁判権」であって、司法権の範囲内でしか審査できないから、付随的審査の形をとる、③法律の正式な廃止はあくまでも立法権の役割だ、とされるのです。

これに対して憲法裁判所型は、"違憲立法審査権は、伝統的な意味での司法権とは異質のものであり、司法権の範囲内に限定する必要はない"という発想に立っています。そこで、①通常の裁判上の事件を扱う裁判所とは別に、専門の憲法裁判所を設け、憲法裁判所だけに違憲立法審査を任せる、②司法権の範囲内に限る必要がない以上、抽象的審査も認める、③同様の理由から、憲法裁判所の判決自体に、法律を廃止する効力を認める、とされるわけです。

(2) **機能の違い**　司法裁判所型には、①事件性の要件によって審査権発動が制限されるので、事件が起きなければ違憲の疑いも放置される、という短所がありますが、②問題となっている法律のメリット・デメリットを、単なる予測ではなく、現実の事例に即して検討できる、という長所もあります。

一方、憲法裁判所型には、①抽象的審査の仕組みを通じて、違憲の疑いのある法律について速やかな審査も可能、という長所がありますが、②現実の具体的な事件が起きてもいない時点で、裁判所が憲法論争に決着をつけることを迫られる（その分だけ憲法判断が観念的なものになるおそれがある）、という短所もあります。

このように、司法裁判所型・憲法裁判所型にはそれぞれ、長所もあれば短所もある、ということを理解しておくべきでしょう。

設問への答え

設問の X は、ちょうど警察予備隊違憲訴訟の原告と同じ立場にあり、自衛隊法のせいで個人として明確な具体的実害を被った、というわけではありません。日本国憲法の定める違憲立法審査制は、付随的審査の制度、つまり、その法律のせいで個人的に具体的実害を被っている人にだけ違憲立法審査を求める権利を認める制度だ、というのが最高裁判所の見解で、憲法学者の大多数の見解（通説）も同じです。そうすると、設問の X には、そもそも違憲立法審査を求める資格がない、ということになりますから、設問の答えは③になります。この場合、③となる理由は、“自衛隊をどうするかは高度に政治的な問題（＝統治行為）だから”ではない、ということに注意してください。

＜参考文献＞

①芦部・憲法第 18 章二は、違憲立法審査制について詳しく説明しています（「司法権の限界」についての説明は、同書の第 16 章一 4 にあります）。

②中村睦男＝常本照樹『憲法裁判 50 年』（悠々社、1997 年）17〜23 頁［中村睦男執筆］は、警察予備隊違憲訴訟判決の解説です。判例・学界の通説を批判して、現行憲法の下でも、「すべての裁判所の付随的審査権＋最高裁の抽象的審査権」という形で抽象的審査を導入できるはずだ、と主張しています。抽象的審査のメリットを重視して、司法裁判所型・憲法裁判所型のどちらとも違う、「第 3 の型」を探るものです。

第21講

地方自治

設　問

　地方公共団体は、以下のような条例を定めることができるでしょうか。
①工場などから排出される有害物質などに関して国がすでに法令で一定の規制をしているときに、地方公共団体が、法令よりも厳しい内容の規制を条例で定めること。
②地方公共団体がある特定の政策などを行うかどうかについて住民投票を行い、地方公共団体の長および議会は投票総数の過半数が選択した政策を必ず行わなければならない、と規定する住民投票条例を制定すること。

《なにが問題となるか》

　憲法94条は、地方公共団体の重要な権限のひとつである条例制定権の範囲は国の法律で定めると規定しています。その一方で、憲法92条は、地方自治に関する国の法律は、住民の意思に基づいて、国から独立した地方公共団体によって地方自治が行われることを確保しなければならないとも規定しています。ですから、国の法律は、憲法で保障された地方公共団体の権限を不当に侵害してはならないのです。そこで本講では、国の法律と地方公共団体が制定する条例との関係をとおして、憲法で規定された地方自治の内容がどの程度まで実現できるのかを考えてみましょう。

解　説

1　憲法による地方自治の保障

◆地方自治の憲法上の位置づけ

地方自治とは、ひとつの国の内部にある地域共同体としての地方公共団体が自らその政治や行政を行うことです。

大日本帝国憲法（明治憲法）は、地方自治を憲法によって規定せず、地方自治の具体化は主に法律に委ねられていました。そして、実際の制度は、国が地方の政治や行政に介入する要素の多い中央集権的なものでした。

それに対し、日本国憲法は、第8章に地方自治の章を設け、地方自治を憲法上保障しています。この憲法の趣旨に基づいて、地方行政の民主化と地方分権の徹底を図るために地方自治法が日本国憲法と同時に施行されました。その後、特に、1993（平成5）年6月に衆参両院で地方分権促進決議が行われて以降、急速に地方分権の流れが進み、数度にわたる重要な法改正が行われています。

◆地方自治の本旨

(1)「地方自治の本旨」の意味　憲法92条は、「地方公共団体の組織及び運営に関する事項は、地方自治の本旨に基いて、法律でこれを定める」と規定しています。ここにいう「地方自治の本旨」には、住民自治と団体自治の2つの要素があります。

住民自治とは、地域住民の自由な意思に基づいてその地域の政治や行政の内容が決定されることです。そして団体自治は、地方の政治や行政が国から独立した地方公共団体によって行われることを意味します。この団体自治には、国などから干渉を受けることなく、地方自治を行う地方公共団体の意思決定がなされ、その自由に決定された意思に基づいて、地方公共団体自身の手によって地方の政治や行政が行われることが含まれています。

(2) 地方自治保障の意義　憲法が地方自治を保障したことの意義や

具体的な効果についてはいくつかの見解があります。

ⓐ　制度的保障説＝通説　　通説である制度的保障説は、①地方自治は、民主的な国家の基礎として、欠くことのできない公の制度であると理解し、②長い歴史や伝統のなかで確立されてきた一定の内容をもった地方自治制度の核心部分は、法律をもってしても変えることができない、と主張します。この説によると、憲法で守られ、法律でも変えることのできない地方自治制度の核心部分が「地方自治の本旨」に当たります。具体的には、地方公共団体として都道府県と市町村を二段階に保障したことや、地方公共団体の事務処理の権限や税金を課す権限をまったく否定することは許されないこと、さらには、地方公共団体の長や議会の議員を住民が直接選挙することなどを地方自治の本旨として挙げる傾向にあります。

ⓑ　通説に対する批判　　これに対し、地方自治の本旨を基本的人権の保障や国民主権という憲法原理によって再構成して、地方公共団体の固有の権限や任務を導き出す学説が今日有力になりつつあります。この説によると、①地方公共団体の政治も人権保障を目的とするため、住民の人権を保障するうえで必要な場合、地方公共団体は原則として、いかなる事項についても、自主的に活動しうる領域をもち、②地方公共団体のあり方にも、住民の直接決定を求める直接民主制的要素が強く求められます。その結果、地方公共団体の自主立法権や自主財政権が幅広く認められる可能性が増します。

現在の通説とそれを批判する学説とでは、基本的な考え方に違いはありますが、地方自治の本旨の内容を具体的に決める際にはそれほど大きな差異はありません。しかし、通説を批判する学説のほうが、地方公共団体の自主立法権や自主財政権をより強調する傾向があります。

◆地方公共団体

憲法は、なにが地方公共団体であるかを明らかにしていませんが、地方自治制度の基本的事項を定めた地方自治法は、都道府県と市町村を「普通地方公共団体」と規定しています（地自１条の３第２項）。通常、憲法にいう地方公共団体は、都道府県と市町村という標準的な二段階の地方公共団体を指すと考えられています。

もっとも、市町村を維持しつつ、都道府県にかわって、現在の都道府県よりも広域の地方公共団体を創設するいわゆる道州制を導入し、現在とは異なる内容の地方公共団体の二段階制を創設することは、原則的に憲法上許されるとする考えが有力です。

2 条例

◆条例制定権

憲法94条は、地方公共団体は「法律の範囲内で条例を制定することができる」と規定しています。ここにいう条例には、地方公共団体の議会が制定する条例（地自14条）のみならず、地方公共団体の長が制定する規則（地自15条）や教育委員会などの各種委員会が定める規則など（地自138条の4）も含まれます。しかし、本講では地方議会が制定する条例のみを扱います。

◆条例制定権の範囲と限界

条例は、地方公共団体がその自治権に基づいて制定する自主法です。しかし、地方公共団体の条例制定権には、①条例は地方公共団体が処理すべき地方的利害にかかわる事務を規制の対象とし、かつ、②条例は法令に違反してはならない、という制限があります（地自14条1項参照）。

(1) 地方公共団体が処理すべき事務　地方公共団体は、それが処理すべき地方的利害にかかわる事柄（地自2条2項参照）に対してのみ条例を制定することができます。したがって、法律で国の事務として規定されたもののほかに、国の法令によって全国画一的な制度によることが望ましい事柄や、一地方の利害にとどまらず全国民の利害に関係ある事項などについては条例を制定することはできません。

しかし、1999年に改正された地方自治法1条の2第2項は、国は国が本来果たすべき役割を重点的に担い、住民に身近な行政はできる限り地方公共団体に委ねるという、国と地方公共団体との役割分担の基本を定めています。ですから、住民に身近な行政は基本的に地方公共団体が処理すべき事務と考えることができます。

(2) 憲法との関係　憲法が法律による規制を求めている事柄について、条例を定めることができるかどうかも問題となります。憲法29条2項が、財産権の内容は「法律」で定めると規定しているため、条例で財産権を規制できるかどうかは重要な問題です。また、「法律」によらなければ刑罰を科してはならないと規定する憲法31条と、「法律」の委任なくして政令に罰則を設けることを禁止する憲法73条6号との関係で、条例に罰則を設けることが許されるか否かも検討を要します。さらに、憲法84条が、租税を課す場合などは、「法律又は法律の定める条件」によることを必要とすると規定しているので、条例による地方税の賦課徴収が許されるかどうかも問題となります。

しかし、条例は、住民の代表機関である議会の議決によって成立する民主的立法であり、実質的には国の法律に準じたものであるため、それらの事項に対する条例による規制は憲法上許されると一般に考えられています。

(3) 法律との関係　憲法94条は、「法律の範囲内」で条例制定権を認め、また、地方自治法14条1項は、「法令に違反しない限り」条例の制定を認めています。

条例と法律の関係は、とくに1969（昭和44）年に制定された東京都公害防止条例に始まる各地方公共団体の公害規制条例が、国の規制基準よりも厳しい基準を定める「上乗せ条例」や、法令の規制対象以外の事項について規制を行う「横出し条例」であったため、このような条例が「法律の範囲内」であるかどうかという形で議論されてきました。

ⓐ 学説　かつては、国の法律がなんらかの形で規制している事項については、もはや条例を制定することはできないという「法律先占論」が支配的で、条例制定権の範囲をとても狭く解釈していました。

しかし、現在の多数説は、条例が法律に違反してはならないという条件を緩やかに解釈し、法律の趣旨が、より厳しい規制基準を条例で定めることをとくに禁止していなければ、地方の実情に応じて別段の規制を定める上乗せ条例は適法であると主張し、条例制定の範囲を広く認めています。ところがこの説では、条例制定権の範囲が国の法律によって決められ、地方自治の本旨に即した地方行政の展開ができなくなる可能性が残ります。

そこで、①地方自治の核心にかかわる事務領域は、固有の自治事務領域として、憲法上、つねに地方公共団体の事務として認められる、②固有の自治事務領域を規制する法律は、つねに全国一律に適用される最小規制を定めているにすぎないと見なされる、③固有の自治事務領域を規制する法律が、住民の生命や健康という重要な人権の保障にとって不十分である場合には、法律の趣旨にかかわらず、地方公共団体が自治権に基づき独自の条例を制定することができる、と主張する学説もあります。この説によると、公害防止のように住民生活の安全と福祉に直結する領域では、上乗せ条例を制定することも認められます。

ⓑ　判例　　最高裁判所は、徳島市公安条例事件判決（最大判昭50・9・10 刑集29-8-489）において、国の法令が全国一律に同一内容の規制を施す趣旨ではなく、それぞれの地方公共団体の実情に応じて、別段の規制を施すことを容認する趣旨である場合には、上乗せ条例等は国の法令に違反しないと判示しました。この判例は、一般論のレベルでは、上記の多数説と同様の立場であるといえるでしょう。

3　条例に基づく住民投票

◆地方自治における間接民主制

憲法93条は、住民の直接選挙で選ばれた議員で構成される議会を議事機関として設置することと、執行機関としての長も同じく住民の直接選挙で選ばれることを規定しています。このことから、憲法は、地方自治においては、住民が地方の政治や行政に直接参加する直接民主制ではなく、住民の直接選挙により選ばれた議員で構成される議会と、同じく選挙で選ばれた長が、地方公共団体の行政運営を行う間接民主制を原則としていると考えられます。

◆地方自治における直接民主制

ところが、憲法と地方自治法には直接民主制的な制度もいくつか規定されています。

⑴　**地方自治特別法に対する住民投票**　憲法95条は、ひとつの地方公共団体のみに適用される特別法は、その地方公共団体の住民投票において過半数の同意を得なければ、国会は制定することができないと規定し、地方自治特別法に対する住民投票を定めています。この規定がおかれた理由としては、国の特別法による地方自治権の侵害の防止や、地方行政における民意の尊重などが挙げられています。

⑵　**地方自治法が定める住民投票**　地方自治法は、住民の直接請求として、条例の制定改廃の請求（12条1項、74条〜74条の4)、事務の監査請求（12条2項、75条)、議会の解散請求（13条1項、76条〜79条)、議員・長・役員の解職請求（13条2項〜3項、80条〜88条）を認めています。そのうち、議会の解散請求、議員の解職請求そして長の解職請求については、住民投票の結果、過半数の同意があったときは、議会は解散され、議員と長はその職を失います（76条、78条、80条、81条、83条)。

⑶　**法律で定めるその他の住民投票**　市町村の合併の特例に関する法律は、合併協議会の設置に関する住民投票を定めています。また、大都市地域における特別区の設置に関する法律は、特別区の設置に関する住民投票を規定しています。

◆条例に基づく住民投票

⑴　**住民投票条例**　国の法律で認められた住民投票ではなく、地方公共団体が条例で住民投票を制度化している例があります。これには、原子力発電所、産業廃棄物処分場そして米軍基地の設置など、住民の関心が高く、地域においても影響が大きい個別の事案に対し、住民の意思を問う個別事項型の住民投票と、個別事項に関するものではなく、住民参加条例や自治基本条例などで規定される常設型の住民投票があります。これらの住民投票条例では、長や議会は住民投票の結果を「尊重する」とされていますが、必ずしも住民投票の結果に長や議会が従う必要はあ

りません。このように、住民投票の結果に法的な拘束力のない諮問的住民投票は、法律によってとくに禁止されていないと考えられています。

しかし、住民投票の結果に長や議会が法的に拘束される拘束的住民投票は、地方自治法に違反すると一般に考えられています。次に、その理由を探ってみましょう。

(2) 学説

ⓐ 多数説　多数説によると、憲法は地方公共団体における意思決定のしくみとして間接民主制を原則として採用し、直接民主制はあくまでも間接民主制を補完するためのものであるため、補完的な直接民主制のひとつとしてであれば住民投票は憲法上許されます。

しかし、多数説の理解では、地方自治法は、①地方公共団体の意思決定のしくみとして、間接民主制を原則とし、直接民主制は補完的なものにすぎないと規定し、地方公共団体の意思決定権限として、議会の権限（96条）と長の権限（147条〜149条等）を定めている、②もし住民投票の結果が長や議会を法的に拘束すれば、地方自治法が定める長や議会の権限を侵害することになる、③したがって、そのような拘束的住民投票条例は地方自治法に違反する、ことになります。この説によると、地方自治法の定める議会や長の権限を法的に拘束しない、諮問的な住民投票であれば合法となります。

ⓑ 有力説　それに対し、近時の有力説は、①地方自治においては、直接民主制の諸制度をできる限り導入することが憲法によって要請されていること、②地方自治法も直接請求のような直接民主制の諸制度を幅広く採用していること、③拘束的住民投票を否定する明文の規定がないことなどを根拠に、拘束的住民投票も許されると主張しています。

(3) 裁判例　下級裁判所の裁判例なかには、住民投票の結果に法的拘束力を認めると、間接民主制によって市政を執行しようとする現行法の制度原理と整合しない可能性があるから、住民投票の結果に法的拘束力があると考えることはできないなどと述べて、多数説に立ったものがあります（名護市の市民投票条例に関する裁判　那覇地判平12・5・9判時1746-122）。

◆住民投票の評価

住民投票には、①地方公共団体の重要な政策に住民の意向を直接反映することができる、②住民の政治参加への自覚を促す、③間接民主制の機能不全を打開するなどの利点があります。その一方で、(a)住民は専門的な判断を下せない、(b)住民は感情に左右され合理的な判断を下せない、(c)行政の継続性を損なう、などの問題点も指摘されています。

実際に住民投票条例を制定する際には、住民の意思を問うにふさわしい事柄について、十分に情報を提供し、十分な議論をしたうえで住民投票が行われるような配慮が必要となります。このような配慮をした住民投票条例であれば、憲法上の住民自治を具体化するものとして積極的に評価することができるでしょう。

設問への答え

憲法 94 条は、「法律の範囲内」で条例制定権を認め、また、地方自治法 14 条 1 項は、「法令に違反しない限り」条例の制定を認めています。

判例と多数説は、法律の趣旨が、より厳しい規制基準を条例で定めることをとくに禁止していなければ、地方の実情に応じて別段の規制を定める上乗せ条例は適法であるとの立場をとっています。ですから、設問①の条例は、判例・多数説によると、国の法令が上乗せ条例を認める趣旨である限り制定することができます。

さらに、今日多くの学説は、条例と法律の関係のみならず、条例の目的や条例によって規制される人権の性質などをも考慮して、①公害規制に関する国の法令は全国的な規制基準としての最小規制を定めているものであること、②公害規制の上乗せ条例や横出し条例は、公害規制が住民の生存権という重大な人権の保障を目的としていること、③規制対象が営業の自由という経済的自由権にかかわるものであること等の理由を挙げ、公害規制の上乗せ条例や横出し条例の合憲性と合法性を認めています。憲法上の団体自治の観点や、近年の地方分権の流れからすると、このような考え方は妥当なものと解されます。

住民投票に関する多数説は、以下のように主張しています。まず、憲法との関係では、間接民主制を補完するための直接民主制のひとつとしてであれば住民投票条例は広く認められる可能性があります。次に、地方自治法との関係では、住民投票の結果が長や議会を法的に拘束する拘束的住民投票条例は違法となりますが、住民投票の結果が議会や長の権限を法的に拘束しない諮問的住民投票であれば違法となりません。その理由は、地方自治法は、地方公共団体の意思決定のしくみとして、間接民主制を原則とし、地方公共団体の意思決定権限として、議会の権限と長の権限を定めているため、もし住民投票の結果が長や議会を法的に拘束すれば、地方自治法が定める長や議会の権限を侵害することになるからです。

設問②の条例は、住民投票の結果が地方公共団体の長と議会を法的に拘束するものであるため、多数説によると制定することができません。しかし、拘束的な住民投票であっても、地方自治法を改正したり、そのような住民投票を認めるような法律を新たに制定すれば、条例で制定することも可能となります。

＜参考文献＞

地方自治法に関する教科書としては、人見剛・須藤陽子編著『ホーンブック地方自治法第3版』(北樹出版、2015年)、宇賀克也『地方自治法概説第9版』(有斐閣、2021年) などがあります。また、住民投票に関しては、川崎政司『地方自治法基本解説第7版』(法学書院、2018年) 164頁以下、松井幸夫「住民投票」大石＝石川編・争点320頁などが参考になります。

第22講

平和主義

設問

政府は、海外での武力行使を伴う活動には自衛隊は参加できないとしてきましたが、冷戦終結後の国際社会からの人的貢献の要請が高まっているとの認識の下に、1992年から国連のPKO（Peace-Keeping Operations：平和維持活動）に自衛隊を派遣し、また、それ以外にも自衛隊の海外活動の幅を拡げてきました。しかし、自衛隊が海外に出動することは、憲法に違反しないのでしょうか？

《なにが問題となるか》

PKOは、国連が非武装の軍人や比較的小規模の部隊を派遣し、停戦監視や兵力引離しなどの任務に当たらせるものとして誕生しました。紛争当事者の同意と協力の下に、武力衝突を平和的に収拾する中立的役割を求められ、国連憲章第7章に規定されている軍事的な強制措置とは本来は異なるものでした。しかし、冷戦終結後には、伝統的な活動に加えて、選挙監視、文民警察支援、施設整備なども行う複合型PKOや、憲章第7章に基づいて自衛の範囲を超えた武力行使を伴うPKOも展開されるようになりました。

他方、日本国憲法は、平和主義を基本原理としています。「必要最小限度の自衛力」とされる自衛隊が武器使用を伴う海外出動を行うことは憲法9条の下で許されるのか、そもそも自衛隊の存在は9条と矛盾しないのか、ということが問題となります。

解　説

1　戦争放棄条項の意味

◆戦争の放棄・戦力の不保持

(1)　9条1項　　憲法9条は、1項で戦争放棄を定めています。宣戦布告などの開戦の意思表示なしに行われる武力行使や、武力を背景とした自国の主張の強要も禁じられています。

1項であらゆる武力行使が放棄されている（侵略目的と自衛目的を区別することは困難であるから）とする学説もありますが、「国際紛争を解決する手段として」の戦争の放棄であると規定されていますから（1928年の不戦条約等では、このような表現は侵略戦争の放棄を意味したので）、9条1項では侵略目的の戦争・武力行使が放棄されていると考えられます。

(2)　9条2項　　2項では、日本が戦力と交戦権を有しないことを定めています。9条1項の侵略戦争放棄の目的を達成するために一切の戦力の保持を禁じて交戦権を否定したので、自衛のための戦争もできないことになります。多くの学説も政府も、そのように考えています。

「前項の目的を達するため」という文言から（戦力を保持しないのは1項の侵略戦争放棄という目的のために限られるとして）、自衛戦力は保持できるとする解釈は、無理があり、あまり支持されていません。

◆自衛権

ところで、国連憲章は、原則として武力行使を禁止しています（憲章2条4項）。ただし、他国からの武力攻撃を受けた国連加盟国は、国連が必要な措置をとるまでの間、武力行使禁止原則の例外として、自衛のために必要な措置をとることが認められています（憲章51条）。これが、国連憲章上の自衛権です。日本も、自衛のために必要な武力行使をしても、国連憲章には違反しないのです。

日本国憲法には明示されていない「自衛権」の行使のあり方をめぐって、見解の相違が生じます。警察力を超える実力は9条で禁じられた「戦力」に該当するのか、それとも、自衛権の行使に必要な範囲での実力は「戦力」には該当せず、保持しても憲法には違反しないのか、です。

◆戦力＝「警察力を超える実力」説

(1) 戦力の意味　戦争に役立つ可能性のあるいっさいの能力とすると、空港や港湾施設も、先端科学技術も、潜在的戦力として保持を禁じられることになりかねません。そこで、「戦力」を、「外敵の攻撃に対して実力をもって抵抗し、国土を防衛することを目的として設けられた人的および物的手段の組織体、ならびに有事の際にそれに転化できる程度の実力部隊」と定義するのが通説的見解です。つまり、一般に国家が有する実力には軍事力と警察力があるが、9条の下で許されるのは警察力のみで、「警察力を超える実力」の保持は違憲と考えるのです。警察力と軍事力とは、その目的と実力を総合的に判断して区別されます。

「戦力」＝「警察力を超える実力」とする説の場合、自衛権はあるが軍事力の保持は許されないから、軍事力によらない方法で自衛を行うべきだと考える（「武力なき自衛権」説）か、軍事力が否認されている以上、武力行使を前提とする自衛権も放棄されていると考えることになります。

なお、9条2項が「認めない」としている「交戦権」の意味については、①「国家が戦争を行う権利」という理解と、②「交戦国が国際法によって認められるさまざまな権利」（相手国兵力の殺傷・破壊や、相手国領土の占領と占領行政、船舶の強制検査・捕獲など）という理解とがあります。すべての戦争を放棄するのであれば、①・②のどちらをとっても（説明の筋道・強弱が違うだけで）矛盾はありません。

(2) 自衛隊の合憲性　この説から見ると、1950年に朝鮮戦争を契機に設置された警察予備隊（定員7.5万人、機関銃・迫撃砲・軽戦車も配備）は、「戦力になる限界ぎりぎりのところ」とされました。1952年に設置された保安隊（陸上・定員11万人）と警備隊（海上・定員7500人、掃海船43隻、米軍提供の艦艇68隻）の装備・編成は、警察力の補充を超えると批判されました。1954年に設置された自衛隊（陸海空・自衛官の定員15万人／現在は25万人）は、直接侵略・間接侵略に対応できる実力組織とされており、その目的・実態から、「戦力」に当たるとされます。

◆戦力＝「必要最小限度を超える実力」説

⑴　**自衛力の保持**　外国による急迫不正の侵害に対して自国を防衛するために一定の実力行使をすることは、主権国家に固有の権利であるとされます。自衛のために必要な、警察力を超えるが戦力には至らない実力の保持が許されるとするのが日本政府の見解です。

戦力に至らない実力について、政府は、保安隊・警備隊の発足当初、「近代戦争遂行能力」のないものとしていました。自衛隊の整備にともない、政府は、憲法が禁じる「戦力」とは、「自衛のための必要最小限度を超える実力」であると説明するようになりました。

憲法が否定した交戦権とは「交戦国に認められる権利」であるとしつつ、自衛のための必要最小限度の実力行使として相手国兵力を殺傷・破壊することは交戦権の行使とは別のものである、と説明しています。

⑵　**自衛力の限界**　9条の下でも保持が認められる「自衛のための必要最小限度」とは、具体的にどのようなものでしょうか。政府は、次のように説明してきました。

他に自衛のための手段がないときは、相手国の基地への攻撃も法理的には自衛に含まれる（1956・2・29）。性能上相手国の国土の壊滅的破壊のためにのみ用いられる攻撃的兵器（例えば、大陸間弾道ミサイル、長距離戦略爆撃機）の保持は、許されない（1969・4・8）。核兵器は、自衛のための必要最小限度の範囲内のものであれば憲法上は禁じられていないが、政策として非核三原則を堅持する以上、保有することはできない（1978・4・3）。集団的自衛権（自国と密接な関係にある他国に対する攻撃に、実力で反撃する国際法上の権利）の行使は、憲法上は許されない（1981・5・29）。日本が個別的自衛権を発動できない状況（日本に対する武力攻撃が発生していない時点）では、かりに自衛隊自身は武力行使をしていないとしても、他国が行う武力行使と一体化するような支援活動（外国軍隊への補給等）を自衛隊が行うことも――他国の武力行使との密接性のため、日本も9条で禁じられた武力行使をしたとの法的評価を受けるので――許されない（1959・3・19）。

2　自衛隊の海外出動

◆海外派兵の禁止

憲法制定時の期待とは異なる国際情勢に政府（とりわけ内閣法制局）による解釈で対応し、9条の条文は改正せずに残して軍備拡大への歯止めとするというのが、従来の日本のあり方でした。

政府は、日本への武力攻撃を排除すること以外の目的で自衛隊が武力を行使するのは許されないと考え、以下のような見解を示していました。

武力行使の目的で武装した部隊を他国の領域に出動させる「海外派兵」は、許されない。ただし、武力行使を目的としない「海外派遣」は可能である（1980・10・28）。国連の平和維持活動（PKO）の部隊は、個々の事例により目的・任務が異なるので、参加の可否を一律に論ずることはできないが、部隊の目的・任務が武力行使を伴うものには自衛隊が参加することは許されない。武力行使を伴わないものであれば、自衛隊の参加は憲法上許されないわけではないが、自衛隊法は自衛隊にそのような任務を与えていないので、参加することは許されない（1980・10・28）。

かつては、PKOへの自衛隊員の参加を国連から求められても、政府は、財政支援や選挙監視団への文民派遣などにとどめていたのです。

◆海外出動の推進

(1)　国連平和維持活動協力法（1992年）　アメリカとソ連という超大国をそれぞれの中心とする東西両陣営が厳しく対立する時代が終わり、国際社会からの人的貢献の要請が高まっているとの認識の下に、政府は、次のような憲法解釈により、このPKO協力法を制定して、目的・任務が武力行使を伴うPKOでも自衛隊の派遣が許されるとしました。

第1に、これまで違憲とされてきた、武力行使を伴う活動への「参加」とは、そのような国連部隊の一員として国連の司令官の指揮下で行動することであり、国連に指揮監督権がないPKO活動に協力することは許されるとしたのです。これで、武力行使を伴わない自衛隊の海外派遣は可能であるという従来の考え方と整合することになります。

第2に、政府は、①紛争当事者間における停戦合意の存在、②日本の参加に対する当事者の同意、③平和維持活動の中立性、④上記①〜③の要件が満たされない場合の日本の撤収、⑤武器の使用は要員の生命身体を守るための必要最小限度であること、という「PKO参加5原則」の下で自衛隊の派遣が許されるとしています。

第3に、海外では、自衛隊が組織的な戦闘行為として武器を使用する「武力の行使」は許されないが、隊員自身の生命・身体を守るための「武器の使用」は違憲ではない、と政府は説明しました。しかし、個々の隊員の判断で「武器の使用」を行うのは問題があり、後に原則として上官の判断によるものとされましたが、そのような組織的な「武器の使用」と「武力の行使」との区別は難しくなります。

それでも、PKO協力法制定当初は、停戦監視や武器回収等のいわゆる平和維持隊（PKF）の本体業務の実施は凍結され、道路補修や医療・輸送等の後方支援業務だけが行われました。しかし、2001年のPKO協力法改正により、PKF本体業務の凍結が解除され（本体業務に従事した例はまだない）、「自己の管理の下に入った者」や「武器等」（車両や設備を含む）の防護のための武器使用も可能になりました。これらは「武器の使用」であって、「武力の行使」ではないと説明されています。しかし、それを超えて、任務遂行を実力で妨げる企てに対抗するための武器使用や「駆け付け警護」（他国の軍人や民間人が襲撃された場所に自衛隊が救援に出動すること）については、憲法9条が禁ずる武力行使になる可能性が指摘されます。

なお、2006年の自衛隊法改正で、「雑則」に規定されていた海外活動が、自衛隊の本来任務のひとつに位置づけられました（自衛隊法3条）。

(2) 周辺事態法（1999年）と有事法制　1997年の新ガイドラインにより相互防衛体制における日本の役割が強化され、周辺事態法の制定により、日本の周辺で日本の平和と安全に重要な影響を与える事態が発生したときに、日本が直接武力攻撃を受けていない（個別的自衛権を行使できない）状況においても、米軍に対して戦闘地域外で武器・弾薬を輸送することが可能とされました。政府は、このような支援活動自体は武力行使ではなく、「後方地域」（戦闘行為の行われない地域）での協力は米軍の武力行使と一体化するものでもない、としました。

他方、武力攻撃事態法（2003年）を補完する有事関連7法の下では、武力行使が許されない武力攻撃予測事態においても、米軍への弾薬の提供が可能とされました。支援活動の対象は日米安保条約により武力攻撃を排除する準備のための米軍の行動であり、支援対象の米軍は武力行使をしていないから、武力行使との一体化の問題は生じないとしたのです。

(3) 同時多発テロ事件以降の特措法等　2001年9月11日の同時多発テロ事件以降、国際共同行動の一環として、米軍等の支援を行うために、テロ対策特別措置法（2001年）、イラク復興支援特別措置法（2003年）、補給支援特別措置法（2008年）が制定されていきました。これらの法律による自衛隊の「支援活動」も、それ自体は武力行使には当たらず、非戦闘地域で実施されるので米軍等の武力行使と一体化するものでもない、とされています。

このように、自衛隊は、武器使用を伴う海外活動の幅を拡げてきましたが、その際には、自衛隊の海外活動が他国の武力行使と一体化することにより自衛隊自身が憲法9条の禁じる武力行使をしたとの法的評価を受けることがないよう、自衛隊の活動地域を「後方地域」や「非戦闘地域」に限定する法律上の枠組みを設定し、合憲性を確保してきました。

しかし、「非戦闘地域」とは、国家間の「国際的な武力紛争」が行われていない地域ということであって、現実に武装勢力等による戦闘がないことを意味するものではありません。また、イラクでの航空自衛隊の空輸活動は、戦闘地域における他国の武力行使と一体化した行動であり、イラク復興支援特別措置法に違反し、憲法9条にも違反するとの判断も示されました（名古屋高判平20・4・17判時2056-74）。

なお、海賊対処法（2009年）は、海賊を制止するための「停船射撃」を認め、海上保安庁では対応困難な場合の自衛隊による海賊対処行動を規定しています。政府は、私的船舶による私的目的の海賊行為に対して公海上で行う武器使用は、憲法の禁ずる武力行使に当たらないとしています。

3　憲法9条と自衛隊

◆違憲審査制と9条

ところで、自衛隊の存在は、そもそも憲法に違反しないのでしょうか。違憲審査権を有する裁判所の判断が期待されましたが、最高裁は、9条に関する裁判においては、憲法判断を避けています。

(1)　**長沼事件**　自衛隊のミサイル基地建設のために、農林大臣（当時）は、北海道の長沼町にあった国有保安林の指定を解除して伐採を許しました。住民が指定解除の取消しを求めた裁判で、札幌地裁は、自衛隊は憲法の禁ずる戦力に当たり、自衛隊の基地建設のための保安林指定解除は認められないとしました（札幌地判昭48・9・7判時712-24）。この判決は、憲法前文の「平和のうちに生存する権利」（平和的生存権）が裁判で実現可能な権利であるとしたことでも注目されました。しかし、札幌高裁は、洪水防止工事などで、保安林が伐採されても生命・財産に危険が及ぶおそれがなくなったから、住民には指定解除の取消しを求める訴えの利益がないとして、地裁判決を取り消しました（札幌高判昭51・8・5判時821-21）。最高裁は、住民には訴えの利益がないという点で札幌高裁の判断を支持して、憲法問題にはいっさい触れずに訴えをしりぞけました（最判昭57・9・9民集36-9-1679）。

(2)　**砂川事件**　デモ隊が駐留米軍砂川基地（東京都）の境界柵を破壊して侵入したとして、日米安保条約*に基づく刑事特別法違反で起訴された事件で、最高裁は、①9条によっても主権国家に固有の自衛権は否定されておらず、必要な自衛のための措置をとり得る、②外国軍隊は、日本に駐留していても、9条にいう戦力には該当しない、③日米安保条約は「わが国の存立の基礎に極めて重大な関係をもつ高度の政治性を有するもの」であって、「一見極めて明白に違憲無効であると認められない限りは、裁判所の司法審査権の範囲外のもの」である、としました（最大判昭34・12・16刑集13-13-3225）。最終的な判断は裁判所ではなく国民が行うべきだ、というのです。

＊日米安全保障条約　講和条約と同時に締結された旧安保条約は、米軍に日本駐留のための基地を提供するという性格が強いものでした。1960年の新安保条約は、日本の領域内への武力攻撃に日米が共同で対処することとして、米軍の日本防衛義務を明確化する一方、日本も憲法の範囲内で防衛力を維持・発展させる義務を負うこととして、日米の相互防衛体制を定めています。冷戦の終結後も、条約自体は改定されないまま、防衛協力の具体的内容を取り決めた「日米防衛協力のための指針」（いわゆるガイドライン）の見直しによって状況の変化に対応しています。

なお、9条は理想の宣言にすぎないから政府を法的に拘束しない、あるいは、高度の政治的判断を伴う理想がこめられた9条は、裁判所による違憲審査よりも国民の政治的な意思決定の根拠となるものである、と主張する学説もあります。

◆憲法改正と9条

憲法9条という規範と、自衛隊の存在という現実との間には、かなりの距離があるようにみえます。憲法と矛盾する実態が長期間継続していると、「憲法は遵守されなくてはならない」という意識が低下してしまうかもしれません。そこで、「現状に合わせて憲法を改正すべきだ」という意見もあり得ます。しかし、「9条の理念は時間をかけて実現されるものだ」とも考えられます。

憲法改正といっても、9条1項の削除は許されないとすれば、ただちに無制限の軍拡につながるわけではないでしょう。しかし、9条2項を変更するならば、「武力による威嚇又は武力の行使」を禁ずる国連憲章の下で、9条の独自の意味は大きく損なわれるでしょう。自衛隊の増強への歯止めとなり、平和主義のシンボルであった現在の9条を失うことは、大きな損失かもしれません。そうであるとすると、従来の政府見解は「解釈改憲」と批判されることもありましたが、国民の世論に近い、現実的な選択肢であったのかもしれません。ただし、憲法の解釈によって導き出されたはずの限界線を、政府が容易に変更できるならば、この選択肢の意義は減殺されるでしょう（第0講**2**参照）。

なお、「警察力を超える実力」の保持は違憲とし、憲法9条は改正すべきでないという立場をとる憲法学者も、必ずしも頑迷に自衛隊の即時全廃を主張しているわけではありません。9条に防衛力漸減への方向づけを見出し、自衛隊を30年〜50年の長期的・総合的計画のもとに改編するプランも示されていました。

設問への答え

多くの憲法学者も政府も、憲法9条は、自衛目的を含むすべての戦争と戦力を放棄していると理解しています。ただし、政府は、武力の保持・行使を一切禁じているようにみえる9条の下でも、自衛権の行使のための実力として、自衛隊は合憲としています。しかし、自衛隊が日本への武力攻撃の排除以外の目的で武力を行使するのは許されないとしてきました。そこで、自衛隊の海外出動の合憲性が問題となります。

自衛隊の海外派遣について、政府は、自衛隊が武力行使をせず、また、自衛隊の活動が他国による武力行使と一体化しない限り、違憲ではないとしてきました。

ところが、政府は、2014年に、「現に戦闘行為を行っている現場」以外で自衛隊が実施する支援活動は他国の武力行使と一体化しないとして「後方地域」「非戦闘地域」の限定を外し、自衛隊の活動範囲を拡大する方針を打ち出しました。そして、平和安全法制（安保法制）とよばれる一連の法整備を行いました——周辺事態法の支援内容・対象を拡大して重要影響事態法に改正、各種特措法に代えて国連決議に基づく外国軍隊の活動を支援するための国際平和支援法を制定、国連が統轄しない枠組みでの活動をPKO協力法に追加、PKOや在外国民の救出任務での武器使用範囲の拡大、米軍以外の外国軍隊への支援の拡大等。

これらが、自衛隊の海外活動についての規制の緩和ではなく、憲法上の規律の質的な変容に及んでいないか、注視する必要があります。そもそも自衛隊の存在は違憲ではないのか、違憲審査の最終的な権限をもつ最高裁は、判断を避けています。憲法を変えるのか、自衛隊を変えるのか、このまま両方とも維持するのか、答えを出すのは国民です。

＜参考文献＞

①毛利透ほか『憲法Ⅰ―総論・統治〔第3版〕』(有斐閣、2022年) 第4章は、最近の教科書における詳細な解説です。

②阪田雅裕『憲法9条と安保法制―政府の新たな憲法解釈の検証』(有斐閣、2016年) は、9条についての政府見解をまとめてきた内閣法制局の元長官が、2014年閣議決定以降の政府の憲法解釈を検証するものです。

③吉田裕『日本軍兵士―アジア・太平洋戦争の現実』(中公新書、2017年) を読むと、9条の問題が、個人に対する公権力行使の極限状態に根ざしていることが分かります。

トピックス6　集団的自衛権

(1)　国連憲章と集団的自衛権　　第1次大戦の惨禍を経て、国際連盟や不戦条約によって戦争が制限されましたが、禁止される戦争の範囲に制約があり、違反に対する措置も十分でないという限界がありました。第2次大戦後の国際連合は、すべての武力行使を原則として禁止し、違反に対して国連による軍事的な強制措置（憲章第7章）を定めました。

ただし、国連憲章に違反する武力攻撃に対して、必要な限度で、攻撃を受けた国が個別に自衛するだけでなく、その同盟国等が武力によって援助することも、国連憲章の武力行使禁止原則に違反しないとされました（憲章51条）。自国が武力攻撃を受けていない（個別的自衛権を発動できない）場合でも、他国への攻撃に対して反撃（武力行使）できるというのが、集団的自衛権です（集団で自衛権を行使する、という意味ではありません）。

しかし、従来、集団的自衛権は、不当な軍事介入の口実にされたと疑われる例が多く、集団的自衛権の濫用が問題視されてきました。

(2)　日本国憲法と集団的自衛権　　政府は、〈武力の保持・行使を一切禁じているようにみえる9条の下で例外的に認められるのは、自国を防衛するための個別的自衛権である。集団的自衛権の行使は、憲法上は許されない〉と説明してきました（1972・10・14、2004・1・26）。日本も国連加盟国として国連憲章上は集団的自衛権を有するが、それを行使することは、憲法上許されないとしてきたのです。集団的自衛権の行使までも認めることは、9条の下でも個別的自衛権の行使だけは認められるという、自衛隊を合憲とする政府解釈の根拠を掘り崩すことになるといわれました。

(3) 日米安保条約と集団的自衛権　日米安保条約は、「日本国の施政の下にある領域における、いずれか一方に対する武力攻撃」への対処を定めたものであり（条約5条）、米国本土への武力攻撃に対して日本が集団的自衛権を行使することは求めていません。日本の領域内にある米軍基地や米艦船に対して武力攻撃がなされた場合、日米は共同で対処することになっていますが、この場合、日本は、集団的自衛権を行使するのではなく、日本の領域への侵害として個別的自衛権を発動すると説明されてきました。

しかし、厳密に考えると、日本に対する領域侵犯と武力攻撃は異なります。米軍基地や米艦船への武力攻撃の意図はあるが、日本に対する武力攻撃の意図はないとすれば、日本は個別的自衛権を発動できる筋合いではないことになり、国際法上は、集団的自衛権の行使と評価され得るのです。

(4) 平和安全法制の整備　「日本への武力攻撃が無い場合でも、国民の生命・自由・幸福追求権が根底から覆される明白な危険があれば、必要な実力行使が許される」とした2014年7月の閣議決定の考え方に基づいて、「存立危機事態」での集団的自衛権に基づく武力行使が規定され、武力攻撃事態法は事態対処法に改称されました。

依然として重要なことは、自衛隊による実力行使が「憲法上」許容される場合を明確に限定することです。政府は、従来の政府見解における憲法9条の解釈の基本的な論理の枠内で、集団的自衛権の限定的行使の合憲性が導かれるとしています。しかし、従来の自衛隊による実力行使の要件は、日本に対する急迫不正の侵害＝日本の領域に対する武力攻撃があることでした。日本への武力攻撃の発生は、国民の生命・自由・幸福追求権が根底から覆される事態であり、必要な実力行使が許される、という論理です。日本への武力攻撃の発生という限定を外した場合、国民の生命・自由・幸福追求権が根底から覆されるという要素が共通しているだけでは、「基本的な論理」が同じとはいえないでしょう。「武力攻撃の発生」は客観的に認識できますが、「明白な危険」の有無は政府の判断に依存するからです。

第23講

憲法改正

設　問

憲法 59 条 1 項によると、法律案は、憲法に特別の定めがある場合を除いて、衆参両議院で可決したときに法律になると規定されていますが、憲法改正については、憲法 96 条 1 項で、各議院の総議員の 3 分の 2 以上の賛成による国会の発議に加えて、国民投票の過半数による承認を必要とする旨規定しています。

①このように憲法改正については、通常の法律の改正よりも難しい手続を定めている理由は何かと思いますか。

②憲法を改正する場合に、憲法のどのような規定でも改正できますか、それとも改正できない規定が存在しますか。

《なにが問題となるか》

第 1 講で説明したように改正手続が通常の法律の改正の場合よりも厳格になっている憲法を硬性憲法といいます。世界の憲法の多くは硬性憲法になっています。第 1 に、硬性憲法であることの理由は、憲法は権力を行使する者を拘束する根本法であって、その時々の多数決によって安易に改正されるべきでないという、憲法の特質に求められますので、憲法と通常の法律との違いを考えなければなりません。第 2 に、理論上の問題として憲法改正に限界があるかという問題が、また、憲法改正に限界があるとすると、改正できないのは、具体的にどのような規定であるかという問題が、学説上論じられてきています。

解説

1 憲法改正の手続

◆憲法改正とは何か

憲法改正とは、憲法じたいに定められた手続に従って、憲法典の条項に対して、修正・削除・追加をなし、あるいは別に条項を設けて憲法典を増補することによって、憲法に意識的な修正を加える行為のことをいいます。別に条項を設けて憲法典を増補する例として、アメリカ合衆国憲法があり、制定当時の憲法の条文をまず載せ、末尾にその後の変更点を修正1条、修正2条のような増補の形で付け足していく方式があります。最高法規としての憲法は、永続性を有することが期待されており、また、その性質上軽々しく変更することは望ましいものではありません。しかしながら、社会情勢の大きな変化や制度上の不都合が生じた場合には、憲法を改正しうることを定める改正手続を憲法じたいが定めています。日本国憲法96条は、憲法改正手続を定める条項です。

◆憲法改正手続の諸類型

通常の法律と同じ手続で改正できる憲法を軟性憲法といいます。軟性憲法の国は、イギリス、ニュージーランド、イスラエルなどごく一部の国のみで、圧倒的多数は硬性憲法を有しています。硬性憲法を性格づける厳格な改正手続は、⑴国会における議決手続を加重するもの、⑵国民投票を実施するもの、⑶憲法会議など特別の議決機関の議決を必要とするもの、⑷連邦国家の場合に、連邦を構成する州による承認を必要とするもの、という4つの類型におおむね分けられます（小林・参考文献⑤参照）。

それぞれの類型に代表的な国を当てはめてみると、次のようになります。⑴の類型の代表的な例は、ドイツで、連邦議会議員の3分の2および連邦参議院の表決数の3分の2の同意が必要とされています。なお、明治憲法も、同じ類型に属し、憲法改正には衆議院および貴族院それぞれの3分の2の議決が必要とされていました。⑴と⑵の類型を組み合わせたのが、韓国で、国会の3分の2の賛成と国民投票における過半数の賛成が必要です。フランスでは、(2)と(3)の類型が組み合わされています。両院それぞれの過半数で議決された憲法改正案は、国会議員提案の場合は必ず国民投票に付されますが、大統領提案の場合には、大統領が、国民投票に付すか、または特別の議決機関である両院合同会議の5分の3の多数で承認するかを選択できます。(4)の類型に当たるアメリカ合衆国では、憲法改正案の発議と州の承認という2段階で憲法改正がなされます。2段階ともに(1)と(3)の類型が組み合わされています。まず、憲法改正案の発議は、連邦議会両院それぞれの3分の2による方法と、3分の2の州議会の要求に基づいて連邦議会が招集する憲法会議による方法があります。つぎに、州による承認については、4分の3の州議会による承認または4分の3の州における憲法会議による承認のいずれかを連邦議会が定めます。

◆日本国憲法の改正手続

憲法96条は、「各議院の総議員の3分の2以上の賛成」による国会の発議と国民の過半数による承認を憲法改正手続として採用しており、比較憲法的に見れば韓国と同じく上記の(1)と(2)との組み合わせの類型に属します。

国会における憲法改正案の審議と国民投票の手続に関しては、長らく法律が制定されていませんでしたが、2007(平成19)年に「日本国憲法の改正手続に関する法律」(いわゆる国民投票法)が制定されました。通常の議案の発議については、衆議院の場合は20人以上、参議院の場合は10人以上(ただし、予算を伴う法律案については、衆議院の場合50人以上、参議院の場合20人以上)となっているのに対して、憲法改正原案の発議は、衆議院においては議員100人以上、参議院においては議員50人以上の賛成を必要としています(国会法68条の2)。また、各議院に設置されている憲法審査会も憲法改正原案を提出できます(国会法102条の7)。

憲法改正原案の発議にあたっては、「内容において関連する事項ごとに区分して行う」ものとされています(国会法68条の3、102条の7第1項)

ので、内容について関連のない条項が憲法改正案として一括して提案されることはありません。

「総議員の3分の2」という場合の「総議員」の意味については、公職選挙法で定められている議員定数を指すと解する説と、議員の定数から欠員を差し引いた現在議員の総数と解する説に分かれています。憲法改正において厳格な手続を目指すのであれば、法定議員数を指すと解する説が妥当とされています。

国民投票法によると、投票権者は、「日本国民で年齢満18年以上」(3条)となっています。

＊当初、国民投票法の附則では、法律の施行日である2010（平成22）年5月18日までの3年以内に、国民投票権にそろえるため、選挙権年齢を20歳以上と定める公職選挙法や成年年齢を20歳以上と定める民法の規定に検討を加え、必要な法的措置をとること、18歳以上20歳未満の者が国政選挙に参加できるまでの間は3条を「満20年以上」とすることを規定していましたが、実際には法的措置はとられませんでした。そこで2014（平成26）年に国民投票法が改正され、国民投票権年齢を改正法施行の4年後である2018（平成30）年6月21日より、18歳以上に引き下げることになりました。また、選挙権年齢等の引下げ（公職選挙法、民法等の改正）については、改めて、改正法施行後速やかに、国民投票権年齢と選挙権年齢との均衡を勘案して、必要な法制上の措置を講ずることになっています（2021（令和3）年6月現在、選挙権年齢は18歳以上（公選9条1項)、また、成年年齢は20歳以上（民4条）ですが、2022（令和4）年4月1日から成年年齢は18歳以上（民4条）となります)。

憲法改正を承認する「国民投票の過半数」の意味については、有権者総数の過半数とするのか、投票者総数の過半数とするのか、それとも有効投票総数の過半数とするのか、学説の解釈が分かれていましたが、国民投票法は、有効投票総数の過半数とする立場に立っています（98条2項)。

2　憲法改正の限界

◆明文による改正の制限——外国の場合

日本国憲法には、憲法改正の限界を定める明文の規定は存在しません。憲法改正の限界の問題は、日本では学説上論じられてきた問題です。外国の憲法では、憲法の明文で憲法改正の限界を定めている例があります。

フランス憲法では、「共和政体は、これを改正の対象とすることはできない」(89条5項) と定められています。

ドイツ連邦共和国基本法は、「この基本法の変更によって連邦の諸ラント（州）への編成、立法に際しての諸ラント（州）の原則的協力、または第1条および第20条にうたわれている基本原則に触れることは、許されない」(79条3項) と規定しています。第1条に掲げられている原則とは、①人間の尊厳の不可侵、②人権の不可侵、③立法権、執行権、裁判権に対する基本権の拘束であり、第20条の原則とは、①民主的かつ社会的連邦国家、②国民主権と権力分立、③憲法的秩序による立法権の拘束ならびに法律および法による執行権および裁判権の拘束となります。

◆憲法改正無限界説

憲法改正の手続をふめばいかなる内容の改正もできると解するのが、憲法改正無限界説です。憲法改正無限界説には二つの考え方が存在しています。第1には、憲法改正権と法的に区別される憲法制定権の観念を認めることなく、憲法の運命を決する国家最高の法的権力は、憲法改正権以外に存在しないから、憲法改正権の行使に限界を設けることは不可能であるという議論です。第2には、憲法規範に改正できない上位の規定と改正できる下位の規定という価値序列の異なる二種類の規定の存在を認める理論的根拠は存在しないという議論です。憲法改正無限界説によると、明文の憲法改正禁止規定についても、禁止規定じたいを改正することによって、結局は改正できることになります。

◆憲法改正限界説

憲法改正には理論上限界があり、一定の条項ないし事項を改正の対象とすることはできないと解するのが、憲法改正限界説です。憲法改正限界説は、憲法制定権（制憲権）と憲法改正権との区別および人権の根本規範性の承認に根拠を求めています（芦部・憲法 409〜410 頁参照）。

第1に、憲法制定権と憲法改正権の区別に根拠を求める考え方によると、憲法改正権は、憲法をつくり、憲法上の諸機関に権限を付与する権力である憲法制定権力と区別された、憲法によって設定された権力であるので、自己の存立の基盤ともいうべき制憲権の所在（国民主権）を変更することは、憲法改正手続によっても許されないということになります。第2に、人権と国民主権とが、ともに「個人の尊厳」の原理に支えられ不可分に結びあった関係にあるのが、近代憲法の本質であるから、憲法改正権は、憲法の中の「根本規範」ともいうべき人権宣言の基本原則を改変することは許されないということです。

◆改正の限界の具体的内容

日本では、憲法制定時より憲法改正限界説が通説となっています。憲法改正限界説によると、改正できない具体的な憲法の条項が何であるかについて、問題になります。

(1)　**憲法の基本原理の改正**　国民主権の原理については、一国の憲法体制において、主権がどこにあるかは最も根元的な問題です。憲法前文で国民主権が、「人類普遍の原理」とされ、「これに反する一切の憲法」を排除することが規定されていることからも、憲法改正の限界であることについては異論のないところです。また、基本的人権の尊重も、国民主権の原理とともに憲法の中の「根本規範」という位置づけがなされていますので、改正できません。もっとも、基本的人権尊重の基本原則が維持されている限り、個々の人権条項に補正を施すなどの改正を加えたり、環境権やプライバシーの権利など「新しい人権」を付加することは、認められています。

国民主権、基本的人権の尊重と並んで日本国憲法の基本原理である平和主義については、憲法9条の平和主義そのものを否定するような改正は許されないが、戦力の不保持を定める憲法9条2項について、一定限度の軍備を持つことを可能にする改正は認められると解する見解が多数説です。

(2) 憲法改正規定の改正　憲法改正手続を定めた憲法96条を改正できるかという問題については、これを原則的に否定する見解が長らく学説をリードしてきました（清宮・参考文献① 411頁）。その理由として挙げられている要点は、憲法改正規定は、憲法制定権に基づくものであるのに対し、憲法改正権はあくまでも憲法の規定によってつくられた権力なので、憲法改正権者じたいの行為の根拠となっている規定を、憲法改正権を使って自由に変えることはできないということです。ただし、例えば、国会の発議について両議院対等の原則を変更して衆議院の優越を認め、または、発議について特別の憲法会議を設けたり、あるいは、国会の議決における「硬性」の度合いをいくぶん変更したりする程度の改正は、憲法制定権と憲法改正権の混同にならず、しかも改正権の根本に触れない範囲の改正で許されると解しています。

設問への答え

設問①について、憲法改正手続が通常の法律の制定や改正の手続よりも厳格になっているのは、憲法は国の最高法規で、憲法に反する法律を無効にする効力を有しているからです。時々の議会での多数決で改正できない、より厳しい要件を定める憲法が硬性憲法といわれています。硬性憲法は、その「硬性」の度合いに違いがありますが、世界の多くの国で採用されています。

設問②について、憲法改正手続をとればいかなる条項でも改正できるのではなく、憲法改正には限界があるというのが学説の通説です。国民主権、基本的人権の尊重、平和主義という憲法の基本原則は、憲法改正によって変更できないものと考えられています。また、憲法改正手続を定める憲法96条についても、改正は原則として法的に不可能と解するのが有力な学説の説くところです。

＜参考文献＞
①清宮四郎『憲法Ⅰ〔第3版〕』(有斐閣、1979年)
②辻村みよ子『比較のなかの改憲論』岩波新書（岩波書店、2014年）
③樋口陽一『いま、「憲法改正」をどう考えるか』(岩波書店、2013年)
④奥平康弘＝愛敬浩二＝青井未帆編『改憲の何が問題か』(岩波書店、2013年)
⑤小林公夫『主要国の憲法改正手続』(国立国会図書館、2014年)

トピックス7　自由民主党「日本国憲法改正草案」

自民党が野党であった2012（平成24）年4月28日に公表した「日本国憲法改正草案」（以下、「改正草案」と略す）は、世論の大きな反応を引き起こしました。ここでは、重要と考えられる論点を取り上げて説明します。

(1)　押しつけ憲法論　憲法改正の理由として挙げられているのが、押しつけ憲法論です（押しつけ憲法論については、第1講参照）。「日本国憲法改正草案Q＆A〔増補版〕」（以下、「Q＆A」と略す）によると、今、なぜ憲法を改正しなければならないか、という質問に対し、「現行憲法は、連合国軍の占領下において、同司令部が指示した草案を基に、その了解の範囲において制定されたものです。日本国の主権が制限された中で制定された憲法には、国民の自由な意思が反映されていないと考えます」と答えています。「改正草案」は、現行憲法を無効とするような押しつけ憲法論ではありませんが、憲法改正の理由として押しつけ憲法論を挙げています。

(2)　憲法改正手続要件の緩和　従来から自民党が主張している憲法9条の改正に加えて、憲法改正手続要件を緩和した憲法96条の改正を提示したことは、硬性憲法であることを当然と考えていた憲法を学ぶ者にとって意表を突かれた感じがします。

「改正草案」は、国会の発議要件を、「両議院のそれぞれの総議員の過半数」に緩和し、加えて、国民投票の過半数の賛成で憲法改正ができるものとしています。その理由として、「国民投票に付して主権者である国民の意思を直接問うわけですから、国民に提案される前の国会での手続を余りに厳格にするのは、国民が憲法について意思を表明する機会が狭められることになり、かえって主権者である国民の意思を反映しないことになってしまう」（「Q＆A」）ことが挙げられています。憲法と国民主権との関係については、もともと硬性憲法というシステムは、「そのときどきの国民の意思の表明である法律の有効・無効をきめる基準とされる」ということで、その上、「違憲審査制が設けられている国ならば裁判官がその最終的な判定をする」という制度であるから、「最高法規としての憲法を硬性憲法の手続きで維持しようとするシステムは、国民主権によって説明されるものというより、国民主権をも制限しようとする考え方の上に成り立っている」という反論（樋口・参考文献③ 117 頁）が問題の本質をついた批判といえます。

また、国会の発議要件を両議院の過半数に変え、国民投票の過半数と組み合わせると、国会の過半数に住民投票を加える憲法 95 条の地方自治特別法制定の要件と同じになり、憲法の最高法規性や硬性憲法性が保障されるとはいえなくなります（辻村・参考文献② 56 頁）。なお、地方自治特別法の立法例は、広島平和記念都市建設法をはじめ、〇〇都市建設法として制定された 18 都市 15 件に達する法律があるだけで、特別な重要性を持っているわけではありません。「改正草案」の憲法改正手続は、限りなく軟性憲法に近い憲法といえます。

(3) 集団的自衛権の承認と国防軍の創設　従来から自民党の憲法改正論の主眼は、戦力の不保持と交戦権の否認を定めた憲法 9 条の改正です。「改正草案」は、まず、憲法 9 条 1 項については、「日本国憲法の三大原則の一つである平和主義を定めた規定であることから、基本的には変更しない」と述べています（「Q＆A」）。しかし、憲法 9 条 2 項を廃止し、自衛権の存在を明記し、さらに、新たに 9 条の 2 で国防軍の設置を規定しています。まず、自衛権を憲法に明記する理由は、自衛権に憲法上の制約をなくし、個別的自衛権のみならず、集団的自衛権を認めるところにあります。つぎに、「自衛隊」を「国防軍」に変えた理由は、世界の中で（一定規模以上の人口の国では）、軍隊を保持していないのは、日本だけであり、「独立国家が、その独立と平和を保ち、国民の安全を確保するため軍隊を保有することは、現代の世界では常識です」（「Q＆A」）ということです。長い間に渡る国会での論議を踏まえて形成されてきた政府見解は、自衛隊が軍隊であることを否定し、「自衛のための必要最小限度の実力」に限って自衛隊を認めてきました（第22講参照）。この自衛隊に代えて、国防軍という軍隊が設置されることになります。国防軍の設置は、憲法の平和主義に対して、軍隊を有しないものから、軍隊を有するものへと質的な変化をもたらすものです。

⑷　天皇の元首化　「改正草案」1条は、象徴規定の前に、「天皇は、日本国の元首であり」という規定を置き、天皇を元首としています。「Q＆A」によると、「外交儀礼上でも、天皇は元首として扱われ」ており、「我が国において、天皇が元首であることは紛れもない事実」と説明されています。

天皇は元首であるかという問題は、元首の定義によって答えは違ってきます。しかし、「現行憲法は条約の批准や一定の外交文書の発出を内閣の仕事とし、それらの『認証』だけを天皇の国事行為としているから、他の諸国の名目的・儀礼的な意味での元首よりもいっそう、天皇を政治から距離を置いた存在として」おり、「機能の点で元首に該当する機関を今の憲法の下で探せば、内閣、あるいは内閣を代表する内閣総理大臣ということになる」と説くのが代表的な憲法学説です（樋口・参考文献③90頁）。このような考え方からすると、天皇が国際儀礼の場で実質に「元首」として遇されているとしても、その権能は、一般に了解されている元首と同じものではなく、「象徴」という憲法上の呼び名こそが相応しいということになります。

⑸　「公益及び公の秩序」による基本的人権の制約　現行憲法が12条および13条で「公共の福祉」による人権の制約を定めているのに対して、「改正草案」は、「公共の福祉」に代えて「公益及び公の秩序」という表現を使っています。「Q＆A」によると、「公益及び公の秩序」に変えた理由は、「公共の福祉」という表現は、「その意味が曖昧で、分かりにくいもの」で、基本的人権の制約が人権相互の衝突の場合に限られるという解釈が学説上主張されているのに対して、基本的人権の制約は、「人権相互の衝突の場合に限られるものではないことを明らかにしたもの」と説明しています。したがって、「公益及び公の秩序」は、基本的人権に対して、現行憲法の「公共の福祉」よりも、より広範な制約を可能にするものです。

現行憲法では、個別的な人権規定では、22条の職業選択の自由と29条の財産権という経済的自由権に限って「公共の福祉」による制限が明示されているのに対して、「改正草案」では、29条の財産権のほかに、21条の表現の自由についても、「公益及び公の秩序を害することを目的とした活動を行い、並びにそれを目的として結社をすることは、認められない」（第2項）と規定して、人権として優越的地位にある表現の自由の保障を弱めています。

(6)「個人としての尊重」から「人としての尊重」へ　現行憲法13条は、「すべて国民は、個人として尊重される」と規定して、個人主義の原則を明らかにしています。ここでいう「個人の尊重」とは、「個人の尊厳」、「人間の尊厳」と同じ意味に理解され、基本的人権の核となるものと一般に位置づけられています。「改正草案」では、「個人として尊重される」が、「人として尊重される」に置き換えられていますが、その理由は特に説明されていません。

(7) 憲法尊重擁護義務と国民　現行憲法99条は、「天皇又は摂政及び国務大臣、国会議員、裁判官その他の公務員は、この憲法を尊重し擁護する義務を負ふ」と規定して、国家権力を担うすべての公務員に憲法を尊重し、擁護する義務を課すことによって、憲法が国家権力を拘束するという近代的意味の憲法の基本的考え方を明らかにしています。「改正草案」102条は、第1項を新設して、「全て国民は、この憲法を尊重しなければならない」という規定を置くとともに、第2項で、天皇又は摂政を除いて、公務員の憲法擁護義務を定めています。「Q＆A」によると、国民の憲法尊重義務を定めた規定は、「飽くまで訓示規定であり、具体的な効果があるわけではありません」と説明しています。しかし、この点について、権力を縛る憲法から国民が尊重の義務を負う憲法へ、という価値観の転換に結びついていくことが危惧されています。

(8) その後の展開――改憲4項目　「改正草案」の内容の重要な特徴は、以上のとおりですが、2012（平成24）年12月26日の自民党の政権奪還（公明党との連立政権）後も、「改正草案」に沿った憲法改正の実現のめどは立たない状況が続きました。

そのような中、2017（平成29）年5月3日、当時の安倍晋三首相は、憲法改正推進派の団体が開催した集会に（自民党総裁の立場で）送ったビデオメッセージの中で、「『9条1項・2項を残しつつ、自衛隊を明文で書き込む』という考え方……は国民的な議論に値する」、「2020年を新憲法施行の年にしたい」などと訴えました。さらに同年12月、安倍氏は自民党の憲法改正推進本部長に対し、自民党が国会（憲法審査会）にだす憲法改正原案の作成を指示しました。

これを受けて、自民党の憲法改正推進本部では、当面、①憲法への自衛隊明記、②教育無償化拡大（充実化）条項、③緊急事態条項、④参議院の選挙制度の規定（都道府県単位の選挙区の維持を可能にし、2県を1選挙区とする「合区」を解消するための条項）の4項目を中心に、改憲案が改めて検討されることになりました。「改正草案」の事実上の棚上げといえます。

その後、2018（平成30）年2月から3月にかけて、自民党の憲法改正推進本部では、以下の動きがありました。

① **自衛隊の明記**　現行の9条1・2項を維持しつつ、「自衛隊」を憲法に明記する方向で改正案をまとめる方針が、同本部で了承されました。

② **教育充実化条項**　「国は、……各個人の経済的理由にかかわらず教育を受ける機会を確保することを含め、教育環境の整備に努めなければならない」等とする条項を追加し、89条にも修正を加える案（公金の支出等を禁じられる教育事業等を、現行89条の「公の支配に属しない」事業から「公の監督が及ばない」事業に変更する案）が、同本部で了承されました。

③ **緊急事態条項**　同本部長への条文案の一任が同本部で了承され、同本部長が自民党総務会に案を示しました。その内容は、「大地震その他の異常かつ大規模な災害」の発生時に関し、(i)国会の立法を待つ余裕のない場合、内閣に緊急の政令制定権を認める条項、(ii)国会議員選挙をまともに実施できない場合、国会議員の任期の特例（延長）を法律で定めることを認める条項、を追加するものです。

④ **参議院の選挙制度の規定**　参議院議員選挙で「広域の地方公共団体」（現状では都道府県）を選挙区とする場合、毎回の改選時に「各選挙区において少なくとも一人を選挙すべきものとすることができる」等とする条項を挿入し、92条にも修正を加える（地方公共団体の種類として「広域の地方公共団体」を明記する）案が、同本部で了承されました。

しかし、同本部が了承したのはいずれも「条文イメージ（たたき台素案）」にとどまっており、2022（令和4）年10月現在、①～④に関して、自民党としての正式の憲法改正条文案は未決定の段階にあります。

終講

国民主権

日本国憲法の基本原理として、①国民主権、②基本的人権の尊重および③平和主義が挙げられることは、すでに説明しました（第1講参照）。本書を終えるにあたり、国民主権について説明を補い、国民主権という観念が憲法の解釈にどのようにかかわっているかをまとめます。

1 国民主権論

◆主権の意味

「主権」という観念（ものの考え方）は、フランスやドイツに代表されるヨーロッパ諸国の憲法史を通じて形成、発展したものです（詳しくは、野中他・憲法Ⅰ 36～41頁［高橋和之執筆］参照）。この結果、「主権」という用語は、これまでにさまざまな意味で用いられてきました。日本の憲法学説は、主権には次の3つの意味があると説明しています。

(1) **統治権**　国家権力（国家がもつ支配権）を指す統治権という意味です。日本国憲法には、この意味で「主権」を用いる規定はありません。なお、この意味で「主権」を用いる例として、ポツダム宣言8項（日本国ノ主権ハ本州、北海道、九州及四国並ニ吾等ノ決定スル諸小島ニ局限セラルヘシ）が挙げられます。

(2) **最高独立性**　国家権力の最高独立性という意味です。国家権力は、国外のいかなる権力主体（外国）からも制限されずに独立して意思形成を行い、国内のいかなる権力主体にも優越して最高の地位にあります。「自国の主権を維持し」（憲前文3項）という場合の主権はこの意味です。

(3) **国政の最終決定権**　国の政治のあり方を最終的に決定する力ま

たは権威という意味です。「国民主権」(憲前文1項、1条) という場合の「主権」は通常、この意味です。この講では以下、「主権」を第3の意味で用います。

◆国民主権の意味

国民主権を「国民」が「国の政治のあり方を最終的に決定する力または権威」をもつことだとしても、その具体的意味についてはさまざまな見解が示されています(詳しくは、参考文献③参照)。ここでは、今日の通説的見解である芦部信喜説を紹介します(芦部・憲法41〜43頁、参考文献①参照)。

(1) 権力的契機と正当性の契機　芦部説によると、国民主権には、①国民が国の政治のあり方を最終的に決定する権力を行使するという〈権力的契機〉と②国家の権力行使を正当化する究極の根拠は国民にあるという〈正当性の契機〉の2つの内容が含まれます。この理由は次のように説明されます。①国民主権は、憲法が制定される前の時点までさかのぼって考えると、憲法を制定できる権力を国民が有していることと同視でき、権力的契機の意味で理解される。②ただし、国民の憲法制定権力は、憲法制定と同時に、ⓐ憲法の条文の定めに従って憲法改正を決定する権能とⓑ国家権力の正当性の究極の根拠が国民にあるという理念に変化する。権力的契機と正当性の契機という国民主権の2つの内容は、憲法制定時におけるこの変化に対応するものである。

(2) 主権の担い手(主体)としての国民　芦部説は、権力的契機と正当性の契機の区別に応じて、主権を担う「国民」の範囲を区別します。権力的契機を重視すると、「国民」とは、選挙権をもつ人(有権者)全体を意味します。正当性の契機を重視すると、「国民」とは、老若男女の区別や選挙権の有無を問わず、現存するすべての国民を意味します。

◆国民主権を具体化する制度

芦部説をはじめ学説の多くは、日本国憲法の下において「国民主権」の内容を実現するためには、国民が国の政治に関与し決定したと認められる制度を「ある程度」具体化しなければならないと理解しています。

(1) 代表民主制と直接民主制　国民主権と密接に関連して統治制度をつくる原理として挙げられるのが〈代表民主制〉と〈直接民主制〉です。両者は主権者である国民の国政へのかかわり方の違いに応じて区別されます。代表民主制（間接民主制）とは、国民の代表者が国民に代わって国の政治を行う体制です。代表民主制においては、国民代表を選出する制度として選挙が最も重要です（第16講参照）。これに対して、直接民主制とは、国民が自ら重要な政治決定を行う体制です。直接民主制に含まれる主な制度として、①一定の重要事項を国民の直接投票により決定する、国民投票（レファレンダム）、②国民による要求に基づき法律や国政に関するその他の発案を認める、国民発案（イニシアティブ）、③国民が公務員をその任期が満了する前に罷免する、国民解職（リコール）があります。

国民主権の権力的契機を重視するならば、国民主権を具体化する制度として、直接民主制が代表民主制より望ましいとも思われます。しかし、近現代における欧米諸国の憲法は、代表民主制を原則として採用します。この理由として次の2点が挙げられます。第1に、面積が小さく人口が少ない国でない限り、国政において直接民主制のしくみを常時実現することは困難です。また、国民全体の分業という観点からも、国政の審議と処理を専業とする機関である議会を設置することは合理的です。第2に、国政の内容を理解する国民の能力や国民が投票時に知りうる情報量などといった諸条件を考慮するならば、直接民主制が代表民主制よりもうまく機能する保証はありません。

(2) 日本国憲法と代表民主制　日本国憲法も代表民主制を原則としています（前文1項、43条1項。第16講参照）。ただし憲法は、直接民主制の制度も一部例外として採用しています。この例が憲法改正における国民投票制です（96条。第23講参照）。

憲法が規定する場合のほか、法律制定や重要な国政事項について国民投票を実施できる法律を国会が制定できるかが問題となります。多数説および政府見解は、国民代表機関かつ唯一の立法機関（憲41条、43条1

項）である国会が投票結果を参考にするがそれには拘束されない〈諮問的国民投票制〉を導入することは憲法上可能であるとします。しかし、投票結果が国会を拘束する国民投票制を導入することは憲法上禁止されると解しています。

2　人権解釈と国民主権

ここでは、いくつかの論点を取り上げて、国民主権が人権の解釈にどのようにかかわるかについて、ひとつの説明を試みます。

◆外国人の選挙権享有主体性

(1)　**主権者である国民に保障される選挙権**　公職選挙法が選挙権を日本国民のみに付与することの合憲性はすでに検討しました（第3講参照）。外国人に選挙権が憲法上保障されるかは、選挙権の性質を考慮して解釈されます（性質説）。選挙権の性質を考える際、国民主権が関係します。選挙権は、国民が代表民主制に関与できるように、「公務員を選定罷免する国民固有の権利」（憲15条1項）として保障されます（第16講参照）。選挙権の保障は、代表民主制というしくみを通して見ると、国民主権を具体化する制度としての側面をもつことがわかります。したがって、選挙権を誰に保障するかという問題は、誰が主権の主体かという問題と同じであると考えることができます。ここで、国民主権においては、主権の主体があくまで「国民」である点に注意しましょう。国民であるためには国籍をもつことが前提になります（憲10条、国籍法）。国籍は「我が国の構成員としての資格であるとともに、我が国において基本的人権の保障、公的資格の付与、公的給付等を受ける上で意味を持つ重要な法的地位」（最大判平20・6・4民集62-6-1367）だからです。判例（最判平7・2・28民集49-2-639）は、以上に述べた思考を背景として、「憲法の国民主権の原理における国民とは、日本国民すなわち我が国の国籍を有する者を意味することは明らかである」として、国籍をもたない外国人に国政選挙権を付与しない現行法は合憲と判断しています。

(2)　**外国人の地方選挙権**　外国人の選挙権保障という問題は、国政レベルと地方公共団体レベルを区別して論じられます。外国人に地方選挙権を保障できるか否かは憲法上決まっていないという多数説および判例の解釈（許容説）は、地方選挙権が国政選挙の選挙権とは異なる性質も含むことを考慮するものです。地方公共団体が行う事務は、地域住民の日常生活に密接に関連するものを多く含みます。そうであるならば、地方選挙権は、国民主権を具体化する制度という性質のみならず、地方公共団体において適切な住民サービスを受けるために自らの意見を反映するための権利という性質も含みます。したがって、許容説は、①地方選挙権を保障する範囲については、国籍の有無に限らず、地方公共団体の一員としての実質を備えた者であるかを基準として決定できる、②少なくとも、憲法は、国会がこのような実質を備えた者と考える外国人に地方選挙権を付与する法律を制定することまでは禁止していないと解するのです。

◆民主政・人権の保障・違憲審査の役割

国民主権という用語にこだわると、人権の解釈において国民主権が出てくる例が見あたらないので、両者の関係がわかりにくくなります。そこで、〈民主政〉という観念を間に挟んで考えてみましょう。

⑴　**民主政**　　日本国憲法には、民主政（民主主義）という用語を含む規定はありません。しかし、学説においてはしばしば、民主政は日本国憲法における統治機構の原理であると言われ、国民主権と同じ意味で民主政を用いる例もみられます。民主政は、その語源が古代ギリシアにおけるデモクラティア＝民衆の支配に由来する歴史をもち、これまた多義にわたる観念です。ただし、民主政の本質は従来、国家を統治する者とその統治に服する者とが〈同一である〉ことにあると理解されてきました。この統治者と被治者の同一性は、集合体としての国民が自らのことを自ら決定することによって確保されます。また、民主政において国民自ら決定したと認めうる手続はなにかということも問題となります。いくつか考えられますが*、一般に、多数決による決定が挙げられます。

民主政を、国民が多数決によって国政を決定する形態である〈多数者支配的民主政〉と限定して解するならば、国民主権と民主政の意味は重なり合うといえます。国民主権を具体化する制度が代表または直接「民主制」と称するのもこれが理由です。以下、人権の保障と違憲審査の役割に焦点をあて、これらと民主政との関係を図式化してみます。

＊第10講においては、表現の自由が民主政を支える社会的基盤であることを説明する際、表現の自由と〈参加〉および〈討論〉との関係が説明されています。これは、参加や討論もまた、民主政を構成する手続として重視されていることを示しています。

⑵　人権保障と民主政の関係　人権の解釈においては、人権保障と多数者支配的民主政とは「緊張関係」にあるという視点に立つことが重要です。人権には、人間であることにより当然に保障されるという特質があります。この特質を踏まえるならば、民主政における人権保障の意義として、国家が個人の考えや行為の内容に対して中立性を保ち、多数者の考えにかかわらず少数者を保護することが挙げられます。したがって、とくに、①社会の少数者による活動や、②社会における価値が必ずしも高くないと思われる活動に対する制約をめぐる合憲性は、民主政とは異なる観点、すなわち、憲法が特定の人権を個人の自己実現のために国家や社会全体の利益を超えてどの程度保障するべきかという観点から解釈する必要があります。たとえば、個人の信仰を理由に、学校における履修義務などという世俗的規範に基づき等しく課された義務が免除されるべきか（第9講参照）は、①の制約をめぐる解釈問題にあたり、表現の自由（憲21条1項）が名誉毀損やわいせつなど社会的価値の低い表現を保護範囲に含むか、または、どの程度保障するかは、②の制約をめぐる解釈問題にあたります。

⑶　民主政における違憲審査の役割　人権保障と多数者支配的民主政の関係は、これを国会と裁判所の関係に置き換えると、裁判所による違憲審査の役割に関する見解に反映しています。

多数者支配的民主政においては、多数の国民の考えを反映した政治が行われるならば、国民の代表者から構成される立法府である議会が法律を制定することによって、少なくとも社会の多数者の人権保障が実現されると考えることは不自然ではありません。事実、この「法律による人権保障」は、近代のヨーロッパ大陸諸国においては普通の考えでした。さらに、国民が直接関与することなく選任される裁判官が、国民の民主的決定の表れである法律を違憲審査し、場合によっては違憲無効とすることは、「民主政に反する」と理解することさえ可能です。しかし、日本の憲法学説は、このような違憲審査制に対する消極的見解に次のような理由を挙げて反論します。①代表民主制においては、国会と裁判所のいずれが国民に近い存在であるかは程度の差にすぎない。②多数者支配的民主政もまた、実際の統治制度としては、人権保障を前提としてはじめて機能する。精神的自由権のように、多数決による決定を通じては保障できない人権がある以上、民主政の機能不全を防禦するためにも、人権保障を目的とする統治機構を組み込む必要がある。したがって、民主政においても、法律からの人権の保護、広くは憲法秩序の保障を目的として、議会が制定する法律の憲法適合性を審査する違憲審査制（第20講参照）が存在する意義が認められます*。なお、日本国憲法は最高裁判所裁判官の国民審査制を設けています（79条）。これは、司法府であり違憲審査権を行使する裁判所の構成員に対する国民の監視を可能とすることにより、裁判所の民主化の要請に応えるものです。

＊民主政における違憲審査制の役割を積極的に評価して、「民主政」とは人権保障を目的とする民主政である〈立憲主義的民主政〉を意味すると解する憲法学説も多く見られます。

3　統治機構と国民主権

◆統治機構の制度原理

日本国憲法における統治機構は国民主権だけに基づいて具体化されるものでありません。統治機構の制度原理としては、国民主権ないし民主政以外にも、①権力分立ないし三権分立、②法の支配（①と②の定義については第19講参照）および③平和主義（第22講参照）が挙げられます。とくに権力分立は、憲法の下で国民主権と法の支配が調和した統治制度を実現するにあたり基礎となる重要な原理です（第1講参照）。①委任立法の統制（第17講参照）、②衆議院の解散（第18講参照）、③裁判員制度（第19講トピックス参照）などといった統治制度をめぐる問題は、これらの制度原理の考え方に留意して複眼的に考察することが不可欠です。

◆象徴天皇制

日本国憲法の成立過程において、天皇の地位が大きな問題になりました。大日本帝国憲法（明治憲法）は、君主主権に近い天皇中心の統治機構を採用していました。これに対して、日本国憲法は国民主権を明文で定めています。そこで、憲法成立にともなう国民主権への転換を説明する理論が八月革命説です（第1講参照）。この説は、主権が唯一・不可分という性質をもち、歴史上、国民主権が君主主権に対抗するために主張されたことから、主権は国民または天皇のいずれかに帰属しなければならず、日本国憲法の下においては「国民のみ」が主権者たりうるという理解を踏まえて述べられています。したがって、天皇を「主権の存する日本国民の総意に基づく」「日本国の象徴であり日本国民統合の象徴」と規定する（憲1条）象徴天皇制においては、天皇の国政に関する権能は否定されます（憲4条）。天皇の国事行為（憲6条、7条）については、政治に関係しない形式的・儀礼的行為が内閣の助言と承認により行われると解されます（第18講参照）。

＜参考文献＞

①芦部信喜『憲法学Ⅰ　憲法総論』（有斐閣、1992年）220〜249頁は、国民主権に関する問題点を詳しく検討し、芦部先生の学説を展開しています。

②中村睦男「代表民主制と直接民主制」同『論点憲法教室』（有斐閣、1990年）219頁以下は、代表民主制と直接民主制との関係をめぐる議論を整理し、日本国憲法における直接民主制的制度を説明しています。

③渋谷秀樹＝赤坂正浩『憲法2　統治〔第8版〕』（有斐閣、2022年）254〜269頁［赤坂正浩執筆］は、国民主権と民主政の関係を説明する最近の概説書です。

日本国憲法

公布、昭21・11・3／施行、昭22・5・3

朕は、日本国民の総意に基いて、新日本建設の礎が、定まるに至つたことを、深くよろこび、枢密顧問の諮詢及び帝国憲法第七十三条による帝国議会の議決を経た帝国憲法の改正を裁可し、ここにこれを公布せしめる。

御　名　御　璽

昭和二十一年十一月三日

内閣総理大臣兼
外務大臣　　吉田　茂
国務大臣　男爵　幣原喜重郎
司法大臣　　木村篤太郎
内務大臣　　大村清一
文部大臣　　田中耕太郎
農林大臣　　和田博雄
国務大臣　　斎藤隆夫
逓信大臣　　一松定吉
商工大臣　　星島二郎
厚生大臣　　河合良成
国務大臣　　植原悦二郎
運輸大臣　　平塚常次郎
大蔵大臣　　石橋湛山
国務大臣　　金森徳次郎
国務大臣　　膳　桂之助

日本国憲法

①日本国民は、正当に選挙された国会における代表者を通じて行動し、われらとわれらの子孫のために、諸国民との協和による成果と、わが国全土にわたつて自由のもたらす恵沢を確保し、政府の行為によつて再び戦争の惨禍が起ることのないやうにすることを決意し、ここに主権が国民に存することを宣言し、この憲法を確定する。そもそも国政は、国民の厳粛な信託によるものであつて、その権威は国民に由来し、その権力は国民の代表者がこれを行使し、その福利は国民がこれを享受する。これは人類普遍の原理であり、この憲法は、かかる原理に基くものである。われらは、これに反する一切の憲法、法令及び詔勅を排除する。

②日本国民は、恒久の平和を念願し、人間相互の関係を支配する崇高な理想を深く自覚するのであつて、平和を愛する諸国民の公正と信義に信頼して、われらの安全と生存を保持しようと決意した。われらは、平和を維持し、専制と隷従、圧迫と偏狭を地上から永遠に除去しようと努めてゐる国際社会において、名誉ある地位を占めたいと思ふ。われらは、全世界の国民が、ひとしく恐怖と欠乏から免かれ、平和のうちに生存する権利を有することを確認する。

③われらは、いづれの国家も、自国のことのみに専念して他国を無視してはならないのであつて、政治道徳の法則は、普遍的なものであり、この法則に従ふことは、自国の主権を維持し、他国と対等関係に立たうとする各国の責務であると信ずる。

④日本国民は、国家の名誉にかけ、全力をあげてこの崇高な理想と目的を達成することを誓ふ。

第1章　天皇

第1条［天皇の地位、国民主権］天皇は、日本国の象徴であり日本国民統合の象徴であつて、この地位は、主権の存する日本国民の総意に基く。

第2条［皇位の世襲と継承］皇位は、世襲のものであつて、国会の議決した皇室典範の定めるところにより、これを継承する。

第3条［国事行為と内閣の責任］天皇の国事に関するすべての行為には、内閣の助言と承認を必要とし、内閣が、その責任を負ふ。

第4条［天皇の国政不関与、国事行為の委任］天皇は、この憲法の定める国事に関する行為のみを行ひ、国政に関する権能を有しない。

②天皇は、法律の定めるところにより、その国事に関する行為を委任することができる。

第5条［摂政］皇室典範の定めるところにより摂政を置くときは、摂政は、天皇の名でその国事に関する行為を行ふ。この場合には、前条第一項の規定を準用する。

第6条［天皇の任命権］天皇は、国会の指名に基いて、内閣総理大臣を任命する。

②天皇は、内閣の指名に基いて、最高裁判所の長たる裁判官を任命する。

第7条［国事行為］天皇は、内閣の助言と承認により、国民のために、左の国事に関する行為を行ふ。

一　憲法改正、法律、政令及び条約を公布すること。

二　国会を召集すること。

三　衆議院を解散すること。

四　国会議員の総選挙の施行を公示すること。

五　国務大臣及び法律の定めるその他の官吏の任免並びに全権委任状及び大使及び公使の信任状を認証すること。

六　大赦、特赦、減刑、刑の執行の免除及び復権を認証すること。

七　栄典を授与すること。

八　批准書及び法律の定めるその他の外交文書を認証すること。

九　外国の大使及び公使を接受すること。

十　儀式を行ふこと。

第8条［皇室の財産授受］皇室に財産を譲り渡し、又は皇室が、財産を譲り受け、若しくは賜与することは、国会の議決に基かなければならない。

第2章　戦争の放棄

第9条［戦争の放棄、戦力と交戦権の否認］日本国民は、正義と秩序を基調とする国際平和を誠実に希求し、国権の発動たる戦争と、武力による威嚇又は武力の行使は、国際紛争を解決する手段としては、永久にこれを放棄する。

②前項の目的を達するため、陸海空軍その他の戦力は、これを保持しない。国の交戦権は、これを認めない。

第3章　国民の権利及び義務

第10条［日本国民の要件］日本国民たる要件は、法律でこれを定める。

第11条［基本的人権］国民は、すべての基本的人権の享有を妨げられない。この憲法が国民に保障する基本的人権は、侵すことのできない永久の権利として、現在及び将来の国民に与へられる。

第 12 条［保持責任と濫用禁止］この憲法が国民に保障する自由及び権利は、国民の不断の努力によつて、これを保持しなければならない。又、国民は、これを濫用してはならないのであつて、常に公共の福祉のためにこれを利用する責任を負ふ。

第 13 条［個人の尊重、幸福追求権と公共の福祉］すべて国民は、個人として尊重される。生命、自由及び幸福追求に対する国民の権利については、公共の福祉に反しない限り、立法その他の国政の上で、最大の尊重を必要とする。

第 14 条［法の下の平等］すべて国民は、法の下に平等であつて、人種、信条、性別、社会的身分又は門地により、政治的、経済的又は社会的関係において、差別されない。

②華族その他の貴族の制度は、これを認めない。

③栄誉、勲章その他の栄典の授与は、いかなる特権も伴はない。栄典の授与は、現にこれを有し、又は将来これを受ける者の一代に限り、その効力を有する。

第 15 条［公務員の選定・罷免権、普通選挙・秘密投票の保障］公務員を選定し、及びこれを罷免することは、国民固有の権利である。

②すべて公務員は、全体の奉仕者であつて、一部の奉仕者ではない。

③公務員の選挙については、成年者による普通選挙を保障する。

④すべて選挙における投票の秘密は、これを侵してはならない。選挙人は、その選択に関し公的にも私的にも責任を問はれない。

第 16 条［請願権］何人も、損害の救済、公務員の罷免、法律、命令又は規則の制定、廃止又は改正その他の事項に関し、平穏に請願する権利を有し、何人も、かかる請願をしたためにいかなる差別待遇も受けない。

第 17 条［国家の賠償請求権］何人も、公務員の不法行為により、損害を受けたときは、法律の定めるところにより、国又は公共団体に、その賠償を求めることができる。

第 18 条［奴隷的拘束と苦役からの自由］何人も、いかなる奴隷的拘束も受けない。又、犯罪に因る処罰の場合を除いては、その意に反する苦役に服させられない。

第 19 条［思想・良心の自由］思想及び良心の自由は、これを侵してはならない。

第 20 条［信教の自由、政教分離］信教の自由は、何人に対してもこれを保障する。いかなる宗教団体も、国から特権を受け、又は政治上の権力を行使してはならない。

②何人も、宗教上の行為、祝典、儀式又は行事に参加することを強制されない。

③国及びその機関は、宗教教育その他いかなる宗教的活動もしてはならない。

第 21 条［集会・結社の自由、表現の自由、通信の秘密］集会、結社及び言論、出版その他一切の表現の自由は、これを保障する。

②検閲は、これをしてはならない。通信の秘密は、これを侵してはならない。

第 22 条［居住・移転の自由、職業選択の自由、外国移住・国籍離脱

の自由］何人も、公共の福祉に反しない限り、居住、移転及び職業選択の自由を有する。

②何人も、外国に移住し、又は国籍を離脱する自由を侵されない。

第23条［学問の自由］学問の自由は、これを保障する。

第24条［家族生活と個人の尊厳、両性の平等］婚姻は、両性の合意のみに基いて成立し、夫婦が同等の権利を有することを基本として、相互の協力により、維持されなければならない。

②配偶者の選択、財産権、相続、住居の選定、離婚並びに婚姻及び家族に関するその他の事項に関しては、法律は、個人の尊厳と両性の本質的平等に立脚して、制定されなければならない。

第25条［生存権、国の国民生活向上義務］すべて国民は、健康で文化的な最低限度の生活を営む権利を有する。

②国は、すべての生活部面について、社会福祉、社会保障及び公衆衛生の向上及び増進に努めなければならない。

第26条［教育を受ける権利、教育の義務］すべて国民は、法律の定めるところにより、その能力に応じて、ひとしく教育を受ける権利を有する。

②すべて国民は、法律の定めるところにより、その保護する子女に普通教育を受けさせる義務を負ふ。義務教育は、これを無償とする。

第27条［勤労の権利・義務、勤労基準の法定］すべて国民は、勤労の権利を有し、義務を負ふ。

②賃金、就業時間、休息その他の勤労条件に関する基準は、法律でこれを定める。

③児童は、これを酷使してはならない。

第28条［労働基本権］勤労者の団結する権利及び団体交渉その他の団体行動をする権利は、これを保障する。

第29条［財産権］財産権は、これを侵してはならない。

②財産権の内容は、公共の福祉に適合するやうに、法律でこれを定める。

③私有財産は、正当な補償の下に、これを公共のために用ひることができる。

第30条［納税の義務］国民は、法律の定めるところにより、納税の義務を負ふ。

第31条［適正法定手続］何人も、法律の定める手続によらなければ、その生命若しくは自由を奪はれ、又はその他の刑罰を科せられない。

第32条［裁判を受ける権利］何人も、裁判所において裁判を受ける権利を奪はれない。

第33条［逮捕に対する保障］何人も、現行犯として逮捕される場合を除いては、権限を有する司法官憲が発し、且つ理由となつてゐる犯罪を明示する令状によらなければ、逮捕されない。

第34条［抑留・拘禁に対する保障］何人も、理由を直ちに告げられ、且つ、直ちに弁護人に依頼する権利を与へられなければ、抑留又は拘禁されない。又、何人も、正当な理由がなければ、拘禁されず、要求があれば、その理由は、直ちに本人及びその弁護人の出席する公開の法廷で示されなければならない。

第35条［住居侵入、捜索・押収に対する保障］何人も、その住居、書類及び所持品について、侵入、捜索及び押収を受けることのない権利は、第三十三条の場合を除いては、正当な理由に基いて発せられ、且つ捜索する場所及び押収する物を明示する令状がなければ、侵されない。

②捜索又は押収は、権限を有する司法官憲が発する各別の令状により、これを行ふ。

第36条［拷問・残虐な刑罰の禁止］公務員による拷問及び残虐な刑罰は、絶対にこれを禁ずる。

第37条［迅速な公開裁判、証人尋問権、弁護人依頼権］すべて刑事事件においては、被告人は、公平な裁判所の迅速な公開裁判を受ける権利を有する。

②刑事被告人は、すべての証人に対して審問する機会を充分に与へられ、又、公費で自己のために強制的手続により証人を求める権利を有する。

③刑事被告人は、いかなる場合にも、資格を有する弁護人を依頼することができる。被告人が自らこれを依頼することができないときは、国でこれを附する。

第38条［不利益供述強要の禁止、自白の証拠能力］何人も、自己に不利益な供述を強要されない。

②強制、拷問若しくは脅迫による自白又は不当に長く抑留若しくは拘禁された後の自白は、これを証拠とすることができない。

③何人も、自己に不利益な唯一の証拠が本人の自白である場合には、有罪とされ、又は刑罰を科せられない。

第39条［遡及処罰の禁止、一事不再理］何人も、実行の時に適法であつた行為又は既に無罪とされた行為については、刑事上の責任を問はれない。又、同一の犯罪について、重ねて刑事上の責任を問はれない。

第40条［刑事補償］何人も、抑留又は拘禁された後、無罪の裁判を受けたときは、法律の定めるところにより、国にその補償を求めることができる。

第4章　国会

第41条［国会の地位、立法権］国会は、国権の最高機関であつて、国の唯一の立法機関である。

第42条［両院制］国会は、衆議院及び参議院の両議院でこれを構成する。

第43条［両議院の組織］両議院は、全国民を代表する選挙された議員でこれを組織する。

②両議院の議員の定数は、法律でこれを定める。

第44条［議員と選挙人の資格］両議院の議員及びその選挙人の資格は、法律でこれを定める。但し、人種、信条、性別、社会的身分、門地、教育、財産又は収入によつて差別してはならない。

第45条［衆議院議員の任期］衆議院議員の任期は、四年とする。但し、衆議院解散の場合には、その期間満了前に終了する。

第46条［参議院議員の任期］参議院議員の任期は、六年とし、三年ごとに議員の半数を改選する。

第47条［選挙事項法定主義］選挙区、投票の方法その他両議院の議員の選挙に関する事項は、法律でこれを定める。

第48条［兼職禁止］何人も、同時に両議院の議員たることはできない。

第49条［議員歳費］両議院の議員は、法律の定めるところにより、国庫から相当額の歳費を受ける。

第50条［不逮捕特権］両議院の議員は、法律の定める場合を除いては、国会の会期中逮捕されず、会期前に逮捕された議員は、その議院の要求があれば、会期中これを釈放しなければならない。

第51条［発言免責特権］両議院の議員は、議院で行つた演説、討論又は表決について、院外で責任を問はれない。

第52条［常会］国会の常会は、毎年一回これを召集する。

第53条［臨時会］内閣は、国会の臨時会の召集を決定することができる。いづれかの議院の総議員の四分の一以上の要求があれば、内閣は、その召集を決定しなければならない。

第54条［衆議院解散と特別会、参議院緊急集会］衆議院が解散されたときは、解散の日から四十日以内に、衆議院議員の総選挙を行ひ、その選挙の日から三十日以内に、国会を召集しなければならない。

②衆議院が解散されたときは、参議院は、同時に閉会となる。但し、内閣は、国に緊急の必要があるときは、参議院の緊急集会を求めることができる。

③前項但書の緊急集会において採られた措置は、臨時のものであつて、次の国会開会の後十日以内に、衆議院の同意がない場合には、その効力を失ふ。

第55条［議員の資格争訟裁判］両議院は、各ゝその議員の資格に関する争訟を裁判する。但し、議員の議席を失はせるには、出席議員の三分の二以上の多数による議決を必要とする。

第56条［本会議の定足数・表決］両議院は、各ゝその総議員の三分の一以上の出席がなければ、議事を開き議決することができない。

②両議院の議事は、この憲法に特別の定のある場合を除いては、出席議員の過半数でこれを決し、可否同数のときは、議長の決するところによる。

第57条［会議公開の原則、会議録の公表頒布］両議院の会議は、公開とする。但し、出席議員の三分の二以上の多数で議決したときは、秘密会を開くことができる。

②両議院は、各ゝその会議の記録を保存し、秘密会の記録の中で特に秘密を要すると認められるもの以外は、これを公表し、且つ一般に頒布しなければならない。

③出席議員の五分の一以上の要求があれば、各議員の表決は、これを会議録に記載しなければならない。

第58条［役員選任権、議院規則制定権］両議院は、各ゝその議長その他の役員を選任する。

②両議院は、各ゝその会議その他の手続及び内部の規律に関する規則を定め、又、院内の秩序をみだした議員を懲罰することができる。但し、議員を除名するには、出席議員の三分の二以上の多数による議決を必要とする。

第59条［法律案の議決と衆議院の優越］法律案は、この憲法に特別の定のある場合を除いては、両議院で可決したとき法律となる。
②衆議院で可決し、参議院でこれと異なつた議決をした法律案は、衆議院で出席議員の三分の二以上の多数で再び可決したときは、法律となる。
③前項の規定は、法律の定めるところにより、衆議院が、両議院の協議会を開くことを求めることを妨げない。
④参議院が、衆議院の可決した法律案を受け取つた後、国会休会中の期間を除いて六十日以内に、議決しないときは、衆議院は、参議院がその法律案を否決したものとみなすことができる。

第 60 条［予算の衆議院先議と優越］ 予算は、さきに衆議院に提出しなければならない。
②予算について、参議院で衆議院と異なつた議決をした場合に、法律の定めるところにより、両議院の協議会を開いても意見が一致しないとき、又は参議院が、衆議院の可決した予算を受け取つた後、国会休会中の期間を除いて三十日以内に、議決しないときは、衆議院の議決を国会の議決とする。

第 61 条［条約の承認と衆議院の優越］ 条約の締結に必要な国会の承認については、前条第二項の規定を準用する。

第 62 条［国政調査権］ 両議院は、各ゝ国政に関する調査を行ひ、これに関して、証人の出頭及び証言並びに記録の提出を要求することができる。

第 63 条［国務大臣の議院出席義務と権利］ 内閣総理大臣その他の国務大臣は、両議院の一に議席を有すると有しないとにかかはらず、何時でも議案について発言するため議院に出席することができる。又、答弁又は説明のため出席を求められたときは、出席しなければならない。

第 64 条［弾劾裁判所］ 国会は、罷免の訴追を受けた裁判官を裁判するため、両議院の議員で組織する弾劾裁判所を設ける。
②弾劾に関する事項は、法律でこれを定める。

第 5 章　内閣

第 65 条［行政権］ 行政権は、内閣に属する。

第 66 条［内閣の組織と責任、文民要件］ 内閣は、法律の定めるところにより、その首長たる内閣総理大臣及びその他の国務大臣でこれを組織する。
②内閣総理大臣その他の国務大臣は、文民でなければならない。
③内閣は、行政権の行使について、国会に対し連帯して責任を負ふ。

第 67 条［内閣総理大臣の指名と衆議院の優越］ 内閣総理大臣は、国会議員の中から国会の議決で、これを指名する。この指名は、他のすべての案件に先だつて、これを行ふ。
②衆議院と参議院とが異なつた指名の議決をした場合に、法律の定めるところにより、両議院の協議会を開いても意見が一致しないとき、又は衆議院が指名の議決をした後、国会休会中の期間を除いて十日以内に、参議院が、指名の議決をしないときは、衆議院の議決を国会の議決とする。

第 68 条［国務大臣の任免］ 内閣総

理大臣は、国務大臣を任命する。但し、その過半数は、国会議員の中から選ばれなければならない。
②内閣総理大臣は、任意に国務大臣を罷免することができる。

第 69 条［内閣不信任と解散・総辞職］内閣は、衆議院で不信任の決議案を可決し、又は信任の決議案を否決したときは、十日以内に衆議院が解散されない限り、総辞職をしなければならない。

第 70 条［内閣の総辞職］内閣総理大臣が欠けたとき、又は衆議院議員総選挙の後に初めて国会の召集があつたときは、内閣は、総辞職をしなければならない。

第 71 条［職務執行内閣］前二条の場合には、内閣は、あらたに内閣総理大臣が任命されるまで引き続きその職務を行ふ。

第 72 条［内閣総理大臣の権限］内閣総理大臣は、内閣を代表して議案を国会に提出し、一般国務及び外交関係について国会に報告し、並びに行政各部を指揮監督する。

第 73 条［内閣の職権］内閣は、他の一般行政事務の外、左の事務を行ふ。
一　法律を誠実に執行し、国務を総理すること。
二　外交関係を処理すること。
三　条約を締結すること。但し、事前に、時宜によつては事後に、国会の承認を経ることを必要とする。
四　法律の定める基準に従ひ、官吏に関する事務を掌理すること。
五　予算を作成して国会に提出すること。
六　この憲法及び法律の規定を実施するために、政令を制定すること。但し、政令には、特にその法律の委任がある場合を除いては、罰則を設けることができない。
七　大赦、特赦、減刑、刑の執行の免除及び復権を決定すること。

第 74 条［法律・政令の署名・連署］法律及び政令には、すべて主任の国務大臣が署名し、内閣総理大臣が連署することを必要とする。

第 75 条［国務大臣の訴追］国務大臣は、その在任中、内閣総理大臣の同意がなければ、訴追されない。但し、これがため、訴追の権利は、害されない。

第 6 章　司法

第 76 条［司法権と裁判所、裁判官の独立］すべて司法権は、最高裁判所及び法律の定めるところにより設置する下級裁判所に属する。
②特別裁判所は、これを設置することができない。行政機関は、終審として裁判を行ふことができない。
③すべて裁判官は、その良心に従ひ独立してその職権を行ひ、この憲法及び法律にのみ拘束される。

第 77 条［最高裁判所の規則制定権］最高裁判所は、訴訟に関する手続、弁護士、裁判所の内部規律及び司法事務処理に関する事項について、規則を定める権限を有する。
②検察官は、最高裁判所の定める規則に従はなければならない。
③最高裁判所は、下級裁判所に関する規則を定める権限を、下級裁判所に委任することができる。

第 78 条［裁判官の身分保障］裁判官は、裁判により、心身の故障のために職務を執ることができないと決定された場合を除いては、公の弾劾によらなければ罷免されない。裁判官の懲戒処分は、行政機関がこれを行ふことはできない。

第79条［最高裁判所の構成、国民審査、定年等］最高裁判所は、その長たる裁判官及び法律の定める員数のその他の裁判官でこれを構成し、その長たる裁判官以外の裁判官は、内閣でこれを任命する。

②最高裁判所の裁判官の任命は、その任命後初めて行はれる衆議院議員総選挙の際国民の審査に付し、その後十年を経過した後初めて行はれる衆議院議員総選挙の際更に審査に付し、その後も同様とする。

③前項の場合において、投票者の多数が裁判官の罷免を可とするときは、その裁判官は、罷免される。

④審査に関する事項は、法律でこれを定める。

⑤最高裁判所の裁判官は、法律の定める年齢に達した時に退官する。

⑥最高裁判所の裁判官は、すべて定期に相当額の報酬を受ける。この報酬は、在任中、これを減額することができない。

第80条［下級裁判所の裁判官、任期・定年等］下級裁判所の裁判官は、最高裁判所の指名した者の名簿によつて、内閣でこれを任命する。その裁判官は、任期を十年とし、再任されることができる。但し、法律の定める年齢に達した時には退官する。

②下級裁判所の裁判官は、すべて定期に相当額の報酬を受ける。この報酬は、在任中、これを減額することができない。

第81条［違憲審査権］最高裁判所は、一切の法律、命令、規則又は処分が憲法に適合するかしないかを決定する権限を有する終審裁判所である。

第82条［裁判の公開］裁判の対審及び判決は、公開法廷でこれを行ふ。

②裁判所が、裁判官の全員一致で、公の秩序又は善良の風俗を害する虞があると決した場合には、対審は、公開しないでこれを行ふことができる。但し、政治犯罪、出版に関する犯罪又はこの憲法第三章で保障する国民の権利が問題となつてゐる事件の対審は、常にこれを公開しなければならない。

第7章　財政

第83条［基本原則］国の財政を処理する権限は、国会の議決に基いて、これを行使しなければならない。

第84条［租税法律主義］あらたに租税を課し、又は現行の租税を変更するには、法律又は法律の定める条件によることを必要とする。

第85条［国費の支出、債務負担］国費を支出し、又は国が債務を負担するには、国会の議決に基くことを必要とする。

第86条［予算の作成と議決］内閣は、毎会計年度の予算を作成し、国会に提出して、その審議を受け議決を経なければならない。

第87条［予備費］予見し難い予算の不足に充てるため、国会の議決に基いて予備費を設け、内閣の責任でこれを支出することができる。

②すべて予備費の支出については、内閣は、事後に国会の承諾を得なければならない。

第88条［皇室財産と皇室経費］す

べて皇室財産は、国に属する。すべて皇室の費用は、予算に計上して国会の議決を経なければならない。

第89条［公金支出・公的財産供用の禁止］ 公金その他の公の財産は、宗教上の組織若しくは団体の使用、便益若しくは維持のため、又は公の支配に属しない慈善、教育若しくは博愛の事業に対し、これを支出し、又はその利用に供してはならない。

第90条［決算の取扱い、会計検査院］ 国の収入支出の決算は、すべて毎年会計検査院がこれを検査し、内閣は、次の年度に、その検査報告とともに、これを国会に提出しなければならない。

②会計検査院の組織及び権限は、法律でこれを定める。

第91条［財政状況の報告］ 内閣は、国会及び国民に対し、定期に、少くとも毎年一回、国の財政状況について報告しなければならない。

第8章　地方自治

第92条［基本原則］ 地方公共団体の組織及び運営に関する事項は、地方自治の本旨に基いて、法律でこれを定める。

第93条［議事機関、首長・議員等の直接選挙］ 地方公共団体には、法律の定めるところにより、その議事機関として議会を設置する。

②地方公共団体の長、その議会の議員及び法律の定めるその他の吏員は、その地方公共団体の住民が、直接これを選挙する。

第94条［地方公共団体の権能と条例制定権］ 地方公共団体は、その財産を管理し、事務を処理し、及び行政を執行する権能を有し、法律の範囲内で条例を制定することができる。

第95条［地方自治特別法］ 一の地方公共団体のみに適用される特別法は、法律の定めるところにより、その地方公共団体の住民の投票においてその過半数の同意を得なければ、国会は、これを制定することができない。

第9章　改正

第96条［憲法改正手続］ この憲法の改正は、各議院の総議員の三分の二以上の賛成で、国会が、これを発議し、国民に提案してその承認を経なければならない。この承認には、特別の国民投票又は国会の定める選挙の際行はれる投票において、その過半数の賛成を必要とする。

②憲法改正について前項の承認を経たときは、天皇は、国民の名で、この憲法と一体を成すものとして、直ちにこれを公布する。

第10章　最高法規

第97条［基本的人権の意義］ この憲法が日本国民に保障する基本的人権は、人類の多年にわたる自由獲得の努力の成果であつて、これらの権利は、過去幾多の試錬に堪へ、現在及び将来の国民に対し、侵すことのできない永久の権利として信託されたものである。

第98条［憲法の最高法規性、国際法の遵守］ この憲法は、国の最高法規であつて、その条規に反する法律、命令、詔勅及び国務に関するその他の行為の全部又は一部は、その効力を有しない。

②日本国が締結した条約及び確立された国際法規は、これを誠実に遵守することを必要とする。

第99条［憲法尊重擁護義務］天皇又は摂政及び国務大臣、国会議員、裁判官その他の公務員は、この憲法を尊重し擁護する義務を負ふ。

第11章　補則

第100条［施行期日・憲法附属法の制定］この憲法は、公布の日から起算して六箇月を経過した日［昭22・5・3］から、これを施行する。

②この憲法を施行するために必要な法律の制定、参議院議員の選挙及び国会召集の手続並びにこの憲法を施行するために必要な準備手続は、前項の期日よりも前に、これを行ふことができる。

第101条［経過規定―参議院成立まで］この憲法施行の際、参議院がまだ成立してゐないときは、その成立するまでの間、衆議院は、国会としての権限を行ふ。

第102条［経過規定―第一期の参議院議員］この憲法による第一期の参議院議員のうち、その半数の者の任期は、これを三年とする。その議員は、法律の定めるところにより、これを定める。

第103条［経過規定―公務員の地位］この憲法施行の際現に在職する国務大臣、衆議院議員及び裁判官並びにその他の公務員で、その地位に相応する地位がこの憲法で認められてゐる者は、法律で特別の定をした場合を除いては、この憲法施行のため、当然にはその地位を失ふことはない。但し、この憲法によつて、後任者が選挙又は任命されたときは、当然その地位を失ふ。

事項索引

あ 行

か 行

さ　行

た　行

な　行

は 行

ま　行

や　行

ら・わ　行

判例索引

昭和

平成

令和

2004 年 1 月 10 日　初版第 1 刷発行
2010 年 10 月 1 日　第 2 版第 1 刷発行
2015 年 4 月 20 日　第 3 版第 1 刷発行

はじめての憲法学　第 4 版

2021 年 10 月 10 日　第 4 版第 1 刷発行
2023 年 3 月 10 日　第 4 版第 2 刷発行

編著者　中村睦男
佐々木雅寿
寺島壽一

発行者　株式会社 三省堂
代表者　瀧本多加志

印刷者　三省堂印刷株式会社

発行所　株式会社 三省堂
〒102-8371　東京都千代田区麴町五丁目 7 番地 2
電話　(03)3230-9411
https://www.sanseido.co.jp/

落丁本・乱丁本はお取り替えいたします。　〈4 版はじめての憲法学・320pp.〉
ISBN978-4-385-32193-6

本書の内容に関するお問い合わせは、弊社ホームページの「お問い合わせ」フォーム（https://www.sanseido.co.jp/support/）にて承ります。